1001 Nacht
Wege ins Paradies

Alfred Stevens
Stilleben, 1878
Öl auf Leinwand
53 x 36,5 cm
Privatbesitz.

Andrea Müller
Hartmut Roder (Hrsg.)

1001 Nacht
Wege ins Paradies

Verlag Philipp von Zabern • Mainz am Rhein

Impressum

Herausgeber | Konzeption
Andrea Müller, Hartmut Roder

Redaktion
Ilka Backmeister-Collacott, Ulrich Burkhardt,
Andrea Müller, Hartmut Roder

Umschlag vorne
Entwurf | Traast und Gruson, Schiedam (NL)

Umschlag hinten
Foto | Renate Niemann

Bibliografische Information der Deutschen Nationalbibliothek

Die Deutsche Nationalbibliothek verzeichnet diese Publikation in der Deutschen Nationalbibliografie; detaillierte bibliografische Daten sind im Internet über http://dnb.d-nb.de abrufbar.

212 Seiten mit 127 Farb- und 18 Schwarzweißabbildungen

Weitere Publikationen aus unserem Programm finden Sie unter:
www.zabern.de

ISBN-10: 3-8053-3700-0 (Buchhandelsausgabe)
ISBN-13: 978-3-8053-3700-7 (Buchhandelsausgabe)
ISBN-10: 3-8053-3701-9 (Museumsausgabe)
ISBN-13: 978-3-8053-3701-4 (Museumsausgabe)

Gestaltung
Inge Wulfken-Jung, Bremen

Printed in Germany by Philipp von Zabern, Mainz
Printed on fade resistant and archival quality paper (PH 7 neutral) • tcf

Der Katalog erscheint
anlässlich der Ausstellung
„1001 Nacht –
Wege ins Paradies“
im Überseemuseum Bremen

Wir danken für die freundliche
Unterstützung.

gefördert durch die

KULTURSTIFTUNG DES BUNDES

nordwest radio
Ein Programm von Radio Bremen und dem NDR
UKW 88.3 | 95.4

Inhalt

Vorwort

1001 Nacht. Wege ins Paradies

„... das Paradies ist verriegelt und der Cherub [hebr. Erzengel] *hinter uns; wir müssen die Reise um die Welt machen und sehen, ob es vielleicht von hinten irgendwo wieder offen ist* [...] *Mithin* [...] *müßten wir wieder von dem Baum der Erkenntnis essen, um in den Stand der Unschuld zurückzufallen? Allerdings,* [...] *das ist das letzte Kapitel von der Geschichte der Welt."*
(Heinrich von Kleist, Über das Marionettentheater)

Seit Menschengedenken entstehen neben den religiösen Vorstellungen vom Paradies, die das Leiden und die vielfältigen Mühen und Bedrängnisse auf Erden beenden und ablösen sollen, immer wieder Ideen, Visionen, Utopien oder Phantasien von einer paradiesischen Ausgestaltung des alltäglichen Daseins im Diesseits. Das Verlangen nach etwas Schönem und Erhabenem, die Sehnsucht nach etwas Ursprünglichem und Unschuldigem, das fast unerreichbar wäre und über alles Irdische hinausgehen müsste, einte die Hoffnungen und Erwartungen vieler Menschen aus unterschiedlichsten Gegenden über Jahrtausende. Dabei war klar, dass die Rückkehr ins Paradies sehr mühselig sein würde – ob im religiösen Verständnis oder in der oben zitierten Parabel des deutschen Dichters Heinrich von Kleist.

In den monotheistischen Religionen wird das Paradies ausschließlich durch göttliche Ordnung geschaffen. Es kann nicht auf dieser Welt entstehen, obwohl der erste Schauplatz göttlicher Freiheit und Harmonie, freier Lust und Liebe doch eine ganz und gar irdische Angelegenheit war. So wird in den Schöpfungsmythen das Paradies als natürliche Wohnstatt der beiden ersten Menschen auf dieser Erde beschrieben. In der Erzählung vom Garten Eden findet sich eine Reihe von Hinweisen auf konkrete Gegenden, wo Garten und selige Sehnsucht einstmals vollkommen zueinander passten. Um diese Erlösung versprechende Mühsal zu umgehen, schuf sich der Mensch irdische Paradiese, die ihren Niederschlag in Kunst und Literatur ebenso wie im alltäglichen Leben gefunden haben. Seien es Paradiesgärten, perfekt durchgeplante Sonnenstaaten, klassenlose Gesellschaften oder mit Waren überfüllte Shopping-Center – alle diese Utopien schienen erreichbare Ziele menschlichen Handelns zu sein. Dabei stellt nach wie vor jeder Garten, jedes von Menschenhand geordnete und von Blüten übersäte Land ein überschaubares Versprechen bzw. eine Glücksverheißung dar. Demgegenüber waren gesellschaftliche Idealorganismen eher repressive Großversuche denn attraktive Vorschauen auf ein Paradies auf Erden. Weniger Glaube und Sehnsucht denn Erfolg und Erfüllung, weniger geistige Anstrengung denn materielle Arbeit avancierten nunmehr zu den Grundsätzen irdischer Glücksverhei-

ßung. So erhielten oftmals neu entdeckte Landstriche und Organismen paradiesische Attribute und Zuschreibungen: vom wiederentdeckten Amerika bis zum Paradiesapfel oder Paradiesvogel.
Indem die Geschichten aus 1001 Nacht eine farbige und facettenreiche Welt der Menschen, ihrer Gefühle, Überzeugungen und Handlungsmöglichkeiten, aber auch ihrer tiefsten Vorstellungen und Träume offenlegen, laden sie zu einer „Reise um die Welt" im Kleistschen Sinne ein, zu einer Entdeckungsreise durch Zeit und Raum sowie in uns und mit uns selber – gleichsam auf dem Wege zur Verortung eines Paradieses im Himmel oder auf Erden oder in uns selbst. Auch wenn diese Reise *„das letzte Kapitel* [...] *von der Geschichte der Welt"* wäre, antreten müssen wir sie allemal: früher oder später!

Ich danke herzlich den zahlreichen Autorinnen und Autoren dieses Buches und den Kolleginnen und Kollegen im Überseemuseum, die dessen Veröffentlichung erst möglich gemacht haben: Andrea Müller für die Mitherausgabe, Ilka Backmeister-Collacott und Ulrich Burkhardt für die Redaktion sowie Inge Wulfken-Jung für die Buchherstellung. Für das Lektorat und die Realisierung möchte ich dem Verlag Philipp von Zabern Dank sagen!

Hartmut Roder

1001 Nacht
Einleitung

Hartmut Roder

Während alle Buchreligionen weiterhin mit jenseitigen Versprechen und Möglichkeiten warben, kamen bereits vor über 1000 Jahren im Orient und in Indien eine Vielzahl von Märchen, Sagen, Fabeln und Anekdoten zu diesem Menschheitstraum in Umlauf, die dem beschwerlichen menschlichen Alltag ein faszinierendes Ideal- und Gegenbild entgegenstellten. Vor allem in der arabischen Sammlung von „Tausendundeiner Nacht", die in Fragmenten bereits seit dem 10. Jahrhundert bekannt ist, begannen Kalifen, Sultane und Könige ihr Lebensumfeld und ihre Lebensweise mit Prunk, Reichtum, Kunst und Kultur auszustatten, die tatsächlich eine Vorahnung oder gar eine Vorwegnahme der Möglichkeit eines Paradieses auf Erden, eines Shangri-La zuließen. Die Vorstellung, in orientalischen Märchen, Legenden und Gedichten müssten Paradiese zu finden sein, entsprach somit genau dem als grundlegend angenommenen Paradiesbegriff, wonach der Orient als das Ferne, Wunderbare, Herrliche und für lange Zeit Unerreichbare galt. Seitdem die alten Griechen und Römer von den frühen Königreichen in *arabia felix*, dem glücklichen Arabien, berichteten, wurden Teile des Morgenlandes mit einem imaginierten Paradies gleichgesetzt. Zwischen dem 5. Jahrhundert vor und dem 1. Jahrhundert n. Chr. erlebte das Gebiet, das heute vom Jemen und der omanischen Provinz Dhofar eingenommen wird, eine Zeit ungekannter Blüte. Aufgrund seiner fruchtbaren Böden und eines hochentwickelten Bewässerungssystems entstand nach dem Bau des Staudamms von Marib um 800 v. Chr. eine reiche Kulturlandschaft. Diese verdankte ihren Wohlstand jedoch vor allem ihrer Funktion als Drehscheibe des internationalen Handels. Arabische Land- und Seehändler besaßen ein Monopol, indem sie Weihrauch, Gold, Myrrhe, Elfenbein und Sklaven aus Afrika, Gewürze, Schildpatt und Saphire aus Indien holten und Musselin in Ceylon, Seide in China bzw. Parfüm in Arabien einkauften. Auf der Weihrauchstraße gelangten in einem nahezu 100 Tage andauernden Marsch die reich beladenen Karawanen bis Damaskus oder bis ans Mittelmeer, von wo die Luxusgüter ihren Weg ins antike Rom antraten. Entlang der Weihrauchstraße gründeten sich mehrere Königreiche, von denen das Königreich von Saba das bekannteste war.

Um den fantastischen Reichtum, das Leben ohne materielle Sorgen und auf einem hohen kulturellen Niveau begannen sich schnell viele Geschichten und Legenden zu ranken. Selbst die Bibel und der Koran erzählten davon. Auch wenn die Legende von *arabia felix* auf dem Irrtum der neidischen Römer beruhte, der Ursprung all dieser Reichtümer selbst habe in Südarabien gelegen und diese Güter seien nicht erst per Schiff aus Asien oder Afrika herbeigeschafft worden, so überdauerte der Mythos vom paradiesähnlichen Morgenland den Niedergang der Weihrauchstraße ebenso wie Islamisierung und Fremdherrschaft. Jedoch wird noch heute Sanaa, die Hauptstadt des Jemen, vom Charme des frühen Orients umgeben, der die Sinne des Besuchers schnell zu den Bildern von 1001 Nacht führt. Die Ausdehnung und das Vordringen der islamischen Herrschaft bis vor die Tore von Poitiers 732 oder Wien 1683 tat trotz brutaler Verzerrungen und stereotyper Vorurteile der Faszination des Orients durch das Abendland kaum einen Abbruch. Arabische Entwicklungen und Entdeckungen von der Mathematik über die Medizin bis zur Literatur beeinflussten nachhaltig das mittelalterliche Europa trotz ständiger kriegerischer Auseinandersetzungen. Mit dem Aufstieg des Osmanischen Reiches im 16. Jahrhundert erlebte die Morgenlandbegeisterung einen neuen Aufschwung. Aus dem Zeitgeist der Bewunderung für den Osten wurde der moderne Orientalismus geboren. Waren bislang einzelne Episoden oder Anekdoten aus dem Reich von 1001 Nacht durch Seefahrer oder Kaufleute in Europa bekannt gemacht worden, so erreichten die ab 1704 von Antoine Galland herausgegebenen Übersetzungen von insgesamt 282 Nächten, in denen Schahrasad dramatische, komische und erotische Geschichten erzählt, um ihren Kopf zu retten, schnell eine große Popularität. Neben der Bibel wurde das Buch zur beliebtesten Lektüre des 18. Jahrhunderts. Obwohl sich der Mythos vom paradiesischen Charakter der 1001-Nacht-Welt bis heute erhalten hat und die Sammlung sich geradezu als Inkarnation und Projektion unserer Traumwelt vom gesunden, ehrlichen, gerechten, wohlhabenden und glücklichen Leben, also vom Paradies auf Erden, im öffentlichen Bewusstsein verankert hat, so ist sie weniger eine Märchensammlung als vielmehr ein Spiegel einer Welt voller menschlicher Leidenschaften, Abgründe, Brutalitäten, Sehnsüchte und Wünsche. Gleich nach Erscheinen der französischen Erstausgabe von 1001 Nacht, Anfang des 18. Jahrhunderts, entstand eine große Zahl von Parodien und Imitationen. Bald gaben die Erzählungen vielfältige Anregungen für Literatur, Theater, Oper und Mode. Seit Mitte des 19. Jahrhunderts hatte die Exotik des Orients auch die europäische Malerei erreicht. Im Gegensatz zu den Malschulen der Moderne brachten Künstler wie Jean-Léon Gérôme, Rudolf Ernst oder Ludwig Deutsch ihren „Orient der Seele" auf die Leinwand. In einer Mischung aus Imagination, Projektion und Wirklichkeit wurden bevorzugt verbotene Bezirke wie der Harem, der Hamam, die Eunuchen oder der Sklavenmarkt genauso ins Bild gesetzt wie Straßenszenen oder berühmte Baudenkmäler. Dass sich diese Bilderwelt eines bunten, märchenhaften Orients auch heute noch erhalten hat, macht ein Blick in die Traumfabriken des Kinos deutlich. Viele Verfilmungen knüpfen hier, sofern sie nicht das aktuelle „Feindbild Islam" bedienen wollen, immergleich an die Klischees und Stereotype unseres herbeigesehnten Orients an: Karawanen, Krummdolch, Oase, Fliegender Teppich und Fakir. Indem Leser oder Zuschauer sowohl der Wiederholung des Klischees als auch dem Traum nach dem Anderen und der Metamorphose des Eigenen nachhängen, bricht sich in jedem Einzelnen der Wunsch nach Verzauberung in einer Ersatzwelt mit der Not nach der phantasierten Vorwegnahme einer lebensfreudigen Zukunft.

Ignacio de León y Escosura
Tambourintänzerin in
einem Harem, 1885
Öl auf Leinwand
48 x 33,5 cm
Privatbesitz.

Das Paradies in den Erzählungen aus Tausendundeiner Nacht

Claudia Ott

Indien

„Das Paradies
liegt zwischen Himmel und Erde
Es ist mit Winden und Gezeiten festgezurrt
Die Luft hält es
Immer etwa über Indien"
(Aus dem arabischen Alexanderepos)

Über Indien schwebend, festgehalten durch die Kräfte von Wind und Gezeiten – so stellt sich das arabische Alexanderepos, eine seit dem 12. Jahrhundert überlieferte volkstümliche epische Tradition über Leben und Taten Alexanders des Großen,[1] das Paradies vor. Nicht zufällig wird hier das Paradies über Indien lokalisiert, also – von Damaskus, Bagdad oder Kairo aus gesehen – im „Orient". Auch die arabische Welt kannte nämlich einen „Orient", geheimnisvoll, anziehend und unbekannt zugleich, aus dem allerhand Exotisches in die arabischen Länder gelangte. Zu den Schätzen, die die arabische Kultur Indien verdankt, zählen neben dem Schachspiel, der Zahl Null und zahlreichen wertvollen Exportgütern wie Gewürzen und Edelmetallen, mit denen arabische Kaufleute erfolgreich Handel trieben, auch die Erzählungen aus Tausendundeiner Nacht.
Die Grundidee von „Tausendundeine Nacht" wird in der Rahmengeschichte, dem so genannten Prolog, formuliert. Diese Rahmengeschichte besteht aus drei Teilen, die alle in der indischen Literatur wurzeln, aber erst in „Tausendundeine Nacht" zu einer Geschichte vereint wurden: erstens die Geschichte zweier Könige und Brüder, die von ihren Ehefrauen hintergangen werden und aus Enttäuschung darüber der Herrschaft entsagen. Von dieser Motivfolge finden sich gleich mehrere Beispiele in der indischen Literatur, die wichtigste in der buddhistischen Geschichtensammlung *Tripitaka*, von der ein Teil im Jahr 251 n. Chr. ins Chinesische übersetzt worden ist. Der zweite Prologteil ist die Geschichte vom betrogenen Ifrit: Ein Dämon verwahrt in einer Kiste eine junge Frau, damit sie ihm nicht untreu werden kann. Diese betrügt ihn jedoch jedes Mal wenn er sich schlafen legt. Zwei Männer, die in die Welt hinausgezogen waren, um jemanden zu finden, dem es noch schlimmer ergangen ist als ihnen selbst, werden Zeugen dieser Szene. Diese Geschichte findet sich im Jataka Nr. 436, das ebenfalls der buddhistischen Tradition angehört. Der dritte Prologteil, der den eigentlichen Rahmen für „Tausendundeine Nacht" bildet, ist die Geschichte einer jungen Frau, die einem grausamen König Nacht für Nacht Geschichten erzählt, um ihren Tod immer wieder aufzuschieben. Sie bedient sich dabei einer Helferin, in „Tausendundeine Nacht" ist es Schahrasads jüngere Schwester Dinarasad. Für diesen Prologteil existieren indische Prototypen in den Kommentaren der kanonischen Jaina-Lehrtexte.[2]

Blick in eine Gartenlandschaft
signiert von Mihr Chand
Indien, Schule von Oudh,
um 1780
Staatliche Museen zu Berlin –
Museum für Islamische Kunst
Inv.-Nr. I. 4594 fol. 39.

rechte Seite:
Garten-Teppich
Nordwestpersien, um 1800
Wolle, 880 x 289 cm
Staatliche Museen zu Berlin –
Museum für Islamische Kunst
Inv.-Nr. I. 41769.

All diese Quellen sind fast 2000 Jahre alt. Schahrasad und Schahriyar, die Erzählerin und ihr Zuhörer, gehören somit zu den ältesten Prototypen des Erzählens überhaupt.

Persien

„Die ersten, die Abenteuer verfassten
und daraus Bücher machten [...]
waren die alten Perser."
(Ibn an-Nadîm)

Von Indien gelangten die oben geschilderten Motive nach Persien und in die persische Literatur. Hier treffen wir zum ersten Mal eine Rahmengeschichte, die die drei Prologelemente verbindet und mit großer Wahrscheinlichkeit auch einige bereits im Indischen tradierte Einzelgeschichten als Stoff der nächtlichen Erzählungen mit überliefert. Sogar der Titel der persischen Vorstufe von „Tausendundeine Nacht" ist bekannt: *Hazâr Afsân*, „Tausend Abenteuergeschichten". Unter diesem Titel resümiert Ibn an-Nadîm, ein bekannter arabischer Literaturwissenschaftler des 10. Jahrhunderts, exakt die Rahmengeschichte von „Tausendundeine Nacht":
„Das erste Buch, das in dieser Art gemacht wurde, war das Buch Hazâr Afsân, das heißt: Tausend Abenteuer. Die Veranlassung dazu war, daß einer ihrer Könige, wenn er eine Frau heiratete und mit ihr eine Nacht verbracht hatte, sie am folgenden Morgen töten ließ. Dann heiratete er ein Mädchen aus königlichem Geblüt, eine, die Verstand und Wissen besaß, namens Šahrazâd. Als sie mit ihm zusammen war, begann sie, ihm Abenteuergeschichten zu erzählen, und die Geschichte war am Ende der Nacht soweit gekommen, daß es den König dazu brachte, sie am Leben zu lassen und in der nächsten Nacht die Vollendung der Geschichte zu verlangen, so daß darüber tausend Nächte vergingen. Er wohnte ihr während dieser Zeit bei, bis sie schließlich ein Kind von ihm bekam. Da enthüllte sie die List, die sie gegen ihn angewandt hatte, und klärte ihn darüber auf; er bewunderte ihre Klugheit, faßte Zuneigung zu ihr und ließ sie am Leben. Der König hatte eine Hofmeisterin namens Dînârzâd, die ihr dabei behilflich gewesen war." [3]
Aus Persien stammen neben den Vorläufern von „Tausendundeine Nacht" auch die ältesten archäologisch belegten Gärten – und

sogar die Bezeichnung „Paradies". *Pairi-daeza* („Umfriedeter Ort") hießen die Gärten der Perserkönige, der Achämeniden. Von dem Begriff *Pairi-daeza*, den Xenophon als *Paradeisos* ins Griechische übersetzte, stammen sowohl das arabisch-persische *Firdaus* als auch das deutsche Wort „Paradies".
Der älteste Garten dieses Typs ist der von Pasagardae, in dem der Achämenide Kyros der Große im 6. Jahrhundert v. Chr. residierte. Der Perserkönig hatte in einer umfriedeten Parkanlage Pavillons errichten lassen, zwischen denen in offenen Kanälen Wasser floss. Die kreuzförmige, rechtwinklige Anordnung der Kanäle schuf eine geometrische Grundform des Gartens mit vier quadratischen Gartenteilen, die durch weitere Kanäle noch weiter unterteilt wurden. Später bezeichnete man diese Grundform im Persischen als *Tschahâr Bâgh* („Vier Gärten"). Die iranischen und islamischen Gartenformen lassen sich auf dieses schon in der Achämenidenzeit angelegte Grundmodell zurückführen.
Gartenteppiche illustrieren das vierteilige Grundmuster des *Tschahâr Bâgh*: Ihr Hauptmotiv ist die strenge Aufteilung des Gartens durch die Kanäle, in denen meist stilisierte Fische schwimmen. In die einzelnen Gartensegmente fließen die Kanäle als Bewässerungsspender. Dort gedeihen Blumen, Grünpflanzen und Bäume. In dem abgebildeten Beispiel sind die Kreuzungspunkte der Kanäle zusätzlich durch Inseln mit prächtigen Blütenstauden besetzt.

Arabien

„Doch für die Gottesfürchtigen gibt es Gewinn:
Obstgärten und Weinstöcke,
Gleichaltrige Mädchen mit schwellenden Brüsten,
Und Becher, bis zum Rand gefüllt."
(Koran, Sure 78,31 – 34)

Dschannat al-Khuld („Der ewige Garten"), *Dschannat Adn* („Garten Eden") oder *Firdaus* nennt der Koran das dem Menschen verheißene Paradies. Es wird im Koran über 130 Male erwähnt und detailliert beschrieben als ein Garten mit hohen Mauern und Toren, der mit schatten- und früchtespendenden Bäumen bewachsen ist. Auch im koranischen Paradies fließen vier Flüsse. Sie führen Wasser, Milch, Wein und Honig (vgl. Sure 47,15). Für die Muslime lag es nahe, aus diesen Schilderungen eine vierteilige Anlage des

Paradieses mit kreuzförmiger Anordnung der Flüsse herauszulesen. So wurde das persische *Tschahâr Bâgh*-Prinzip auf die koranische Vorstellung vom Paradies übertragen.[4]
Ähnlich wie in der christlichen Mythologie gibt es auch im Islam zwei Paradiese, die grundsätzlich voneinander unterschieden werden: Zum einen das Paradies, in dem Gott Adam und Eva erschuf und aus dem diese nach dem Sündenfall vertrieben wurden; zum zweiten das Paradies, das den Menschen nach dem Tod erwartet. Während letzteres grundsätzlich im Himmel liegt – im Islam traditionell über dem siebten Himmel, unmittelbar unter Gottes Thron – ist die Lage des ersteren, des Gartens Eden und Ursprungs der Menschheit, oft mit konkreten Regionen auf der Erde assoziiert worden. Eine der wichtigsten Traditionen, die in Judentum, Christentum und Islam gleichermaßen überliefert wurde, verortet den Garten Eden im Zweistromland. Eine alte englische Landkarte aus dem 17. Jahrhundert illustriert diese Vorstellung vom Garten Eden. Hier wurde das Paradies am Zusammenfluss von Euphrat und Tigris eingezeichnet.
Auch hier, an den Stätten der alten Hochkulturen wie Babylon, Assur und später Bagdad, haben sich immer wieder Herrscher ihre Gärten angelegt, in denen sie zum Teil auch residierten. Die Fruchtbarkeit des Bodens zusammen mit der Schatten spendenden Wirkung der Bäume und erfrischenden Wasserläufen in einer insgesamt trockenheißen, ariden Umgebung erleichterte die Projektion von Paradiesvorstellungen auf diese Garten- oder Parkanlagen. Von einem solchen Garten am Ufer des Tigris berichtet uns die arabische Fassung von „Tausendundeine Nacht“. Es ist ein Park, den, so die Textquelle, der Kalif Harun ar-Raschid anlegen ließ und in dem er ein Lustschlösschen besaß. Obstbäume, Palmen, Reben und verschiedenartige Vögel bilden das Inventar dieses „Paradieses auf Erden“. Die Projektion des koranischen Paradieses auf den Park des Kalifen am Tigrisufer in Bagdad wird durch ein Koranzitat noch unterstrichen:

„Und was für ein herrlicher Garten das war! Der Eingang war wie ein Iwan überwölbt, die Türen darin wie Tore zum Paradies. Man betrat durch das Tor einen Gang aus gebogenen Drahtgitterstäben, an denen die Ranken von Weintrauben wuchsen und Trauben in vielerlei Farben hingen: Die roten wie Karneole, die schwarzen wie Abessiniergesichter, und zwischen den roten und schwarzen erschienen die weißen Trauben wie Perlen, die zwischen Korallen und Teakhölzchen lagen. Trat man aus dieser behüteten Laube hinaus zu den größeren Bäumen des Gartens, so fand man dort Palmen, 'doppelschaftige und einfachschaftige', wie der Koran es beschreibt, und dazu sangen Vögel auf jedwede Weise: Der Hasar wiederholte die süßesten Melodien, die Turteltaube erfüllte den Ort mit dem Klang ihrer Stimme, die Nachtigall betörte mit ihrem Gesang die Gefühle, die Amsel sang fast wie ein Mensch, mit gewaltigem Jammern entfesselten Fachit-Tauben die Trauer, und auf das Gegurre der Ringeltauben zwitscherten Schwalben die Antwort. Von jeder Frucht reiften wenigstens zwei Sorten auf diesen Bäumen: Granatäpfel, süße und saure und süßsaure, Äpfel wie Zucker und solche der Sorte Daman sowie Birnen der Sorten Rachi und Challan. In diesem Garten gab es Dinge, die keine Zunge zu beschreiben fähig war, und wie sie noch kein Auge je gesehen hatte.“[5]

Diese Beschreibung eines Paradiesgartens am Tigris ist einer Handschrift des 15. Jahrhunderts entnommen, der ältesten erhaltenen arabischen Handschrift von „Tausendundeine Nacht“. Ihre Geschichten sind aber weit älter als diese konkrete Handschrift. Einzelne Handschriftenfragmente reichen bis ins 9. Jahrhundert zurück, und Belege für vollständige Fassungen einer arabischen Übersetzung der persischen *Hazâr Afsân* haben wir aus dem 10. Jahrhundert. Diese war damals noch als *Alf Laila* („Tausend Nächte") betitelt. Der vollständige Titel *Alf Laila wa-Laila* („Tausenundeine Nacht") ist um 1150 zum ersten Mal belegt. Vielleicht wurde die persische Sammlung bereits um das Jahr 800 ins Arabische übersetzt, gemeinsam mit anderen Werken der mittelpersischen Literatur, die die arabische Literatur stark beeinflusst und befruchtet haben. Damals existierte in Bagdad das so genannte *Bait al-Hikma* („Haus der Weisheit"), eine Art Übersetzerakademie, in der professionelle Übersetzer auf Kosten des Kalifenhofes arbeiteten und für die Übertragung von Werken der griechischen und persischen Literatur ins Arabische sorgten. Während aus der griechischen Literatur vornehmlich wissenschaftliche Werke übersetzt wurden, waren es auf persischer Seite literarische Werke.

Nach der Übersetzung der persischen *Hazâr Afsân* begann „Tausendundeine Nacht" zu wachsen und sich mit original arabischen Geschichten zu erweitern. Eine erste Schicht bildeten die Abenteuer rund um den Hof des Kalifen Harun ar-Raschid. Aus einer solchen Geschichte stammt das obige Zitat vom Paradiesgarten. Im 11. und 12. Jahrhundert kamen die meisten Anreicherungen aus Ägypten, insbesondere magische und phantastische Abenteuergeschichten. Einige der Geschichten spielen ganz oder teilweise in Kairo, das damals, unter der Herrschaft der Fatimiden (969–1171), die intel-

„Das Paradies oder der Garten von Eden mit den angrenzenden Ländern", Joseph Moxon, London 1690.

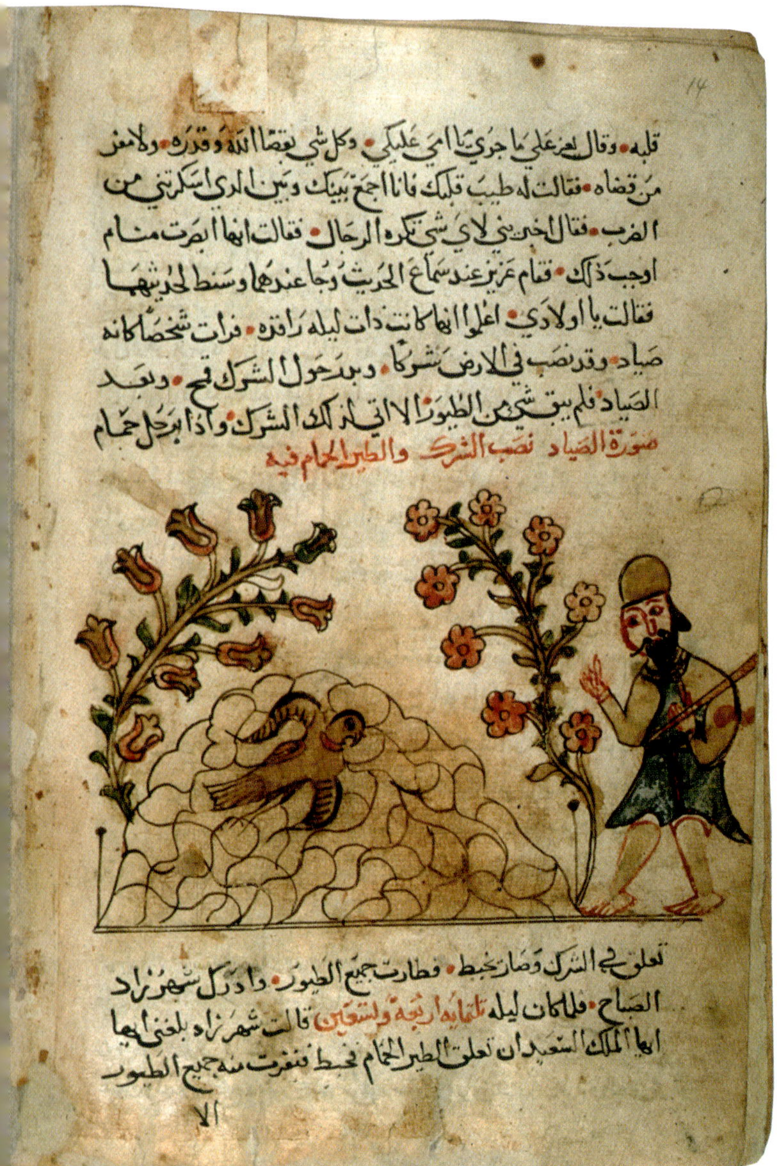

lektuelle und kulturelle Hauptstadt der islamischen Welt war. Eine letzte Erweiterungsstufe erfuhr „Tausendundeine Nacht" in der Mamlukenzeit. Die Mamlukenzeit (1250–1517) gilt als eine Phase dreihundertjähriger relativer Ruhe, die die Entfaltung eines regen städtischen und kulturellen Lebens förderte. Bis in breite Bevölkerungsschichten reichte damals das Interesse an Literatur, religiöser Gelehrsamkeit, Mystik und Musik. In dieser Epoche, etwa gleichzeitig mit der oben genannten Handschrift, nämlich auch im 15. Jahrhundert, entstand die heute in Tübingen befindliche „Tausendundeine Nacht"-Handschrift. Es handelt sich um eine der extrem seltenen illustrierten Handschriften von „Tausendundeine Nacht".

Das Paradies und die Liebe

„Gott ist groß! Allahu akbar! Dieser Mond ist aufgestiegen,
Und es konnte ein Verliebter seinen Liebsten endlich kriegen.
Wer hat je die Sonne und den Mond gemeinsam stehen sehen,
Dort, wo Paradies und Welt an einem Ort zusammenliegen?"
(Tausendundeine Nacht)

Paradiesmetaphern finden sich in der arabischen Literatur häufig, und gern stehen sie im Zusammenhang mit der Liebe. Die Vereinigung der Liebenden ist der wahre Garten Eden, die Liebeserfüllung ist das Paradies auf Erden.

Gerade in „Tausendundeine Nacht" hat es mit der Verbindung von Paradies und Liebe eine besondere Bewandtnis. Denn die meisten der hier geschilderten Liebesbeziehungen sind für irdisches Erleben ungeeignet. Es sind verbotene Liebesabenteuer, gerade durch ihre Unerfüllbarkeit für die Liebenden besonders reizvoll, aber auch besonders quälend. Das deutlichste Beispiel hierfür ist die traurige Geschichte von Nuraddin, dem jungen persischen Königssohn, und Schamsannahar, der Konkubine des Kalifen. Den beiden frisch Verliebten ist klar, dass ihre Liebe unerfüllbar ist, und dennoch zwingt sie ihre Leidenschaft dazu, immer neue heimliche Treffen zu arrangieren. Das erste Mal kommen sie unter einer Kuppel in dem nach der *Dschannat al-Khuld*, dem „Ewigen Garten" benannten Palast des Kalifen zusammen, und werden dort vom herannahenden Kalifen überrascht und fast *in flagranti* ertappt. Das zweite Mal treffen sie sich im Haus eines eingeweihten Freundes, eines Juweliers, wo sie von einer

Räuberbande überfallen und entführt werden, noch bevor sie sich vereinigen können. So endet jede ihrer Verabredungen in einer Katastrophe, bis schließlich beide Verliebte angesichts der Vergeblichkeit ihrer Liebe an Liebeskummer sterben, nachdem sie einander Dutzende der schönsten Liebesgedichte gesagt, geschrieben und gesungen haben.
Doch auch unerwiderte Liebe fordert zu Paradiesmetaphern heraus. Die Liebe zu einer abweisenden Person ist gleichsam die Wüste, aus der die Vorzüge des Geliebten wie eine fruchtbare, paradiesische Oase inmitten einer trockenen, lebensfeindlichen Umwelt hervorstechen. In dem folgenden Beispiel vergleicht der Dichter den Speichel der Geliebten mit dem Fluss Kauthar, einem der vier Flüsse des koranischen Paradieses, nach denen er, der Abgewiesene, dürsten muss:

„In den Herzen liegt versteckt ein unerkannter Sinn.
Keiner deckt die heimlichen Gedanken auf darin.

Du, der du den hellen Mond mit deinem Glanz beschämst,
Dessen Schönheit es dem Morgen nachtut mit Gewinn:

Dein Gesicht ist mein Verlangen, ewig unerfüllt,
Dort wächst nur die Antwort, daß ich abgewiesen bin.

Ich verbrenne – dein Gesicht ist kühles Paradies.
Ich verdurste – und dein Speichel Kauthars Fluß darin.“[6]

„Tausendundeine Nacht“ ist insofern auch ein typisches Werk einer arabischen Gattung, in der Gedichte sich mit Prosateilen abwechseln, des so genannten *Prosimetrum*. Die Literaturgeschichte hat in *Prosimetrum*-Texten mal den Gedichten, mal den umgebenden Geschichten Priorität eingeräumt: Im ersten Erklärungsmodell sind die Gedichte zuerst da gewesen und die Geschichte ist dazugekommen, um diese zu erklären; nach der zweiten Theorie sind die Geschichten der Ausgangspunkt und die Gedichte wie Bilder, die diese illustrieren. Mangels bebilderter Ausgaben von „Tausendundeine Nacht“ kann man sich die letztere Version hervorragend vorstellen: Die Gedichte sind wie „Hörbilder“, die den Fluss der Erzählung für kurze Zeit anhalten, um sowohl die Leser und Hörer als auch die in der Geschichte handelnden Figuren zum Nachsinnen einzuladen, zum Staunen zu bringen oder zu Tränen zu rühren. Von der Geburt und vom Tod,

linke Seite:
Ein Jäger hat eine Wildtaube im Netz gefangen, Tausendundeine Nacht (Syrien, 15. Jh.), Universitätsbibliothek Tübingen, Handschriftensammlung.

T. Marestani,
Zurück ins Paradies I
Acryl und Farbstift, 76 x 56 cm,
Privatsammlung.

von Liebe und Hass, Großzügigkeit und Geiz, von Schönheit und Hässlichkeit, Reichtum und Armut und vielen anderen Themen des menschlichen Lebens handeln diese glänzenden und funkelnden sprachlichen Juwelen. Die Verwendung der männlichen Form auch bei der Beschreibung einer offensichtlich weiblichen Geliebten mag den europäischen Leser befremden, doch entspricht sie den Konventionen der arabischen Liebesdichtung.

Doch zurück zum Thema Paradies. Wie wir gesehen haben, durchziehen die koranischen Paradiesesfreuden „Tausendundeine Nacht" und kommen in Gedichten und Geschichten immer wieder an die Oberfläche des Textes. Bagdad spielt dabei eine besondere Rolle, denn in den paradiesischen Gärten am Tigris und dem nach dem Paradies benannten Kalifenpalast spielt so manche Geschichte aus „Tausendundeine Nacht". Und nicht zuletzt wird Bagdad, die „Stadt des Friedens", selbst als Paradies bezeichnet, in einem Gedicht, das dem heutigen Leser angesichts der gegenwärtigen politischen Lage im Irak Tränen in die Augen treiben kann:

„Eine Stadt, deren Bewohner nichts zu fürchten haben,
Denn ihr Besitzer heißt: Die Sicherheit.

Sie ist ein Paradies, geschmückt für seine Menschen,
Das seine Wunder offen zeigt zu jeder Zeit." [7]

Anmerkungen

[1] Vgl. Faustina C. W. Doufikar-Aerts, Alexander Magnus Arabicus. Zeven eeuwen Arabische Alexandertraditie. Van Pseudo-Callisthenes tot Suri, Leiden Univ. Diss. 2003 (mit Summary in englischer Sprache; eine englische Fassung ist in Vorbereitung).

[2] Die Angaben zu den indischen Vorbildern wurden mit freundlicher Genehmigung des Autors entnommen aus: Heinz Grotzfeld, Zu den vor- und außerislamischen Quellen von 1001 Nacht, Vortragsmanuskript im Rahmen der Konferenz „Tausendundeine Nacht. Islam im Spiegel der Weltliteratur" vom 10. – 12. März 2006 auf Burg Rothenfels a. M. Grundlegend hierzu immer noch Emmanuel Cosquin, Le Prologue-Cadre des Mille et une Nuits, in: Revue Biblique 6 (1909), S. 7 – 49. Vgl. außerdem den Artikel „India" in: Ulrich Marzolph / Richard van Leeuwen, The Arabian Nights Encyclopedia, Santa Barbara u. a. 2004.

[3] Zit. nach Heinz und Sophia Grotzfeld, Die Erzählungen aus „Tausendundeiner Nacht", Darmstadt 1984, S. 15 f.

[4] Vgl. Thomas Leisten, Die Gärten des Islam. Das islamische Paradies als Idealbild des Gartens, in: Hermann Forkl u. a. (Hrsg.), Die Gärten des Islam, Stuttgart 1993, S. 47 ff.

[5] Tausendundeine Nacht, nach der ältesten arabischen Handschrift in der Ausgabe von Muhsin Mahdi erstmals ins Deutsche übertragen von Claudia Ott, München 2004, S. 525 f.

[6] Ebd., S. 282.

[7] Ebd., S. 522.

Traumparadies „Tausendundeine Nacht“? Wandel der Rezeption – Wandel der Mentalitäten

Wiebke Walther

„Tausendundeine Nacht“, das meint für Viele: Wege in ein exotisches Märchenparadies mit fliegenden Teppichen und Pferden, mit Wunderlampen, funkelnden Schätzen in dunklen Höhlen, helfenden und auch bösen Geistern, in eine Welt glanzvoller höfischer Pracht, aber auch voller Todesgefahren, die der Märchenheld oder die Heldin – beginnend mit der Erzählerin Schahrasad – durchsteht. *Das* Standardwerk der arabischen Literatur mag es für manche sein, obwohl heute Übersetzungen moderner Werke eine Realität voller Armut, Entbehrungen, voll sozialer und politischer Zwänge und Kämpfe zeichnen.

Als der französische Orientalist und Orientreisende Antoine Galland (1646–1715) in Syrien 1701 auf eine Handschrift von „Sindbad der Seefahrer“ stieß, übertrug er sie ins Französische und sandte sie einer Hofdame. Dass die Handschrift dem Hörensagen nach Teil einer größeren Sammlung sei, besagt sein Begleitschreiben an die Marquise. Tatsächlich lief sie einzeln um. Die französische Aufklärung ließ das Interesse am Orient, die Offenheit für andere Länder, Sitten und Religionen wachsen. Reisebeschreibungen erschlossen Denk- und Lebensweisen in fernen Ländern. Die weibliche „Lesewelt“ schwelgte in den Feenmärchen der Madame d'Aulnoy und den Märchen des Charles Perrault. So wurde Galland schnell um mehr gebeten.

Ein Reisender flieht mit einem großen Vogel durch die Lüfte. Miniatur aus der Kosmographie des Zakariya al-Qazwini (st. 1283) Bayerische Staatsbibliothek München: C. arab 464 folio 65.

Aus Syrien erhielt er auf seine Bitte eine Handschrift, zufällig die älteste bis heute entdeckte aus „Tausendundeine Nacht“.[1] Galland füllte mit den Geschichten, die in der 282. Nacht abbrechen, sieben Bände seiner „Les Mille et Une Nuit“. Die Sindbad-Geschichte fügte er ein, wo er sie passend fand, und erfand Nachtzäsuren. Die Edition erschien 1704 bis 1706 in Paris und wurde sofort ein Riesenerfolg. Eine englische und eine deutsche Übersetzung folgten 1706, letztere mit dem barocken Titel „Arabische Liebes=Händel...“. Da Galland keine arabischen Texte mehr hatte, publizierte der Verlag 1709, ohne die Übersetzer zu informieren, einen achten Band mit Geschichten, die in Kinderausgaben nicht enthalten sind: „Von Ghanim, dem verstörten Sklaven der Liebe“, von Galland nach einer bis heute unbekannten Vorlage übertragen, und zwei von Petit de la Croix nach unbekannten Originalen aus dem Türkischen übersetzte Geschichten.

Auf Drängen des Verlags suchte Galland nach weiteren Geschichten und fand in Paris einen Christen aus Aleppo, Hanna Dijab, der ihm im Frühjahr 1709 viele Erzählungen vortrug. Er machte sich Notizen und traf eine Auswahl für vier weitere Bände. Band 9 (1712) enthält „Die Geschichte vom erwachten Schläfer“, die man später in vollständigen „Tausendundeine-Nacht"-Handschriften fand, und den ersten Teil der „Geschichte von Aladdin und der Wunderlampe". Band 10 (1712) umfasst deren zweiten Teil, außerdem „Das nächtliche Abenteuer des Kalifen" mit den eingewobenen Geschichten „Vom blinden Baba Abdullah", „Sidi Nu`man" und „Chawadscha Hasan al-Habbal". Band 11 und 12 erschienen, obwohl 1712/1713 vollendet, erst postum, im Jahr 1717. In Band 11 steht der Rest der „Geschichte von Hasan al-Habbal", ferner „Ali Baba und die vierzig Räuber", „Ali Chawadscha und der Kaufmann von Bagdad" und „Die Geschichte vom Ebenholzpferd", später in vollständigen ägyptischen „Tausendundeine-Nacht"-Handschriften entdeckt. Band 12 enthält die Geschichten „Vom Prinzen Achmed und der Fee Peri Banu"[2] und „Von den beiden Schwestern, die ihre jüngste Schwester beneideten". Diese Bände bieten also einige der in Europa beliebtesten Märchen. Gerade hier ist aber die arabische Quellenlage dubios. Für die beiden letzten Geschichten gibt es bis heute keine arabische Vorlage, für die von Aladdin und von Ali Baba wurde spät je eine einzelne arabische Handschrift in Europa entdeckt.

Schahrasad zeigt König Schahriyar elysische Szenen Buchschmuck aus Taha Husains Märchenallegorie „Schehrazads Träume" (Kairo 1944 u. ö.).

Eine kaum vorstellbare Orientbegeisterung brach in Europa aus. „Die Nächte" wurden zwischen 1722 und 1763 ins Italienische, Niederländische, Dänische und Russische übersetzt. In Deutschland übte erst G. A. Bürger 1773 bissig Kritik: *„Anlangend Tausendundeine Nacht, so hat, wie die Rede geht, Galland morgenländische Goldbarren in französische Klapper- und Scheidemünze umgewechselt".* Bürger, der Volks- und Bildungspoesie vereinen wollte, wollte Galland neu übersetzen, doch gelang dies erst J. H. Voß, dem Übersetzer der „Odyssee" und der „Ilias"[3]. Die 6-bändige Voß'sche Übersetzung erschien 1781–1785 in Bremen. Sprachlich ist sie natürlich schlichter, moderner als die anonyme vollständige deutsche Erstübersetzung von 1711.

Gallands „Les Mille et Une Nuit" regte die Forschung zur Geschichte der Sammlung an. Sie inspirierte in England, Frankreich und auch in Deutschland geistvolle Parodien, die die aristokratische Gesellschaft ironisierten.[4] Dass auch schon Galland Spott traf, zeigt die Anekdote, Passanten hätten ihn nachts geweckt: „M. Galland, erzählen Sie uns doch eine schöne Geschichte!"

In Frankreich gab man bald jede orientalische Geschichte, die übersetzt (oder erfunden) wurde, als dazugehörig aus. Gleichzeitig suchte man im Orient nach vollständigen Handschriften. Josef von Hammer, österreichischer Gesandter in Konstantinopel, fahndete dort im Auftrag eines Ministers, wurde aber erst in Kairo fündig. Er erzählte, ein des Arabischen unkundiger Engländer sei 1801, laut den Originaltitel *„Alf Laila wa-Laila"* rufend, durch Kairo gewandert und habe schließlich eine komplette Handschrift erhalten, die aber bei einem Schiffsunglück im Nil versank.

Der Deutsche M. Habicht, der 1797 als preußischer Legationsrat nach Paris ging, dort an der Universität Arabisch lernte und später Universitätsprofessor in Breslau wurde, edierte in Breslau 1825–1838 eine

„vollständige tunesische Handschrift" in acht kleinen Bänden, fortgesetzt in vier Bänden 1842/1843 vom Leipziger Orientalisten H. L. Fleischer. Dass diese Handschrift eine Fälschung war, die nach diversen Quellen wohl in Habichts Auftrag von einem Tunesier in Habichts Pariser Nachbarschaft geschrieben wurde, fand der englische Orientalist D. B. MacDonald 1909 heraus. Er stellte aber auch fest, dass die Nächte 885 bis 1001 auf Handschriften von „Tausendundeine Nacht" beruhen. Die 15-bändige deutsche Übersetzung von Habicht, H. v. d. Hagen und C. Schall (1825 u. ö.) jedenfalls basiert größtenteils auf französischen Vorlagen der Zeit und spiegelt deren Stil.

Der Schluss differiert in den vollständigen ägyptischen Handschriften. Bei Galland, dem der Schluss ja nicht vorgelegen hatte, besiegt Schahrasad den Frauenhass des Königs Schahriyar durch ihre Erzählkunst. Bei Hammer befiehlt Schahriyar, ihr den Kopf abzuschlagen, da ihre letzte Geschichte ihn „ganz ungemein gelangweilt" habe. Darauf lässt der Wesir die drei Söhne, die sie dem König, ganz ohne sein Wissen, inzwischen geboren hat, holen. Gnädig schenkt ihr der König das Leben, weil sie eine gute Mutter und treue Gattin ist, anders als die ungetreuen Gattinnen des Prologs, die den Frauenhass des Königs auslösten.

Ägyptische Handschriften wurden die Basis der meisten orientalischen Drucke, nachdem 1824 in Ägypten als erstem arabischen Land der Buchdruck eingeführt wurde. Der 4-bändige Kalkuttaer Druck 1839–1842, vom britischen Kolonialamt veranlasst, basiert auf einer solchen Handschrift.

„Tausendundeine Nacht" war wie manch anderes Werk, das wir als Kinder liebten, ursprünglich kein Kinderbuch. Männliche Straßenerzähler im Vorderen Orient trugen solche Geschichten jahrhundertelang einem männlichen Publikum vor, bis modernere Unterhaltungsmöglichkeiten aufkamen. Die „Erzählerzünfte", von denen wir aus Ägypten und der Türkei seit dem 15. Jahrhundert wissen, standen auf der untersten sozialen Stufe, weil die Straßenerzähler die Volks- und nicht die Hochsprache verwandten, dabei unterhalten, nicht bilden oder belehren wollten. Doch erheben die Geschichten wiederholt den Anspruch, das Letztere zu tun, etwa „ein Beispiel zu geben für den, der sich ein Beispiel nimmt". Anfangs, das ist aus Nennungen des Titels in der arabischen Hochliteratur seit etwa 950 bekannt, dienten solche Geschichten höfischer Unterhaltung. Das „Sozialgefälle" der Helden in „Tausendundeine Nacht" ist sicher auch ein Indiz für das sich ändernde (männliche) Publikum, das seine Iden-

Orientalisierende Straßenszene
Stahlschnitt aus: Les Mille
et Une Nuit. Contes Arabes
traduit p. A. Galland,
Repr. Paris 1979, S. 76.

Miniatur aus dem Ritterroman von Umar Ibn an-Nu'man: Ein Europäer im Stutzermäntelchen steht vor dem König auf dem Thron. Universitätsbibliothek Tübingen, Handschriftensammlung.

tifikationsfiguren brauchte: Von Prinzen über Kaufmannssöhne zum Schuhflicker, der seine Frau, „Fatima die Krätze" (Littmann übersetzt „das Scheusal") durch die schöne Prinzessin ersetzt oder zum bitterarmen Fischer Abdallah, der durch Abdallah den „Meermann" unermesslich reich und so Schwiegersohn des Königs Abdallah und selbst König wird. In einer polygynen Gesellschaft kann er neben seiner Frau die Prinzessin heiraten, dann sein bisher armes Weib fürstlich gekleidet auf einer Sänfte mit Gefolge zum Hof geleiten und seine acht, oder in anderer Fassung zehn, Söhne zu kleinen Prinzen avancieren lassen.

Der Bagdader Handschriftenkopist und -händler Ibn an-Nadîm sagt in seinem „Bücherverzeichnis" (ca. 990), der ersten arabischen Literaturgeschichte,[5] zu der Sammlung, die damals noch „Tausend Nächte" hieß: *„Ich habe sie öfter vollständig gesehen. Es ist in der Tat ein ödes Buch voll fader Geschichten"*. Die Bildungselite verlangte von „salonfähiger" Literatur Bildung und Belehrung in brillanter Sprache, dem Avancement bei Hof und der Persönlichkeitsbildung dienlich. Einen Text aufzuschreiben, also rational zu gestalten, galt in einer Zeit, da Lesen- und Schreibenkönnen Indiz für elitäre Bildung war, als Aufwertung. Das wird auch aus den Schlussfloskeln von Märchen in „Tausendundeine Nacht" deutlich, die besagen, dass die Geschichte allen gefiel, die sie hörten, so dass sie in goldenen Lettern (wie Korantexte) aufgezeichnet und in der Hofbibliothek aufbewahrt wurde. Das war natürlich auch erzählerische Werbestrategie.

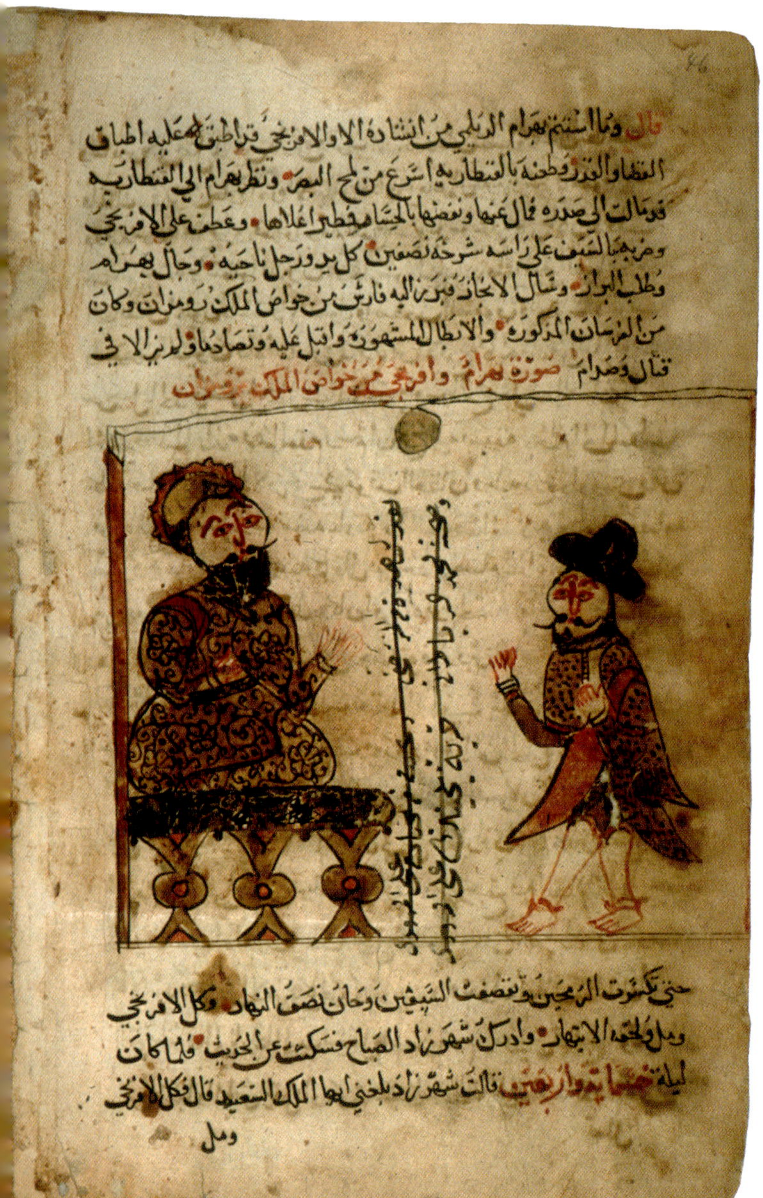

Der Engländer Lane beobachtete um 1835 in Kairo, dass Geschichten aus „Tausendundeine Nacht" seltener zum Repertoire der Straßenerzähler gehörten als Teile bestimmter Volksromane. Ja, es gab die Drohung, wer „Tausendundeine Nacht" in einem Jahr läse (nicht hörte!), müsse noch im selben Jahr sterben.

Volksliteratur, Volksmärchen, Volkssprache wurden auch in Europa erst seit der Romantik für Gebildete attraktiv. Volkslieder wurden seit dem 16. Jahrhundert gesammelt. Die Brüder Grimm sammelten ihre „Kinder- und Hausmärchen" (1812) vorwiegend bei Kasseler Bürgerinnen und gestalteten sie sprachlich und literarisch als „eigentliches Erziehungsbuch" für das Bürgertum der Zeit.[6] Auch die Übersetzer von „Tausendundeine Nacht" hatten die „Lesewelt" ihrer Zeit im Blick: Sie verhielten sich kaum anders als arabische Erzähler, von denen wir seit der frühen Abbasidenzeit um 900 wissen, die Erzählstoffe publikums- und situationsgerecht variierend darboten. Die Märchenromane von „Tausendundeine Nacht" sind, wie arabische Volksromane, zwar in Details, etwa Straßennamen, realitätsnäher als europäische Märchen, aber – anders als die klassische arabische Anekdotenliteratur – nicht straff erzählt. Reimprosa und Verse, auch längere Gedichte, besonders auf Liebe und Wein, sind spannungsverzögernde Schmuckelemente. Mehrere Erzählstränge komplizieren. Die Erzähler gestalteten Fortsetzungsromane, verteilt über einige Sitzungen. Übersetzer strafften, sparten Poesie und Reimprosa schon wegen der schweren Übertragbarkeit aus oder „verdichteten" sie zu Prosa. Kinderausgaben „unterschlugen" natürlich die Erotik vieler Geschichten.

Hofszenen auf Miniaturen in persischen und indischen höfischen Handschriften um 1600 sind zart, aperspektivisch mit meist filigranen Figürchen. Es ist farbenfrohe Buchkunst in einer Kultur, die wie die jüdische jahrhundertelang die bildliche Darstellung von Menschen aus religiösen Gründen tabuisierte: Der Mensch sollte nicht mit Gottes Schöpferkraft konkurrieren. Die einzige illuminierte (fragmentarische) „Tausendundeine-Nacht"-Handschrift, die des Ritterromans von Umar Ibn an-Nu'man in Tübingen, zeigt kindlich-naive Farbminiaturen. Lange galt der Kalligraph mehr als der Miniaturist, denn Schrift war etwas nahezu Heiliges. Kalligraphie bietet Koranworte ästhetisch dar, farbige Ornamente schmücken. Miniaturen in einer türkischen Handschrift über die wundersame Himmelsreise des Propheten Muhammed (Sure 17,1) zeigen islamische Paradiesbilder. Sie sind die sinnlichsten der drei monotheistischen Weltreligionen: Glückshoffnungen von Menschen, die in einem ariden Klima leben. Die Gläubigen ruhen laut Koran auf Brokatpolstern in schattigen, von Flüssen belebten Gärten und genießen erfrischende Früchte, Speisen und Getränke. Schöne schwarzäugige Jungfrauen, die „Huris", erfreuen sie. Heutige Interpreten deuten sie als Seelentrost für männliche und weibliche Gläubige. Über 150 Jahre lang lernte Europa „Tausendundeine Nacht" in Umsetzungen der Galland'schen, höfisch geprägten Version kennen. Erste Neuübersetzungen nach vollständigen ägyptisch-arabischen Drucken erfolgten im 19. Jahrhundert. Doch waren auch sie Bearbeitungen, etwa die in 30 Kapitel geteilte, um alle erotischen und Trinkszenen reduzierte des Engländers E.W. Lane von 1840/1841 mit ihren instruktiven Anmerkungen, oder die des Deutschen Gustav Weil. Diese wurde vom Verlag so gestaltet, dass sich die Holzschnitte der französischen Ausgabe von 1838/1840 an denselben Textstellen einfügen ließen. Weil übernahm auch in der dritten, „ersten vollständigen", Auflage von 1866 die meisten „Stilschönungen" eines vom Verlag beauftragten Modeschriftstellers, änderte aber den Geschichtenbestand.

Die erste vollständige deutsche Übersetzung nach arabischen Originalen schuf der Tübinger Universitätsprofessor Enno Littmann

Amedeo Simonetti
Pantoffeln kaufen, 1905
Aquarell auf Karton, 53 x 37 cm
Privatbesitz.

für den Insel-Verlag in sechs Dünndruckbänden 1923–1928. Littmann setzte Poesie und Reimprosa der Originale getreu ins Deutsche um. Sein Stil ist aber der von Buchmärchen, anders als die sprachlich schlichten, wennschon im Vergleich zur Galland'schen und Ott'schen Textvorlage meist stilistisch „angehobenen" Originale. Nur ein sexuell sehr deftiges Gedicht in der 950. Nacht übertrug er ins Lateinische.[7]

Eine moderne arabische Literatur mit den Gattungen Drama, Novelle, Kurzgeschichte, Roman entwickelte sich, von Ägypten ausgehend, seit ca. 1870. An die Beliebtheit der Sammlung in Europa anknüpfend, griffen Vertreter des jungen arabischen Theaters auf Stoffe aus „Tausendundeine Nacht" zurück.[8] „Die Geschichte vom erwachten Schläfer" wurde 1849/1850 als Komödie im Haus eines Beiruter Christen aufgeführt. Im Stück „König ist König" (1978, nach Brechts „Mann ist Mann") im „politischen Theater" des Syrers Saadallah Wannus wird sie zum Spiel über die Korrumpierbarkeit durch Macht auch beim einfachen Mann. Sindbad der Seefahrer wurde seit etwa 1930 in Poesie und Prosa zum Symbol für die Suche des Intellektuellen nach neuen, befreienden Ufern. Schahriyar wurde zum Bild des bedenkenlosen Despoten. Taha Husain lässt ihm in dem kleinen Märchenroman „Schehrezads Träume" (1944) von einer überlegenen Schahrasad elysische Seiten des Lebens zeigen, seine Tyrannei durch die Variation der Rahmengeschichte bewusst machen – auch als Appell an den ägyptischen König Faruq im Zweiten Weltkrieg.

Holzschnitt
zu Ali Ahmed Bakathirs Drama
„Schehrazades Geheimnis",
1953.

1934 hatte der als Frauenfeind verschriene Taufiq al-Hakim in einem symbolistischen Drama Schahrasad zur erdverbundenen, sinnlichen Frau gemacht, die Schahriyar von jedem Streben nach Höherem abhält. Das führte zu einem Proteststurm. Von Taha Husain angeregt, verfassten beide bei einem Sommerurlaub in der Schweiz den Roman „Das Zauberschloss" (1943). Hier lässt Schahrasad al-Hakim von ihren Hofdamen entführen, beim Geruch stinkenden französischen Käses im Turm ihres Schlosses einsperren und dann auf dem Montblanc vor ein Gericht stellen. Dessen oberster Richter ist „die Zeit" (im Arabischen maskulin und auch „das Schicksal"). Er/sie erklärt schriftstellerische, geistige Freiheit – das Prinzip Schahrasads – zur Maxime. Ali Ahmed Bakathir, der seit 1934 in Ägypten lebte, deutete in seinem Stück „Schehrezads Geheimnis" (1953) tiefenpsychologisch Schahriyars krankhaften Frauenhass als Folge seiner geheimen Impotenz, von der Schahrasad durch seinen Arzt erfährt und den sie durch ihre Erzählkunst heilt.

Schahrasad, die mit weiblicher Klugheit männlichen Hass und männliche Destruktivität bezwang, wird ernst oder ironisch zur Berufungsinstanz für arabische Schriftstellerinnen, die in Poesie und Prosa für Emanzipation kämpfen. Die Ägypterin Nawal al-Saadawi (geb. 1930), die ihren Beruf als Ärztin zugunsten eines fruchtbaren literarischen Schaffens aufgab, lässt in ihrem postmodernistischen Roman „Der Sturz des Imams" (1987) den Imam als Repräsentanten der Religion zum zynischen Schahriyar werden, der schließlich, nach jahrelangen Jungfrauendeflorationen und -morden zwangsweise die naive Jungfrau Bintallah, vielleicht seine uneheliche Tochter, vom Wesir rekrutieren lässt. Sie verzaubert ihn nachts in ein Schaf, wird aber von ihm gefressen. Doch so zerstört er sich selbst. Bintallah, „Allahs Tochter", ist vordergründig Blasphemie, denn *„Gott hat nicht gezeugt und ist nicht gezeugt"* (Sure 112,3).

Der Titel „Tausendundeine Nacht" provozierte arabische Schriftsteller zu Variationen, allerdings nicht zu parodistischen wie europäische Literaten. Der Syrer Hani ar-Rahib etwa zeichnet in seinem Roman „Tausendundzwei Nächte" (1977) soziale Beziehungen und kritische Selbstbefragungen in Syrien nach den Kriegen von 1967 und 1973 als harten Kontrast zu einer Märchenwelt.

Nagib Machfus, der 1988 als erster Araber den Literaturnobelpreis erhielt, spielt in seinem Roman „Die Nächte der tausend Nächte" (1988) verschlüsselt auf die wachsende Gewalt in den letzten Jahren der Regierung Sadat an. Fiktional gestaltete Figuren aus der Sammlung verdeutlichen in handlungsreichen Episoden Korrumpierbarkeit durch obrigkeitliche Zwänge, durch weibliche Schönheit und Macht- und Geldstreben. Gute und böse Geister symbolisieren innere Stimmen des Menschen. Der ehrliche Mann aus dem Volk, Ma'ruf der Schuhflicker, sucht mit dem Glauben an das Gute im Menschen schließlich Wege zu mehr Gerechtigkeit und den humanitären Werten der islamischen Mystik.

Der irakische Dichter Abd al-Wahhab al-Bayati, in seiner Jugend Kommunist, später eher zu poetischen, auch mystischen Allegorien neigend, nimmt in einem Gedicht seines Diwans „Der Tod im Leben" (Beirut 1968) die Romantisierung des Orients unter Märchenaspekten – das was Edward Said als „Orientalismus"[9] definierte – sarkastisch aufs Korn:[10]

Etwas aus „Tausendundeiner Nacht"

Ich fliege jede Nacht auf meinem schwarzen Zauberflügelroß
In ein Land, Freundin, das du nie sahst, und an dessen verlassenem Tor
Du nie wartetest in Einsamkeit.
Ich trage mein Feuer, meine Asche hin zu des Märchenbergs Hang,
Hülle mich ein in den Sternenumhang,
Wartend in Fieber,
Meine Wunden bedeckend mit Salz, über die Buchstaben vergießend meinen Tod
Und die Trauer leerer religiöser Männerfeste.
So häng ich an Dunkel und Wind,
Berauscht vom Feuer des Lichts,
Wickelte zum Turban des Fiebers Leichentuch.
Auf meinem schwarzen Zauberroß
Trag ich Ala ed-Dins Lampe.
[…]
Ich sah des Messias Verräter in des glücklichen Königs Palast
Als Sterndeuter, Spitzel und Schreiber
Und tanzend auf Seilen im Spiel,
[…]

Ich sah ihn als Kater ohne Krallen
Redend des Löwen Macht zum Ballen...,
Der Scharfrichter und der Siegelwesir haben Furcht vor seinem Schatten.
Er heftet die Jungfernhaut
An die graue, verhurte Papageienbraut.
Ich sah ihn als falschen Zeugen in Zeiten von Eis und Tod
Dem glücklichen König sagen: „Gut gemacht, wiederhol die Tat!"
Der Führer der Heere fürchtet ihn, der Wesir fragt ihn um Rat
So sah ich ihn in den Städten aus Zement, aus Messing und Stahl
Als Herold, als Spitzel und Schreiber
Auf Seilen tanzend im Spiel.
Ich jagte ihn fort, doch er kam zurück.
Da blies Asche ich ihm in den Blick.
Da bemerkte Schahrazad, dass der Morgen begann.
(Und hielt mit der verstatteten Rede an).

Die „verstattete Rede" – die erlaubte Rede – ist unter autoritären politischen Systemen mit scharfer Zensur eine besondere Metapher. Das im Original weitaus längere Gedicht steckt voller Anspielungen, die das Durchdenken wert sind.

Anmerkungen

[1] Tausendundeine Nacht, nach der ältesten arabischen Handschrift in der Ausgabe von Muhsin Mahdi erstmals ins Deutsche übertragen von Claudia Ott, München 2004.

[2] Vgl. die Analyse in Wiebke Walther, Drei Geschichten aus Tausendundeiner Nacht, in: Oriens 32 (1990), S. 152 – 165.

[3] Vgl. Ernst-Peter Wieckenberg, Johann Heinrich Voß und „Tausend und eine Nacht", Würzburg 2002.

[4] Vgl. Robert Irwin, Die Welt von Tausendundeiner Nacht. A. d. Engl. übers. und ergänzt v. Wiebke Walther, Frankfurt a. M. / Leipzig 1996, Kapitel „Nachkommen der Nächte". Zu deutschen Parodien vgl. Wiebke Walther, Tausendundeine Nacht. Eine Einführung, München / Zürich 1986, S. 34.

[5] Vgl. dazu Wiebke Walther, Kleine Geschichte der arabischen Literatur, München 2004.

[6] Vgl. dazu Hans-Jörg Uther, Die Brüder Grimm als Sammler von Märchen und Sagen, in: Bernd Heidenreich / Ewald Grothe (Hrsg.), Kultur und Politik. Die Grimms. Frankfurt a. M. 2003, S. 67 – 107.

[7] Zu den Unterschieden der Übersetzungen vgl. Walther 1986 (wie Anm. 4).

[8] Ausführlicher bei Wiebke Walther, Modern Arabic Literature and the Arabian Nights, in: Ulrich Marzolph / Richard van Leeuwen, The Arabian Nights' Encyclopedia, Santa Barbara u. a. 2004, S. 54 – 61.

[9] Edward Said, Orientalism, New York 1978; vgl. auch Rana Kabbani in: Marzolph / van Leeuwen 2004 (wie Anm. 8), S. 25 – 29.

[10] Deutsch v. Wiebke Walther, ausführlicher bei ders., Nachwort zu Irwin 1996 (wie Anm. 4).

Von Träumenden und Pilgern.
Der Orient als malerisches Paradies im 19. Jahrhundert

Verena Paulus

„...Also träumt' ich; Morgenröte
Blitzt ins Auge durch den Baum.
Sag, Poete, sag, Prophete,
Was bedeutet dieser Traum?"
(Johann Wolfgang von Goethe, Westöstlicher Diwan)[1]

Der Orient wurde Mitte des 19. Jahrhunderts eine „Karriere" – so beschrieb es der Literat und Staatsmann Benjamin Disraeli. Tatsächlich entwickelte sich das Orientsujet im 19. Jahrhundert zu einem der prominentesten Motive in der Kunst. Der Schriftsteller Théophile Gautier wählte als erster den Begriff des „Orientalismus" zur Bezeichnung dieser Modeerscheinung in der Malerei. Der Ausdruck war somit zunächst auf die Kunst bezogen, er schloss all diejenigen zeitgenössischen Maler ein, die ihre Arbeiten der Darstellung des Orients widmeten. Inzwischen ist die Bezeichnung „Orientalismus" längst zu einem komplexen Begriff avanciert, der multifunktional die wissenschaftliche, künstlerische und so auch die literarische Auseinandersetzung mit dem Orient zum Thema hat.
Wo genau aber liegt nun dieser „Orient", aus dem sich das Forschungsgebiet des Orientalismus ableitet? Spätestens an den Schwierigkeiten, diese Frage eindeutig beantworten zu können, entfaltet sich das Dilemma des Orientdiskurses. Schnell drängt sich die Frage auf: Sprechen wir in Wahrheit über alles oder nichts? Der Begriff „Orient" bezeichnete in der Geschichte geografisch oftmals nicht nur Nord-Afrika, den Nahen und Mittleren Osten, sondern in extenso Spanien, Griechenland und sogar Asien. Das Begriffspaar „Orient" und „Okzident" existiert in der Realität so freilich nicht, es wird heute eher als Konzept oder Konstrukt begriffen. In vielen Epochen der abendländischen Kultur steht der Orient für das „Exotische", das „Fremde", also das *Andere* schlechthin.
Die Geschichte der darstellenden Auseinandersetzung mit dem Orient ist ebenso lang wie die des Abendlandes. Blickt man auf die Kunstgeschichte, so findet man in den einzelnen Epochen unterschiedliche Schwerpunkte und Motive, die jeweils auf die kulturellen und politischen Geschehnisse Bezug nehmen und daher bis heute stets im Wandel begriffen sind. Eines aber scheint alle Epochen der Kunst zu einen: Orient und Okzident sind durch einen unauflöslichen Dualismus[2] miteinander verbunden und zwar in dem Sinne, als sie sich durch Abgrenzung voneinander immer wieder selbst Identität zuschreiben – sie sind sozusagen füreinander konstitutiv. Das Verhandeln des Orient-Konzeptes funktioniert jedoch keineswegs wechselseitig, sondern eurozentrisch: Der Okzident blickt dabei nämlich meist asymmetrisch auf den Orient. Diesem Agens war und ist die Dominanz des Westens eingeschrieben. Das weitestgehende Bilderverbot des Islam räumte dem Westen zudem eine Monopolstellung für die darstellende Repräsentation des „Anderen" ein und erhob seine Orientbilder, die in der abendländischen Kunstgeschichte entwickelt wurden, über Jahrhunderte hinweg konkurrenzlos zu

einer Bildquelle beider Kulturräume. Diese Machtposition zwingt zur Selbstkritik: Spricht der Okzident nicht in Wahrheit mit sich selbst, in der Tradition eines jahrhundertealten Monologes?
Spätestens seit Edward Saids richtungsweisendem Werk *Orientalism* (1979) hat auch die orientalistische Kunst ihre Unschuld verloren – Said verortet den Orientalismus in Machtdimensionen[3], in seinem Werk arbeitet er die enge Verbindung des Orientdiskurses mit den imperialistischen Ambitionen des Westens heraus und legt damit den Grundstein für eine postkoloniale Theorie. Auch die Kunstwissenschaft integriert die Theorie Saids inzwischen fruchtbar in Ansätze ihrer Kunstbetrachtung und entwickelt neue Lesarten für orientalistische Kunstwerke.
Das beständige Interesse am Thema „Orient" zeigte sich bereits sehr früh: schon das Mittelalter kannte mündliche und schriftliche Überlieferungen von Kreuzfahrern und Händlern, denen ein kultureller Austausch zugrunde lag oder durch sie erst initiiert wurde – Vorgänge, die heute mit Schlagwörtern wie „Interkulturalität" und „Technologietransfer" gefasst würden. Schon bald bildeten sich in der Folge erste Darstellungsroutinen heraus, wie die Wiedergabe des „Orientalen" mittels des Turbans, die meist direkt auch mit moralischen Wertungen einher gingen und sich in der Kunstgeschichte immer wieder finden lassen. Eine Bilder- und Symbolsprache des Orients entstand.

Expansion in den Orient

Das 19. Jahrhundert nimmt in der kunstgeschichtlichen Diskussion um das Orientmotiv zwangsläufig eine Sonderstellung ein, es ist *das* Zeitalter des malerischen Orientalismus: Unzählige Maler wandten sich in dieser Epoche diesem Thema zu, neben den Orientalisten, die sich exklusiv mit dem Orientsujet auseinander setzten, gab es zahlreiche europäische Maler, die ihm einen Großteil ihres Œuvres widmeten, sowie Laien und Orientreisende, die den Orient ebenfalls visuell repräsentierten.
Die Begeisterung für den Orient ausschließlich auf die Malerei zu beziehen, greift aber mit Sicherheit zu kurz. In der Tat betraf sie auch Vertreter anderer Kunstgattungen, das ganze Abendland schien von einer Orientleidenschaft erfasst worden zu sein. Was aber waren die Wegbereiter und äußeren Umstände, die zu *„Europas kollektivem Tagtraum vom Orient"*[4] führten?
Als wichtigste Voraussetzung muss auf die historischen Fakten der Kolonialisierung durch Europa verwiesen werden: Das 19. Jahrhundert war, wie Said konstatiert, *„das größte Zeitalter territorialer Aneignung, das je bekannt wurde"*[5], der Orient rückte somit auf vielfältige Weise näher. Die orientalistische Kunst war, ausgehend von Frankreich als ihrem Zentrum, von Anfang an mit dem kolonialen Projekt verbunden. Zu Beginn des 19. Jahrhunderts hatte der Ägyptenfeldzug Napoleons ab 1798 auf die Kultur des Abendlandes, insbesondere auf die Malerei, einen nachhaltigen Einfluss. Die Eroberung des Landes wurde nicht nur mit militärischen Mitteln zu Wege gebracht, eine begleitende Delegation von Wissenschaftlern sollte das Land systematisch erforschen. Diesem wissenschaftlichen Vorhaben lag unvermeidlich ein imperialistischer Gestus zugrunde, an dem auch die Kunst ihren Anteil hatte. Der Maler Dominique Vivant Denon, offizieller Chronist des Ägyptenfeldzugs, skizzierte und dokumentierte die Ereignisse. Das „Ergebnis" dieser Erforschung, die *Descripition de L'Égypte*[6], eine topographische Zusammenschau, wurde in ganz Europa rezipiert.
Neben diesem ersten großen kolonialen Orientprojekt schlossen sich weitere Stationen französischer und englischer Expansionspolitik an. Es folgten die Eroberung Algeriens um 1830 und die Okkupation

Tunesiens 1881 durch Frankreich sowie das englische Protektorat in Ägypten ab 1882. Daneben gab es natürlich noch weitere Ursachen, die den Orient im 19. Jahrhundert zu einem Magneten für Sehnsüchte, Hoffnungen und Begierden werden ließen. Das *„romantische orientalische Projekt“* (Said), das eng mit Autoren wie Byron und Scott verknüpft ist, fand sein leidenschaftliches Agitationsfeld im Griechischen Freiheitskampf gegen die Türken von 1821 – 1829. In der Folge entwickelte sich ein euphorischer Philhellenismus auch in der Malerei. Die immer stärkere Rationalisierung der europäischen Gesellschaft durch den fortschreitenden Prozess der Industrialisierung, der in England und Frankreich bereits früher als in Deutschland eingesetzt hatte und eine sich entzaubernde und verhässlichende Welt mit sich brachte, mag ihr Übriges getan haben, den Orient als eine sinnliche Paradieslandschaft zu etablieren. Der europäischen Beschäftigung mit dem Orient wohnte in dem Wunsch nach einer Gegenwelt durchaus ein eskapistisches Moment inne.

Jean Auguste Dominique Ingres
Das türkische Bad, 1862
108 x 110 cm
Paris, Musée du Louvre.

Imagination und Pilgerfahrt: Wege in den Orient

„Sensualität, Versprechen, Terror, Sublimität, idyllische Vergnügen, intensive Energie...“ [7], so beschrieb Edward Said die von den orientalistischen Gemälden ausgehenden Stereotype, die sich oftmals sehr widersprüchlich ausnehmen. Dem „Anderen“, dessen Konzeption der literarische und malerische Orientalismus entwickelte, wurde ein Set von Charakteristika oktroyiert, das von bewundernden bis hin zu despektierlichen Beschreibungen reichte: Der „edle Orientale“ und der „gewalttätige Despot“ stellen die ambivalenten Seiten einer Medaille dar, die der koloniale Blick des Westens auf den Orient projizierte und je nach Bedarf für seine Zwecke nutzen konnte.

Unter der großen Anzahl von Malern, die sich im 19. Jahrhundert dem Orient zuwandten, lassen sich unterschiedlichste Formen der Annäherung an das Sujet ausmachen – zwei der bedeutenderen können mit Imagination und Pilgerfahrt benannt und typisiert werden. Es gab zum einen die ausschließlich imaginierenden Maler, die den Orient repräsentierten, ihn aber selbst niemals bereist hatten und sich daher u. a. von der Literatur inspirieren ließen. Zum anderen gab es „pilgernde“ Maler, die den Orient aufsuchten, um das sinnliche Versprechen einzulösen, das sich das Abendland selbst über das Morgenland gegeben hatte.

Jean Auguste Dominique Ingres (1780 – 1867) gilt heute als Paradebeispiel eines Malers, der den Orient nie besucht hatte, ihn aber malerisch imaginierte. Inspirieren ließ er sich durch Berichte der

Jean Auguste Dominique Ingres
Eine Odaliske, genannt die große Odaliske, 1814
91 x 162 cm
Paris, Musée du Louvre.

Diplomatengattin Lady Mary Wortley Montagu (1689 – 1762), einer Orientreisenden im 18. Jahrhundert, insbesondere von ihren Aufzeichnungen über Besuche eines Hamam. Sie besuchte das türkische Bad auf ihren Reisen in Adrianopel und Konstantinopel und bewunderte die Schönheit der Frauen und ihr helles Inkarnat. Den Klassizisten Ingres, der stets dem Vorbild der antiken Kunst nacheiferte, mag dies zu seinen orientalistischen Frauendarstellungen angeregt haben. Diese sind verbunden mit dem Topos der Odaliske, der hellhäutigen Haremsdame. Die Odaliske war vom Okzident bereits früher entdeckt worden, in eben jenem Sujet wusste man abendländische Schönheitsideale mit einem orientalischen

Jean-Léon Gérôme
Das Maurische Bad
Öl auf Leinwand, 57 x 43 cm
London, Najd Collection,
Courtesy Mathaf Gallery.

Seite 32:
Ludwig Deutsch
Haremswächter, 1903
Öl auf Holz, 81,2 x 48,2 cm
London, Najd Collection,
Courtesy Mathaf Gallery.

Seite 33:
Fabio Fabbi
Sklavenmarkt (Auswahl einer Sklavin), 1915
Öl auf Leinwand, 112 x 64 cm
Privatbesitz.

Ambiente zu verschmelzen. Im 19. Jahrhundert wurde dieses Motiv, das in der Regel die orientalische Frau mit dem Lasziven, Wollüstigen, Müßigen, der Langeweile und Apathie in Verbindung brachte, schließlich zu einem Déjà-vu in der orientalistischen Malerei. Im Orientsujet bot sich die Möglichkeit das Erotische zu inszenieren und zudem mit der Entblößung der europäischen Frau im Bild der Odaliske zu spielen. Das Changieren mit dem Formenrepertoire des Orients ermöglichte die Verwirklichung erotischer Themen, eine Gratwanderung in der eher prüden französischen Gesellschaft des 19. Jahrhunderts.

Die künstlerische Position des Malers Jean-Léon Gérôme (1824 – 1904) zeigt nicht nur dieselbe Begeisterung für den Topos der Odaliske, sondern insbesondere für den Hamam. Die Pilgerfahrt in den Orient war kein Garant für eine authentischere Darstellung. So zeigen die Bilder des Klassizisten Gérôme, der nach Konstantinopel und Ägypten gereist war, ein Panorama von Orientklischees: Sklavenmärkte, Hamam, Harem und stets die hellhäutige Odaliske als Protagonistin endloser Verführungssequenzen. Gerade Gérômes Bilder evozieren das Sinnlich-Erotische und zeigen eine wichtige Konstante in der Ikonographie des Orientalismus: Es handelt sich in der Regel um die Darstellung einer männlichen Imago, einer Erotisierung des kolonialen Raumes, in den der ebenfalls zu erobernde weibliche Körper integriert war. Besonders der Harem bzw. der Serail als Innenraum waren dazu geeignet, da diese dem westlichen Reisenden stets verschlossen blieben und sich daher als ideale Projektionsfläche anboten: Die Palastwache oder der Haremswächter sind beliebte Motive der Unzugänglichkeit dieses Ortes – er war Geheimnis und Verheißung zugleich.

Der Werdegang des Malers Ferdinand-Victor-Eugène Delacroix (1798 – 1863) weist ihn als imaginierenden und zugleich als pilgernden Künstler aus. Die ersten Orientthemen bei Delacroix sind aus der klassischen Mythologie und der zeitgenössischen romantischen Literatur entlehnt, *„Die Wahl von ‚Orientalen' war kanonisch, sie wurde von* [...] *Shakespeare, Dryden, Pope und Byron entschieden. Sie bezeichnete Asien und den Orient geographisch, moralisch, kulturell"* [8], so konstatiert Said.

Dem romantischen Maler Delacroix wurde die Orientreise nach Algerien und Marokko anlässlich einer diplomatischen Mission ermöglicht, die er begleitete. Wie viele andere pilgernde Maler suchte auch er im Morgenland den „Wallfahrtsort": Die orientalische Lebenswelt wurde als Raum konzipiert, der zeitlos, abgeschottet, nativ und indigen anmuten sollte. Insbesondere die Zeitlosigkeit wurde zu einer Grundvoraussetzung von Imagination und Pilgerfahrt; der Reisende suchte im Orient nicht nur das Exotische und Sinnliche, sondern zugleich das Stillstehende und Konstante, etwas, das im Zuge der Modernisierung in Europa zunehmend verloren ging. Der Pilgerfahrt in das Morgenland lag somit ein nostalgischer Gestus zugrunde, die erlebte Orientwelt des Malers Delacroix zeigt seine Euphorie für ein zeitloses *Tableau Vivant*, einer zur Schau gestellten lebendigen Kunst: *„Römer und Griechen sind um mich herum* [...] *Die antiken Marmorskulpturen sind die Wahrheit, aber man muss in ihnen lesen können, während sie für unsere armen Modernen nur Hieroglyphen sind* [...] *Rom ist nicht mehr in Rom."* [9]

Besonders die Darstellung der Frau und ihr Wandel durch die malerische Pilgerfahrt ermöglichen eine Unterscheidung zwischen Realität und Fiktionalität des Dargestellten.

Bediente sich Delacroix noch vor seiner Reise in den Orient des Odaliskenmotivs, wie der „Frau mit Papagei" (1827), so ließen sich die im Orient skizzierten Frauen nicht mehr als Odalisken im engeren Sinne deuten, sie näherten sich einem größeren Realismus an. Die „Frauen von Algier in ihrem Gemach" (1834), ein Gemälde, dessen Studien in einem echten Harem entstanden sein sollen, bleiben aber trotzdem durch den westlichen Blick des Malers vorstrukturiert. Die Haremsdamen sind nun zwar nicht mehr unbekleidet und wirken keineswegs lasziv, aber da der Maler sie bereits in seinen vorbereitenden Skizzen nach abendländischen Schönheitsbegriffen idealisiert hatte, wirkt ihre Exotik nur wenig authentisch. Zwar hatte die Reise eine andere Malweise und eine farbkräftigere, wärmere Palette initiiert, das literarische Motiv und damit der imaginierte Orient als Inspirationsquelle sollten aber auch danach eine dominante Rolle im Œuvre Delacroix' einnehmen. So setzte er beispielsweise in seinem Gemälde „Der Kampf zwischen dem Giaur und dem Pascha" [10] von 1835 Byrons Literatur malerisch um, bereits 1826/1827 hatte er demselben Thema ein Bild gewidmet. Zugleich zeigt sich an Delacroix' *Œuvre littéraire* eine weitere Konstante in der darstellenden Kunst: Der Orient war ein *„textliches Universum"* (Said).

Oftmals lässt sich gar nicht klären, was die Maler zu ihren Bildern anregte – ob der Maler Giulio Rosati (1858–1917) jemals den Orient besucht hatte oder nicht, sein Gemälde „Ein Kauf für den Harem" zeigt die Macht der Imagination. Beim Betrachten beginnt der dem Bild innewohnende Mythos vom Orient zu wirken.

L'art pour l'art und Kultur als Text

Das 19. Jahrhundert hatte sich in vielerlei Hinsicht einen kulturellen und kunsttheoretischen Freifahrtschein für die Produktion und Rezeption orientalistischer Kunst ausgestellt, die den Maler von jeder Verantwortung freizusprechen imstande war. Der spezielle Kontext der orientalistischen Kunstentstehung, etwa das Selbstverständnis der Künstler, muss dabei aber berücksichtigt werden. Interessanterweise war es der eingangs erwähnte Théophile Gautier, der die Verbreitung des *l'art pour l'art* im 19. Jahrhundert lancierte und Maler und Literaten dazu anregte, Artefakte um ihrer selbst willen zu erschaffen. In diesen sollte, wie es die vielen Bilder des Orientsujets beweisen, eine scheinbar von der Gesellschaft vollkommen losgelöste andere Wirklichkeit im Kunstwerk erzeugt werden. Das Paradigma einer Autonomie der Kunst, die sich nicht rechtfertigen sollte und realiter nicht musste, bedingte die Verwendung einer Bildsprache aus wenig authentischen Versatzstücken des Exotischen, die mit der geschichtlichen Wirklichkeit oftmals nur noch am Rande zu verbinden waren. Sowohl Klassizismus als auch Romantik, die Prinzipien des Apollinischen und des Dionysischen, die ihre bedeutenden Vertreter, die Maler Ingres und Delacroix, als Antipoden gegenüberstellten, wurden in ihrer Hinwendung zur Kunst als Ersatzreligion in einer sich modernisierenden Welt verbunden. So

Giulio Rosati
Ein Kauf für den Harem,
Öl auf Leinwand, 61 x 101 cm
London, Najd Collection,
Courtesy Mathaf Gallery.

unterschiedlich die Darstellungsweise beider Maler auch sein mag, der Rückgriff auf dieselben Sujets, wie dem des Orients im weiteren oder dem der Odaliske im engeren Sinne, weist auf denselben kulturellen Entstehungskontext hin. Künstler und ihre Arbeiten stehen freilich niemals „freischwebend" und autonom in gesellschaftlichen Kontexten, vielmehr sind sie in einen soziokulturellen und historischen Bedeutungszusammenhang eingebunden.

Seit dem *linguistic turn* wird Kultur als Text „gelesen", insofern steht der Gedanke einer Kunst als Selbstzweck der kritischen Betrachtung von kulturellen Textproduktionen diametral gegenüber. Ferner stellt sich die meist akademisch verhandelte Frage des *pictorial turn*, inwieweit wir uns bildlichen Repräsentationen überhaupt mittels einer Textexegese annähern können. Unser epochales und kanonisches Gedächtnis memoriert den Orient bis heute in epochenspezifischen und zudem höchst unterschiedlichen, gar widersprüchlichen Konzepten. Vittoria Alliata, eine Orientalistin und Orientreisende, beschrieb 1980 eine Begegnung mit einem Scheich, an der sich beispielhaft die Simultaneität

Frederick Arthur Bridgman
Nachmittagsruhe in einem
Harem (Odaliske), 1885
Öl auf Leinwand, 100 x 147 cm
Privatbesitz.

der verschiedenen Orientbilder und die Unmöglichkeit, diese nicht mitzudenken, entfaltet: *„Es war der Mechanismus seines Seins* [...] *dieses Übereinander von Zeiten und Weisen, diese abstrakte und doch heftige Präsenz. Er war ein Stück Mittelalter, ins Jahr Zweitausend katapultiert* [...] *das alles gleichzeitig* [...]*"* [11]

Indem sie auf den Fundus orientalistischer Kunst zurückgreift, bewahrt die westliche Kunstgeschichte die Orientkonzepte bis heute parallel. Im Zuge dieser Gedächtnisarbeit, in der das Abendland sich letztlich selbst erinnert, werden ebenfalls die Stereotype des Orients als Projektionsfläche des Westens immer weiter reproduziert. Die Verführungskraft der Bilder, orientalistischer Gemälde, die klammheimlich einen umfassenden Mythos transportieren, bleibt oftmals der blinde Fleck einer kritischen Auseinandersetzung mit dem Orientalismus.

Anmerkungen

[1] http://gutenberg.spiegel.de/goethe/divan/divan081.htm.

[2] Die Kritik der postkolonialen Theorie an sich selbst setzt genau an diesem Punkt an: Wie kann es gelingen, sich aus dualistischen oder binären Denkmustern zu befreien, die sonst auch durch theoretische Diskurse immer weiter fortgeschrieben werden, wie können wir lernen, Heterogenität auszuhalten?

[3] Der Begriff Orientalismus ist für Said ein Ausdruck der intellektuellen und technischen Dominanz und ein Werkzeug zur Ausdehnung der politischen, militärischen und wirtschaftlichen Vormachtstellung des Westens.

[4] Victor Kiernan, The Lords of the Human Kind, London 1995, S. 131; zit. nach Kabbani Rana, Mythos Morgenland. Wie Vorurteile und Klischees unser Bild vom Orient bis heute prägen, München 1993, S. 117.

[5] Edward W. Said, Orientalismus, Frankfurt a. M. 1981, S. 141.

[6] Orginaltitel: «Description de l'Égypte ou Recueil des observations et des recherches qui ont été faites en Égypte pendant l'expédition de l'Armée française, publié sous les ordres de Napoléon Bonaparte».

[7] Said 1981 (wie Anm. 5), S. 137.

[8] Ebd., S. 40.

[9] Brief vom 4. Juni 1832 an Auguste Jahl, zit. nach Hans Graber, Der junge Delacroix, Basel 1938, S. 290 f.

[10] 1813 hatte Lord Byron die Verserzählung „The Giaour. A Fragment of a Turkish Tale" veröffentlicht: Diese handelt von der tragischen Liebe des aus Venedig stammenden Giaur – ein Wort, das im Islam eine Bezeichnung für einen Ungläubigen, insbesondere einen Christen darstellt – zu der Sklavin Leila, die dem Pascha Hassan, dem Oberbefehlshaber der türkischen Truppen, gehört. Dieser läßt die Haremsdame Leila bei lebendigen Leib ertränken, als er von ihrer Untreue erfährt. Der Giaur tötet den Pascha im Kampf und rächt damit den Mord an der Geliebten.

[11] Vittoria Alliata, Harem. Die Freiheit hinter dem Schleier, Frankfurt a. M. u. a., S. 206.

Religiöse Paradiese

Gegenwelten – Paradiesvorstellungen in den Religionen

Bernd U. Schipper

Viele Religionen kennen die Vorstellung eines Paradieses. Ob im Islam, Buddhismus, Judentum oder auch im Christentum – das Paradies ist ein positiv bestimmter Ort, ein Raum der Lebensfreude, Einsicht und Erkenntnis, eine Stätte des Friedens und der Fülle. Die sprichwörtlich gewordene Rede von den „paradiesischen Zuständen" scheint eine Grundsehnsucht des Menschen zum Ausdruck zu bringen, die sich zu allen Zeiten findet und die unterschiedlich ausgeformt werden konnte. Mal ist es ein Geschehen am Anfang der Welt und mal am Ende der Zeit, mal ist das Paradies ein imaginär-zukünftiger Ort und mal eine innerliche Größe im Menschen selbst. Doch so unterschiedlich die Paradiesvorstellung in den Religionen auch ist – es gibt einige Gemeinsamkeiten. In allen Religionen ist das Paradies eine Größe, die nur dem offen steht, der sich an bestimmte Regeln und Normen hält. Es ist ein exklusiver Bereich, aus dem man auch herausfallen kann oder zu dem man womöglich erst gar keinen Zugang erhält.

Die Anfänge der Vorstellung vom Paradies

Das Paradies als Gegenwelt ist bereits zu einer Zeit belegt, als zwar der Begriff existierte, jedoch noch etwas ganz anderes bezeichnete. Im Alten Orient gab es die Vorstellung vom Garten als einem speziellen, von der gewöhnlichen Welt unterschiedenen Ort. Dieser Garten – im Akkadischen *pardēsu* genannt – war dem König zugeordnet; nicht im Sinne der Lustgärten eines Ludwig XIV., sondern bezogen auf die Bedeutung, die der König im altorientalischen Weltbild innehatte. Das „Paradies" war – ganz ähnlich dem späterer Zeiten – an ein bestimmtes Weltbild gebunden. Im Alten Orient und damit zu einer Zeit, in der die Welt noch nicht entzaubert war und all das, was den Menschen an Positivem und Negativem begegnete, mit dem Handeln von Gottheiten verbunden wurde, war die Vorstellung vom „Paradies" Bestandteil eines Welterklärungsmodells. Dieses war durch das Gegenüber zweier Kräfte bestimmt: die Ordnung und das Chaos. Erstere wurde mit der geschaffenen Welt gleichgesetzt, Letzteres mit der ungeschaffenen und nicht beherrschbaren Natur. In mesopotamischen Texten wird die Schöpfung oftmals als Kampf geschildert, denn die Mächte der Natur mussten erst zurückgedrängt werden, um Leben zu ermöglichen. Dementsprechend war der Lebensraum des Menschen nicht ein für alle Mal geschaffen, sondern musste immer wieder gegen die Mächte des Chaos verteidigt werden. Ein mesopotamisches Rollsiegel aus dem 3. Jahrtausend v. Chr. veranschaulicht dies. Es zeigt das Gegenüber von Kultur und Natur.

Ein Hirte verteidigt mit einer Lanze eine kalbende Kuh gegen einen aufgerichteten Löwen
Nachzeichnung eines Rollsiegels aus Mesopotamien, um 3300–2900 v. Chr.

In der offiziellen Lehre jener Zeit war es der König, der mit seinem schöpfungserhaltenden Handeln den Bestand der Welt garantierte. Er vernichtete die Feinde, die als Personifizierung des Chaos galten. Der königliche Garten markierte dabei die Schnittstelle zwischen Natur und Kultur. Dieser Garten konnte mit dem Wort *pairidaēza* bezeichnet werden, das schon im Altiranischen die „Umwallung", den eingefriedeten Park oder auch die Gartenanlage bezeichnet. Bereits in persischen Texten steht es für die königliche Domäne, die mit dem Palast oder auch dem Tempel verbunden war, und selbst im Alten Testament findet sich noch diese ursprüngliche Bedeutung des Wortes, so in Nehemia 2,8 als königlicher Forst und in Prediger 2,5 als Garten der Fülle. Der königliche Park war ein abgeschirmter Bereich innerhalb der bestehenden Welt. Es wurden wilde Tiere gefangen gehalten, die für die Beherrschung der gefährlichen Natur durch den König standen. Hinzu kamen Symbole der unterworfenen Völker und Feinde, die allesamt verdeutlichen sollten, dass der König es ist, der die Welt erhält und die Mächte des Chaos zurückdrängt. So stellt das „Paradies" bereits im Alten Orient einen Bereich dar, in dem Frieden und Wohlergehen garantiert sind. Es ist eine Gegenwelt, die für den Zustand steht, der in dieser Welt gerade nicht erfahrbar ist: ein Leben ohne Gefahr und in der Nähe der Gottheit.

Vom Garten zum Paradies – das Christentum

Die Vorstellung vom göttlichen Garten als einem schöpfungsidealen Zustand ist vom Alten Orient aus in die christlich-jüdische Tradition eingedrungen. Zentral hierfür ist die berühmte Geschichte vom „Garten Eden" aus dem ersten Buch der Bibel, der Genesis. Dieser Garten steht für den Ort, den Gott für die Menschen geschaffen hat, der jedoch durch das Handeln der Menschen verloren gegangen ist. Die Paradieserzählung in 1. Mose 2–3 – oft auch als Geschichte vom „Sündenfall" bezeichnet – ist gleichsam die Geburtslegende der Vorstellung vom Paradies als einer ambivalenten Größe, als einem idealen Zustand, aus dem der Mensch jedoch herausgefallen ist. Dabei findet sich das Wort „Paradies" im hebräischen Text noch nicht, es wurde erst durch die griechische Übersetzung des Alten Testaments mit dem „Garten Eden" verbunden. In dieser Übersetzung, der so genannten

„Septuaginta", wird das Hebräische *„gan-[c]edæn"* in 1. Mose 2,8 mit dem griechischen Wort *parádeisos* wiedergegeben. Damit war der Weg bereitet für den Siegeszug der Paradiesvorstellung in der christlich-jüdischen Tradition. Denn das Neue Testament machte aus der Vorstellung vom Anfang eine zukünftige Größe. Die berühmten Worte, die Jesus am Kreuz zu einem der Übeltäter neben ihm sagt, verdeutlichen diese Neuakzentuierung: *„Heute wirst du mit mir im Paradies sein"*. Das Paradies wird zum himmlischen Ort der Gerechten; es ist die Heimstätte derer, die selig sterben. Im letzten Buch der Bibel, der Offenbarung des Johannes, wird dies noch weiter ausgeführt und zugleich mit dem urzeitlichen Paradies verbunden: Die Gerechten werden vom Baum des Lebens essen, dem Baum, der schon im Garten Eden stand. Damit sind die beiden Pole benannt, zwischen denen sich die Paradiesvorstellung in der christlichen Tradition bewegt: ein Geschehen am Anfang der Welt im Rahmen der Schöpfung und eines am Ende der Zeit.

Wenn man die Geschichte der christlichen Spekulation über das Paradies durch die Jahrhunderte hinweg betrachtet, dann zeigt sich deutlich, wie schwer man sich mit solch einer Gegenwelt tat. Denn wo sollte diese beheimatet sein und wie verhält sich diese zum „Reich Gottes", von dem im Neuen Testament so oft die Rede ist? So meinten einige Theologen, das Paradies sei ein genau lokalisierbarer Ort, den Adam und Eva am Anfang der Geschichte bewohnt hätten. Dieser sollte – so Thomas von Aquin – noch auf der Erde vorhanden sein. Aufgegriffen wurden damit antike Vorstellungen, wie z. B. die von den Elysischen Gefilden oder die Insel(n) der Seligen in der griechischen Mythologie. Ein Niederschlag dieser Versuche, das Paradies auf der Welt selbst zu lokalisieren, findet sich noch in den mittelalterlichen Weltkarten. So ist in der berühmten Ebstorfer Weltkarte das Paradies im Osten der Welt eingezeichnet und zwar als ein ummauerter Bezirk – fast wie ein altorientalischer Königsgarten.

Neben den Versuchen, das Paradies innerweltlich zu denken, gab es auch jene, die darin eine metaphorische Größe sahen. So wurde beispielsweise seit Kirchenvater Augustin das Paradies zum Sinnbild für die Kirche. Die Gemeinschaft der Glaubenden konnte bereits hier und jetzt das „Paradies auf Erden" errichten. Daneben existierte weiterhin die Vorstellung vom Paradies als einer zukünftigen Größe. So hat sich die mittelalterliche Theologie vor allem mit der Frage befasst, wie das Paradies sich zum Reich Gottes und der eigentlichen himmlischen Welt verhalte. Die Lösung bestand darin, das Paradies als einen (irdischen oder auch himmlischen) Ort auszuweisen, an dem die Gerechten auf das Jüngste Gericht und den endgültigen Einzug ins Himmelreich warten. Martin Luther sprach vom „Seelenschlaf", und Dante Alighieri verband dies in seiner „Göttlichen Komödie" aus dem Jahr 1321 mit der Vorstellung vom Purgatorium, dem Ort, an dem die Seelen geläutert werden.

Garten Eden
Detail aus der Ebstorfer Weltkarte, um 1300
Kopie nach dem im Zweiten Weltkrieg zerstörten Original
360 x 360 cm (Ausschnitt)
Kloster Ebstorf.

Sandro Botticelli
Das irdische Paradies –
Purgatorio XXXII
Illustration zu Dantes
„Göttlicher Komödie",
nach 1480
Silberstift auf Pergament
Staatliche Museen zu Berlin –
Kupferstichkabinett.

Der Garten Eden – das Paradies in der jüdischen Tradition

Auch im Judentum ist das Paradies eine Größe, die von der bestehenden Welt streng unterschieden ist. Es ist der Wohnort der Gerechten, denen im Paradies ein messianisches Mahl bereitet wird. Dabei existiert in der jüdischen Tradition weniger das Wort „Paradies" als vielmehr der „Garten Eden". Dieser wird, ausgehend von 1. Mose 2,8, zum Teil sogar synonym gebraucht zu den „Tagen des Messias" und „der kommenden Welt." Auch wenn der Begriff „Paradies" angesichts dessen mit Vorsicht zu gebrauchen ist, zeigen sich von der Sache her doch einige Gemeinsamkeiten. So findet sich im Judentum die Verbindung von anfänglichem und endzeitlichem Geschehen, wie sie auch im Christentum vorkommt. Das Paradies gehört, zusammen mit seinem Gegenstück, der *Gehenna* (der Hölle), zu den zehn Dingen, die bereits vor der Schöpfung der Welt existierten. Analog zur Hölle ist der Garten Eden in sieben Abteilungen gegliedert, wobei generell zwischen einem oberen und einem unteren Bereich unterschieden wird. Die jüdische Mystik hat dies weiter ausgeformt und mit einer Lehre von der menschlichen Seele verbunden. So geht die Kabbala von einer Dreiteilung der Seele aus. Der untere Seelenteil bleibt nach dem Tod im Grab und muss dort für die Sünden büßen. Der

mittlere, die *ruach,* gelangt nach einer Bestrafung von 12 Monaten in das irdische Paradies und lebt dort zusammen mit den Gerechten. Der oberste Seelenteil hingegen, die *neshama*, darf in das himmlische Paradies einziehen. Dort befinden sich die sieben himmlischen Paläste und das Schatzhaus der Seelen. Das Paradies und die Gottesschau konnten so zu einer Sache des einzelnen Menschen werden, bei der Seele und Geist zur göttlichen Majestät aufsteigen. Jedoch war diese Form der Gottesschau nicht ungefährlich. So wird in einem bekannten Talmudkommentar von vier Rabbinern berichtet, die in das „Paradies" (im Hebräischen ist von *„pardes"* die Rede) eintreten (bChag 14b parr.). Nicht jeder von ihnen ist der überwältigenden Gottesschau gewachsen. Einer der Rabbis wird irrsinnig, ein anderer stirbt. Letztlich zeigt sich, wie stark der Weg des Mystikers zur Betrachtung Gottes mit Gefahren verbunden ist, denn das Paradies – ganz im Sinne einer qualitativ anderen Gegenwelt – ist nicht jedem zugänglich.
Neben der Spekulation über die Wege, die ins Paradies führen, finden sich in der jüdischen Literatur auch einige Texte, die den „Garten Eden" näher beschreiben. In Traktaten wie *„Gan Eden"* oder *„midrash Konen"* werden das Inventar und die Bewohner des himmlischen Gartens detailliert geschildert. Es gibt Tore und Mauern, Flüsse und eine prachtvolle Vegetation, und neben Gott und dem Messias sind auch die Engel und die Gerechten dort vertreten. Letztere sitzen an goldenen Tischen und werden von Gott selbst (oder auch dem Messias) in der Tora unterwiesen.

Gegenwelten – Paradiesvorstellungen im Islam und Buddhismus

Auch die anderen Religionen kennen die Vorstellung einer qualitativ anderen Gegenwelt. Sie ist ein Ort der Fülle und des Wohlergehens, in den freilich nicht jeder gelangen kann. Im Islam bietet bereits der Koran eine ausführliche und bildhafte Beschreibung des Paradieses, die in der nachkoranischen Überlieferung weiter ausgestaltet wurde. Das Paradies – im Koran als *dschanna* („Garten") bezeichnet – besteht aus einem oder mehreren Gärten, in denen Früchte aller Art wachsen (Sure 13,35) und Bäche von Wasser, Milch, Wein und Honig zu finden sind (Sure 56,21). Das Paradies ist, wie es in einer bekannten Formulierung heißt, ein Ort, der alles bietet, *„was die Seele begehrt und für die Augen eine Wonne ist"* (Sure 43,71). Wer einmal ins Paradies gelangt ist, der lebt dort in Fülle und Pracht. Er darf kostbare Gewänder tragen, auf weichen Teppichen und Kissen ruhen und wird von Paradiesjungfrauen bzw. -jünglingen bedient (Sure 56,15 –18). Die Paradiesbewohner tragen kostbare Armringe aus Gold und Silber und sind mit Perlen geschmückt (Sure 67,15; 18,31). Jedoch ist der Weg ins Paradies nicht einfach. So steht im Islam der detaillierten Schilderung des Paradieses die der Hölle gegenüber. Sie ist der Ort der Ungläubigen und derjenigen Muslime, die das Gericht nicht bestehen. Bei diesem göttlichen Gericht am Ende der Zeit werden die Seelen, die nach dem Tod zunächst geschlafen haben, auferweckt. Sie müssen sich gegenüber Allah für ihre Taten rechtfertigen. Wer das Gericht übersteht, der geht über eine Brücke, von der es in der Überlieferung heißt, sie sei schärfer als ein Schwert und schmaler als ein Haar. Unter ihr lodert das Höllenfeuer, in das diejenigen fallen, die im Gericht als Sünder erkannt wurden. Die Gerechten hingegen gelangen unbeschadet ins Paradies und können sich dessen Freuden hingeben.
Auch im Islam gibt es eine Reihe religiöser Spekulationen über das Paradies, angefangen von der Frage nach seiner Topographie bis hin zu der, welche Hierarchie es wohl unter den Gerechten geben

mag. So entstand die Vorstellung von der Rangfolge der Seligen, an deren Spitze die Märtyrer stehen. Parallel dazu gab es Versuche, die Geografie des Paradieses bereits auf Erden erfahrbar zu machen. Muslimische Landschaftsarchitekten des 16. und 17. Jahrhunderts haben im maurischen Spanien, in Indien sowie im Irak islamische Gärten geschaffen, die nach dem Modell des Paradieses gestaltet sind: rechteckig und durch vier Wasserläufe aufgeteilt, die sich im Zentrum vereinen.

Obwohl sich der Buddhismus mit seiner Vorstellung vom Weg der Erleuchtung des Menschen von den klassischen Offenbarungsreligionen Christentum, Judentum und Islam deutlich unterscheidet, so kennt er doch auch die Vorstellung einer positiv bestimmten Gegenwelt – sei es als ungebrochener Urzustand oder als vollendete Heilszeit. Dabei zeigt sich – schaut man genauer hin – letztlich die Vielfalt des komplexen religiösen Systems, das gemeinhin unter dem Begriff „Buddhismus" zusammengefasst wird. Die Vorstellung der vollendeten Heilszeit ist eng mit der Lehre von der Wiedergeburt und dem Weg zur Vollkommenheit verbunden. So kann der Mensch in einer prominenten Ausprägung des Buddhismus durch verdienstvolles Handeln in die Wohnorte der Götter (*devaloka*) hineingeboren werden, ohne dass damit allerdings eine Befreiung aus dem Geburtenkreislauf garantiert wäre. Eine andere Lehre, wie sie in einer Schule des Mahayana-Buddhismus ausgebildet wurde, besagt, dass der Buddha Amida ein „reines Land" (sanskrit *Sukhāvati*; jap. *Jōdo*) geschaffen habe, in das derjenige hineingeboren wird, der in der Meditation ihn allein verehrt. Der so genannte Amida-Buddhismus geht davon aus, dass es für den Menschen fast unmöglich ist, auf dieser Erde die Erleuchtung zu erlangen, da die Welt dem Untergang geweiht ist. Wer sich hingegen auf Amida ausrichtet und ihn, der selbst zum Erleuchtungswesen („Bodhisattva") geworden ist, um Hilfe bittet, der kann den Zustand des Nirwana erreichen. Dabei ist das „reine Land" insofern ein „Paradies", als die Wesen dort nicht leiden, wie es für gewöhnlich auf der Welt der Fall ist. Durch das Land wehen sanfte Winde, es gibt siebenfach verzierte Teiche, in denen wunderschöne Lotusblüten wachsen, und Bäume, die aus vier Arten von Edelsteinen bestehen. Die Vögel singen sechsmal am Tag Lieder von den buddhistischen Lehren, und die Bewohner des Landes bringen den verschiedenen Buddhas Blüten dar, die vom Himmel geregnet sind. Letztlich vermag so das einzelne Wesen selbst in dieser idealen friedlichen Welt zum Buddha zu werden und das Nirwana, den Zustand des Befreiten, zu erlangen.

Säkulare Gegenwelten – das Paradies in der Moderne

Vom Buddhismus ist es nicht weit zu den säkularen Paradieshoffnungen der Gegenwart. Denn die hohe Wertschätzung, die der Buddhismus seit dem 19. Jahrhundert in Europa genießt, steht im Kontext der Entdeckung des Individuums in der europäischen Geistesgeschichte. Die Ausrichtung auf den Einzelnen und der Gedanke, dass der Mensch selbst die Fähigkeit hat, sich zu immer größerer Vollkommenheit weiterzuentwickeln, haben nicht nur unser Bild vom Buddhismus geprägt, sondern auch das Selbstverständnis der modernen Welt. Denn dieser Gedanke passt hervorragend zu einer Geisteshaltung, die seit der Aufklärung zum kulturellen Erbe der Moderne gehört: der Glaube an das Goldene Zeitalter. Als Gottfried Wilhelm Leibniz im Jahr 1708 die Formel vom *„unablässige*[n] *Fortschreiten zu immer neuen Vollkommenheiten"* ausgerufen hat, war ihm vermutlich selbst nicht bewusst, welche Wirkung diese Worte entfalten sollten. So ist der Glaube an den unablässigen Fortschritt des

rechte Seite:
Butsudan (Hausschrein)
mit Amida-Figur
72 x 70 x 25 cm (geöffnet)
Überseemuseum Bremen
Inv.-Nr. A14570.

„Menschengeschlechts“ (Lessing) zu einem zentralen Merkmal der Moderne geworden. Ob es die Entwicklung neuer Technologien oder der gesellschaftliche Wandel ist – das „Schneller, Besser und Weiter“ ist die Zauberformel der Gegenwart – immer auf dem Weg zum „Paradies auf Erden“.
Historisch gesehen basiert diese Vorstellung auf dem „tausendjährigen Friedensreich“, wie es im Kapitel 20 der Johannesoffenbarung erstmals begegnet. Um 1200 n. Chr. hat Joachim von Fiore daraus die Lehre von den drei aufeinander folgenden Weltzeitaltern entwickelt. Das schon bei Joachim als das „dritte Reich“ bezeichnete letzte Weltzeitalter wurde im 18. Jahrhundert schließlich zur Kategorie für die Neuzeit. Es steht für den Glauben an das Individuum und für die Vorstellung, dass der einzelne Mensch selbst den Idealzustand herbeiführen kann.
So spiegelt sich in der Geschichte des Paradieses letztlich die der Gesellschaft wider – und der Wandel der Vorstellung vom Menschen selbst. Im Alten Orient noch auf den König bezogen, wird das Paradies nach und nach zu einer Größe, die auf den Einzelnen ausgerichtet ist. Im Christentum, wo mit der Paradieserzählung der Gedanke von der Sündhaftigkeit des Menschen verbunden ist, muss das Paradies zwangsläufig eine Größe sein, die nur durch die Ausrichtung auf den göttlichen Heilsbringer zu erlangen ist. In der Mystik – sei es in der jüdischen oder auch in der islamischen – rückt hingegen das Individuum in den Mittelpunkt, auch wenn das Paradies nach wie vor eine göttliche Größe darstellt, die nicht jedem zugänglich ist. Blickt man in die Moderne, so hat die Paradiesvorstellung gerade diesen exklusiven Charakter verloren. So wie im Buddhismus jeder Mensch prinzipiell zu einem Erleuchtungswesen werden kann, so gibt sich auch der moderne säkulare Mensch der Vorstellung hin, den erhofften Zustand aus eigenen Kräften zu erreichen. In allen Fällen ist das Paradies jedoch eine Gegenwelt zu der bestehenden, im Wissen, dass die erfahrene Realität nicht dem Traum von einem Leben in Fülle und Frieden entspricht. So steht die Vorstellung vom Paradies letztlich für die eingangs genannte Grundsehnsucht des Menschen nach einer Überwindung einer als defizitär erlebten Alltagsrealität. Je nachdem, welche Bedeutung die Religion in einer Gesellschaft hat, wird diese Vorstellung vom heilvollen Lebensraum unterschiedlich ausgeformt – bis hin zu den säkularen Gegenwelten des 21. Jahrhunderts, bei denen die Zukunftshoffnung zur innerweltlichen Größe geworden ist.

Literatur

Klaus H. Börner, Auf der Suche nach dem irdischen Paradies. Zur Ikonographie der geographischen Utopie, Frankfurt a. M. 1984

Christoph Kleine, Kosmologie und Soteriologie im ostasiatischen Buddhismus, in: Dieter Zeller (Hrsg.), Religion im Wandel der Kosmologien, Frankfurt a. M. u. a. 1999, S. 255 – 267

Günter Lanczkowski, Die Insel der Seligen und verwandte Vorstellungen, Bern u. a. 1985

Paul Morris/Deborah Sawyer (Hrsg.), A Walk in the Garden. Biblical, Iconographical and Literary Images of Eden, Sheffield 1992

Shmuel Tamari, Iconotextual Studies in the Muslim Vision of Paradise, Wiesbaden 1999

Paradiesische Illusion Unsterblichkeit: Das Gilgamesch-Epos

Detlev Quintern

„Des Menschen Tage sind gezählt, was er auch beginne, er ist nur ein Wind"
(Gilgamesch-Epos)

In den Geschichten von 1001 Nacht wird von den Abenteuern Buluqiyas berichtet, der hofft, die Unsterblichkeit und ewige Jugend zu erlangen. In die Irre geleitet, zieht er durch die Wüste. Eine Schlange weist ihm den Weg zum jenseitigen Reich der Schlangenkönigin Yamlika, welche er um das Kraut der Unsterblichkeit bittet. Diese fordert Buluqiya auf, seine Geschichte zu erzählen, worauf er ihr seine Reise zu einer paradiesischen Insel, auf der Bäche flossen und Bäume mit Früchten sprossen, schildert. *„Wie er dann auf der Insel umherging, sah er einen mächtigen Baum, dessen Blätter so groß wie Segel von Schiffen waren.* [...] *Weiter erblickte er auf jenem Baume einen großen Vogel mit einem Leib aus Perlen und grünem Smaragd, mit Füßen aus Silber, einem Schnabel aus rotem Karneol und Federn aus edlen Erzen."* [1] Der Paradiesvogel berichtet Buluqiya die Geschichte von den Blättern Adams, die, als sie auf die Erde fielen und von Wurm, Gazelle und Bienen gefressen, zu Seide, Moschus und Honig wurden. Das vierte Blatt fiel nach Indien und wurde zu Gewürzen.

Die Geschichte erinnert an die Suche nach der Unsterblichkeit, die bereits in der episch verfassten Geschichte von Gilgamesch, dem menschheitsgeschichtlich ältesten Großepos, einen bedeutenden Stellenwert einnimmt. Der König Gilgamesch, *„der, der alles sah"*, kommt in rastloser Suche nach Unsterblichkeit auf eine ferne Insel. Dort gelangt er zur Einsicht der Vergeblichkeit seines Unterfangens, da Unsterblichkeit ausschließlich den Göttern vorbehalten ist. Am Ende des Epos steht die Selbsterkenntnis des Menschen: Gilgamesch hatte zwar alles gesehen, sich selbst jedoch verfehlt. Im Gilgamesch-Epos ist es die Göttin Ischtar in Gestalt der Siduri, welche dem Helden die Illusion Unsterblichkeit auszureden versucht.
Gegen Ende des 8. Jahrhunderts v. Chr. wurde das Motiv Unsterblichkeit von Homer aufgegriffen. Hier tritt Circe auf einer Insel Odysseus gegenüber. In Gestalt der Kalypso legt sie ihm nahe, dass *„Sterbliche mit Unsterblichen an Gestalt und Anzahl"* [2] nicht streiten sollen. Die Suche nach Unsterblichkeit und ewiger Jugend offenbart sich Gilgamesch wie Odysseus als Leidens- und Irrweg. Es sind die Göttinnen, die den orientierungslosen Helden dazu verhelfen, den Weg zu sich selbst zu finden.

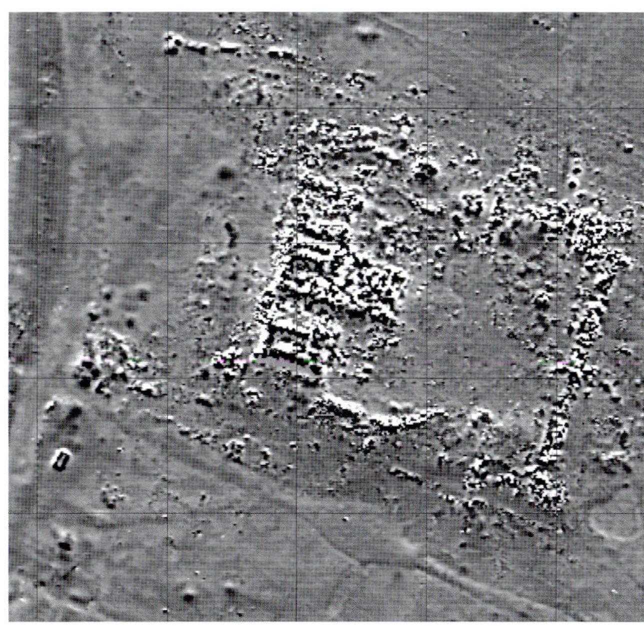

Ausschnitt aus dem Magnetogramm des so genannten Neujahrsfesthauses südlich der Stadtbefestigung von Uruk (Warka / Irak). Die Aufnahme zeigt, etwa 1 – 2 Meter unter der Erde ruhend, die Umrisse eines vermutlichen Tempels der Ischtar oder des Anu aus dem 3. Jahrtausend v. Chr.

In Niniveh, der Stadt in der sich die biblische Jonas-Geschichte zugetragen hat, unweit des heutigen Mossul im Irak, trat 1872 bei Grabungen im Palast des Assyrerkönigs Assurbanipal (668–627 v. Chr.) ein Aufsehen erregendes Tafelfragment zu Tage. Es enthielt eine keilschriftliche Version der Sintflutgeschichte, die älter als die biblische Überlieferung der Genesis ist. Sie berichtet vom Fährmann Utanapischti und seiner Frau, die als einzige Menschen der alles ertränkenden Flut entkamen, nachdem sie sich eine Arche gebaut und die Tiere an Bord genommen hatten.
Archäologische Forschungen in Niniveh, Babylon und anderen Orten des Zweistromlandes hatten im ausgehenden 19. und im Verlauf des 20. Jahrhunderts weitere Textfragmente ans Tageslicht gebracht, die es ermöglichten, das Gilgamesch-Epos weitestgehend zu rekonstruieren. Während jüngere Abschriften in die Zeit zwischen dem 9. und 3. Jahrhundert v. Chr. datieren, reichen sumerische Urformen bis in die Mitte des 3. Jahrtausends v. Chr. zurück. Die im Akkadischen auf zwölf Tontafeln verfasste Standardversion geht auf das 13. Jahrhundert v. Chr. zurück. Ein räumlich großer Verbreitungsgrad des Epos ist durch Funde von Textfragmenten in Iran, Syrien, Palästina, Ägypten und Anatolien belegt, wo das Epos in das Hethitische übersetzt wurde. Die Hethiter, welche auch den babylonischen Dialekt des Akkadischen pflegten, stellen eine Brücke zur griechischen Sagen- und Heldenwelt dar.

Tötung des Humbaba durch Enkidu und Gilgamesch zwischen stilisierten Granatapfelbäumen. Abdruck eines Rollsiegels aus dem Irak
750 – 650 v. Chr.
3,18 cm, Durchmesser 1,88 cm
Staatliche Museen zu Berlin – Vorderasiatisches Museum
Inv.-Nr. VA 4215
(verschollen seit 1945).

Von Uruk an die Ufer der Todesgewässer

Das Gilgamesch-Epos handelt von der Geschichte des gleichnamigen, in der sumerischen Götterliste von Schuruppak aufgeführten Königs, der in der fünften nachsintflutlichen Dynastie um 2700 v. Chr. die Stadtmauer von Uruk im heutigen Irak erbaute. König Gilgamesch – zu zwei Dritteln göttlich, in einem menschlich – führt in der Stadt Uruk ein selbstherrliches Leben. Die Frauen der Großstadt beschweren sich schließlich bei den Göttern, welche dem ruhelosen und überheblichen König daraufhin einen ebenbürtigen Freund schicken, der ihm in Tatendrang und Mut in nichts nachsteht. Der kräftige Enkidu wird aus der Steppe – er lebt mit den Tieren außerhalb der Stadt – durch weibliche List in die Stadt gelockt, wo er sich mit Gilgamesch anfreundet. Sie brechen in das Land der Zedern, den Libanon auf, wo Gilgamesch und Enkidu beabsichtigen Holz zu schlagen und für den Bau von Tempeltoren nach Uruk zu transportieren. Zuvor müssen sie jedoch Humbaba, den Wächter des Zedernwaldes bezwingen, was ihnen schließlich nach erbittertem Kampf gelingt.
Die Göttin der Liebe und des Krieges, die mächtige Stadtgöttin von Uruk, Ischtar, entbrennt in Liebe zum heimgekehrten Helden, der sie jedoch unter Hinweis auf das Schicksal ihrer Liebhaber zurückweist. Aus Zorn darüber schickt Ischtar einen Himmelsstier, um Gilgamesch zu töten. Enkidu jedoch zerreißt den Himmelsstier. Die Stadtgöttin dürstet nach Rache. Sie fordert den Beistand der Götter ein, die Enkidu ein tödliches Fieber senden. Die Erfahrung des Todes seines Freundes lässt Gilgamesch in tiefe Trauer fallen. Schmerzlich führt sie ihm auch die eigene Sterblichkeit vor Augen.

Von Trauer niedergeschmettert macht sich Gilgamesch auf die Suche nach der Unsterblichkeit. Dem Lauf der Sonne folgend, durchschreitet er im Zwillingsberg Mashu Unterwelt und Himmelsreich. Die zwölf Doppelstunden währende Reise führt ihn in einen Edelsteingarten, wo er Ischtar in Gestalt der Siduri begegnet.

Der Edelsteingarten – das Paradies als Illusion

Der Edelsteingarten entpuppt sich als Illusion vom ewig währenden Leben. Er stellt eine bezaubernde, gleichwohl irreale Welt dar. In einer altbabylonischen Version sagt die Göttin Siduri zu Gilgamesch, dort angelangt: *„Gilgamesch, wohin läufst Du? Das Leben, das du suchst, wirst du nicht finden! Als die Götter die Menschheit erschufen, wiesen sie der Menschheit den Tod zu, nahmen das Leben in ihre eigenen Hände.“* [3]

Siduris Edelsteingarten besteht aus einer unwirklichen Natur; in seinem mineralischem Glanz ist er trügerisch. Die Dauerhaftigkeit der edlen Steine wird dem Menschen nicht zuteil. Gilgamesch verbleibt nur das Staunen.

„Über dem Garten, den er erblickte, lag helles Licht. Auf die glitzernden, bunten Bäume der Götter ging er geradewegs zu, als er sie sah. Ein Karneol-Baum trägt da seine Frucht, er hängt voller Trauben, gar lieblich anzusehen. Ein Lapislazuli-Baum trägt Blätter da, Frucht trägt er, dass eine Lust es ist, ihn zu betrachten. [...]
Der Zedernstamm ist ganz aus Tigerauge, ihre blatttragenden Äste sind aus schwarz-weißem Streifenachat. Aus Meereskoralle sind ihre Nadeln, ihre Zapfen sind aus rötlichem Streifenachat. Anstelle von Dornen und Disteln wachsen darunter Kristalle. Er berührte eine Schote des Johannisbrotbaumes. Sie bestand aus abaschmu-Stein.“ [4]

Siduri gibt Gilgamesch den Rat, er solle sich am Leben erfreuen und nicht an den Tod denken. Das Verlangen nach Unsterblichkeit wird für Gilgamesch nur um so stärker, lauscht er den Worten der Siduri, die versucht, dem Helden seine Illusion auszutreiben. War es die Hoffnung von Ischtar, Gilgamesch auf dem Wege der Desillusionierung an sich zu binden? Gilgamesch lässt sich jedoch nicht bezirzen: *„Ich jedoch will mehr! Du wohnst doch am Strand dieses Meeres und siehst in die Tiefe hinab, die Götter haben dich mit Schönheit und mit Kenntnis der Dinge bedacht; weise mir den Weg in das Land Dilmun.“* [5]

Mit Hilfe des Fährmannes Urshanabi überquert Gilgamesch die Wasser des Todes, um die ersehnte Insel der Unsterblichkeit zu erreichen, wo Uta-napischti und seine Frau – die mit Hilfe des Gottes Ea als einzige Menschen die Sintflut überlebten – wohnen. Dort angelangt, erzählt Uta-napischti Gilgamesch die Geschichte seiner Unsterblichkeit, nachdem er durch Traumprophezeihung des Gottes Ea die Arche erbaute und so die große Flut überlebte.

Seite 48:
Die Tontafel entstammt vielleicht der Stadt Ur um 18.–17. Jh. v. Chr.; sie ist als „Inana F“ beschrieben.
20,2 x 8,9 cm
Staatliche Museen zu Berlin – Vorderasiatisches Museum Inv.-Nr. VAT 7025.

Dilmun

Bei der Insel der Unsterblichkeit handelt es sich wahrscheinlich um Dilmun, das heutige Bahrein, welches den Handlungsort für einige sumerische Schöpfungsmythen aus dem 3. vorchristlichen Jahrtausend darstellt. Im dilmunisch-sumerischen Mythos „Enki, Ninsikila und Ninchursaga" wird die agrikulturelle Revolution im Zweitstromland erzählt. Die Götter symbolisieren die Fruchtfolge in der Natur. Nachdem die Insel mit Trinkwasser versorgt ist, lassen sie in Stufen Vegetation, Weideland, Schafzucht und die Weberei entstehen. Einheit und Zusammenspiel der Naturkräfte sowie Anziehung und Abstoßung des weiblichen und männlichen Prinzips sind im Mythos wiedergegeben. Aus der Beziehung von Enki, dem Gott des unbeständigen Wassers, mit Ninchursaga (Mutter Erde) geht die Pflanzengöttin Ninsar hervor, die schließlich durch Vereinigung mit Enki, der Göttin der Weberei und Kleidung Uttu das Leben schenkt. Der Mythos führt Mineralien, Pflanzen, Gemüse, Hölzer, Früchte und Öle auf, welche bereits gefördert, kultiviert und verarbeitet wurden. Enki ist wohl der erste schriftlich dokumentierte Gärtner. Gleich einem zivilisatorischen Lexikon gibt der Mythos Einblick in das blühende Leben Bahreins im 3. Jahrtausend v. Chr. Dilmun ist in einem glückseligen Urzustand umschrieben, denn dort *„raubt kein Wolf ein Lamm, ist kein gi-Hund bekannt, der die Zicklein zum Gehorsam zwingt, ist kein Schwein bekannt, das Gerste frisst,* [...] *spricht dort keine Alte: ‚(Ach,) ich Alte!'"* [6]

Enki – auch in diesem Mythos wird die Überheblichkeit männlicher Götter zurechtgerückt – wird, nachdem er selbstherrlich als Gärtner auftritt und die Pflanzen eigenmächtig bestimmt und verzehrt hat, von Ninchursaga verflucht. Seine Verbannung ins Unterirdische, symbolisiert er doch das Süßwasser, weist auf die Bedeutung der Trinkwasserversorgung hin. Als gebannter Flut kommt dem Wasser Leben spendende Funktion zu. Vielleicht ist hier der Bezug zu Gilgamesch gegeben, der aus dem unterirdischen Süßwasserozean auf Dilmun die ewige Jugend spendende Pflanze ertaucht.

Der biblische Garten Eden hat in den sumerischen Mythen seine Vorgeschichte. Das Freilegen von Marschland als Voraussetzung für die landwirtschaftliche Revolution hängt vermutlich mit dem Rückgang des Meeresspiegels zusammen, heißt es doch am Schluss eines sumerischen Mythos: *„Von j*[e]*tzt an kehrte die Flut zu ihren Ufern zurück, kehrte das Land Sumer fürwahr in seine* *alte Lage zurück,* [...]*".*[7] Die Schlange begegnet uns seit dem 9. Jahrtausend v. Chr. im Zusammenhang mit der Fruchtbarkeit des Marschlandes. Auch Enki war später als Schlangengottheit dargestellt. Im Herabsteigen der Menschen aus den Anhöhen in die fruchtbaren Ebenen des Zweistromlandes ist die Wiege der Menschheit auf dem Gebiet des heutigen Irak begründet.

Inana/Ischtar (Eschtar) stellte die wichtigste weibliche Gottheit dar, die astronomisch durch den Planeten Venus, den Morgen- und Abendstern wiedergegeben wurde. In einer Hymne an die Göttin, deren Aufscheinen im August am hellsten ist, heißt es: *„Inana, ältestes Kind des Mondes, Königin, Abendstern – Dich zu preisen ist süß!"* [8] In Südarabien trug sie den Namen Athtar, in Syrien Astarte (biblisch Ashtoreth). Auch im pharaonischen Ägypten wurde sie seit Amenophis III. verehrt, zu dessen Heilung die Ischtar aus Niniveh gesandt wurde. Eine Stele zeigt später einen Mann mit einem durch Kinderlähmung verkrüppelten Fuß, der Ischtar anruft. Das Wort „Oster(n)" führt sich auf Ištar, Aštar zurück.

Map of the World. Die auf einer Tontafel dargestellte babylonische Weltkarte aus dem 8.–7. Jh. v. Chr. hat Tintir (Babylon) in ihrem Zentrum. Das Landgebiet wird von einem Ring, dem Meer eingefasst. Vertikal verläuft der Euphrat. Jenseits des Ozeans beginnt das entfernte Gebiet.
British Museum, London.

Alterung und Sterblichkeit – Die Selbsterkenntnis des Gilgamesch

Im Gilgamesch-Epos begegnet uns Dilmun als Insel der Unsterblichkeit, ein Ort der sich jenseits des am Ufer gelegenen Edelsteingartens findet. Der Steingarten symbolisiert einen bewegungslosen, ewig währenden Zustand, der als Zwischenraum über die Gewässer des Todes nach Dilmun leitet. Im Unterschied zu Uruk, der lebendigen Stadt, aus der Gilgamesch aufgebrochen war, ist das Ufer zur jenseitigen Insel nicht vom Prozess des Werdens und Vergehens erfasst worden. Eine irreale, randständige Welt, mit der Siduri den Helden konfrontiert, bevor sie ihn auf den Fährmann aufmerksam macht. Mit ihm tritt Gilgamesch die gefährliche Fahrt über das Todesmeer nach Dilmun an. Dort trifft der Held auf das Menschenpaar, welches die Sintflut überlebte. Uta-napischti, der babylonische Noah weiß, dass Gilgamesch niemals seinem menschlichen Schicksal wird entrinnen können. Er gibt dem Helden jedoch zwei Chancen, seinem Verlangen nach Unsterblichkeit näher zu kommen. Gelänge es Gilgamesch, sieben Tage und Nächte nicht zu schlafen, wäre sie ihm sicher. Der müde werdende Gott-Mensch schläft jedoch sofort ein und erkennt, dass er – wie alle Menschen – sterblich ist. Auch die zweite Probe besteht er nicht. Die Pflanze, mit deren Hilfe der Mensch seine Lebenskraft wiedererlangt und die Gilgamesch aus dem unterirdischen Wasser, dem unter der Erde gelegenen Süßwasserozean (Apzu) ertaucht – es handelt sich vielleicht um unterhalb der Salzwasserschichten gelegene süße Gewässer –, wird während einer Rast von einer Schlange gefressen. Als die

Schlange den Duft der kostbaren Pflanze vernommen und sie geraubt hatte, wirft sie ihre Haut ab und verjüngt sich. Gilgamesch muss nun nach der Hoffnung auf Unsterblichkeit auch die auf ewige Jugend aufgeben.
Gilgamesch hatte einen Schacht gegraben, was eher auf einen Brunnenbau hindeutet, die Füße mit Steinen beschwert und war so auf den Grund des Apzu herabgelangt. Diese Technik erinnert an die von Perlentauchern. Handelte es sich bei der „Pflanze der ewigen Jugend" um eine Perlmuschel, Koralle oder Pflanze? Eine Bestimmung des namentlich überlieferten *„šibu issachir amelu"* ist bislang nicht gelungen, da sie in den sumerisch-akkadischen Lexika nicht aufgeführt ist.
Zusammen mit dem Fährmann Urshanabi, der nicht auf der Insel der Unsterblichkeit verweilen darf, da er einen sterblichen Menschen dorthin geleitet hat, kehrt Gilgamesch nach Uruk zurück und zeigt ihm das großartige Mauerwerk der Stadt, das er errichtet hatte. Das Monument steht für die ewige Erinnerung, die der sterbliche König Gilgamesch der Nachwelt hinterlässt.

Das historische Uruk

Ziegelfragment aus der Regierungszeit von Nebukadnezar II. (604 – 561 v. Chr.)
Lediglich das Wort Babylon ist vollständig erhalten.
Überseemuseum Bremen
Inv.-Nr. A15225.

Bei Gilgamesch handelt es sich um eine historische Herrschergestalt aus der frühdynastischen Zeit (2800 – 2350 v. Chr.), dem fünften König der ersten Dynastie von Uruk, welcher hier auch begraben wurde.[9] Bereits Ende des 4. Jahrtausends v. Chr. war die Stadt zu einer Metropole mit einer Fläche von 2,5 Quadratkilometern herangewachsen. Die kulturell weit ausstrahlende Großstadt war von einer komplexen politischen und wirtschaftlichen Ordnung getragen. Die frühesten Schriftzeugnisse in Form von Rollsiegeln geben Einblick in eine sorgfältig strukturierte Wirtschafts- und Vorratsverwaltung.
Uruk, das heutige Warka, war von einer ziegelgebrannten Mauer umfasst, die der König Gilgamesch hat errichten lassen. Gegen Ende des 4. Jahrtausends lebten in der Stadt etwa 20 000 Einwohner und noch einmal so viele in der unmittelbaren Umgebung. Anfang des 3. Jahrtausends vergrößerte sich die Fläche der Stadt auf 5,5 Quadratkilometer. Die Metropole war mit schiffbaren Kanälen durchzogen, welche das Euphratwasser in die Stadt leiteten, was geomorphologische Analysen und magnetometrische Prospektion erst kürzlich bestätigten. Die elf Kilometer lange Mauer entstand in der ersten Hälfte des 3. Jahrtausends und wurde bis in das 18. Jahrhundert v. Chr. immer wieder ausgebessert.[10] Die von Gilgamesch bereits in der ersten Hälfte des 3. Jahrtausends begründete Tradition des Mauerbaus, die auch im Zusammenhang von Flut- und Kanalregulationssystemen gesehen werden muss, wird bis in die neubabylonische Zeit fortgesetzt. Auf einem im Überseemuseum Bremen befindlichen Ziegelfragment mit erweitertem Text aus der Regierungszeit von Nebukadnezar II. (604 – 561 v. Chr.) heißt es: *„Ich bin Nebukednezar, König von Babylu* [Babylon], [...] *Ich stellte E-zida, den wahren Tempel in Borsippa wieder her und ließ ihn umgeben mit einer starken Mauer aus gebrannten Ziegeln und Bitumen. Möge der Tempel mich meinem Herrn Nabu wohl empfehlen."* Worauf die Texterweiterung im Museumsdokument beruht, ist nicht rekonstruierbar, denn bei dem Fragment handelt es sich wahrscheinlich um einen üblichen Dreizeiler Nebukadnezars: *„Nebukednezar, König von* ***Babylon****,* ***Er****halter von Esagila und Ezida, Erstgeborener Sohn des Nabopolassar, des Königs von Babylon."* Auf der Tontafel erhalten sind lediglich die fett markierten Stellen.[11]

Ein König im Uruk des 3. Jahrtausends hatte von der Gesellschaft definierte Aufgaben zu erfüllen; darunter die Oberaufsicht über die Vorratsverteilung und -verwaltung, große Bauvorhaben und Außenhandelsverträge. Der König richtete religiöse Feierlichkeiten aus und trug Sorge für Schutz und Verteidigung der Stadt. Dies galt auch in Hinblick auf Naturkatastrophen und den Einfall von Raubtieren. Der Kampf mit einem Löwen gehörte zur Königsehre und stand symbolisch für den Widerstand gegen jegliche Fremdherrschaft. Vor diesem Hintergrund erhält das Gilgamesch-Epos eine ethische Dimension. Da das Epos für die Ausbildung zur Regierungsverantwortung des Staats- und Verwaltungspersonals herangezogen wurde – die Tafeln stehen meist in einem solchen Fundzusammenhang (Königsbibliotheken, Palastanlagen) – liegt es nahe, dass das Epos der Anleitung zu „gutem Regieren" diente.

Zur Ethik des Gilgamesch

Architekturfragment: Rosette aus der Uruk-Mauer aus der 2. Hälfte des 3. Jts. v. Chr.
Ton, 14,9 x 6,8 x 7,9 cm
Staatliche Museen zu Berlin – Vorderasiatisches Museum
Inv.-Nr. VA 14942.

Die Angst vor dem Tod angesichts der Vergänglichkeit des Lebens stellt das Hauptmotiv der Erzählung dar. Es ist die Angst eines den Göttern nahe stehenden Königs, der sich seiner Verantwortung gegenüber dem Volk nicht bewusst ist, treibt ihn doch ein abenteuerlustiges Leben herum. Das Epos berichtet uns auch über die gegenseitige Abhängigkeit von Stadt und Land, vor dem Hintergrund der innigen Freundschaft von Gilgamesch und Enkidu. Der „wilde" Enkidu rettet dem Städter Gilgamesch das Leben. Die Beziehung Mensch und Natur wird im Kontext des Zedernschlagens thematisiert; der Bau von Tempeln, um die Aufmerksamkeit der Göttin Ischtar auf sich zu lenken, mit dem Zorn der Götter bestraft. Die Unmoral im Verhältnis zwischen den Geschlechtern wird hinterfragt, denn Gilgamesch – er fällte die Zedern vordergründig, um Ischtar zu gefallen – folgt seinen Launen, wenn er sie dann brüskierend zurückweist. Seinem Draufgängertum fällt sein Freund Enkidu zum Opfer, was den König in eine selbstzweifelnde Lebenskrise stürzt. Erst die Erfahrung der Sterblichkeit in der Grenzüberschreitung zur jenseitigen Gegenwelt lässt den Helden reflektieren. Er erkennt die Grenze des Lebens und damit seine Endlichkeit. Dem sterblichen Gilgamesch bleibt lediglich, Spuren seines Wirkens in die Zukunft einzuschreiben. Es ist der Bau der Stadtmauer von Uruk, welche den König für die nach ihm Kommenden in Erinnerung halten wird. Die Bewusstwerdung der Lebensgrenze lässt Gilgamesch zur Einsicht gelangen, gute Werke im Hier und Jetzt zu vollbringen. Das Epos bringt den über allem stehenden Helden, der die Unsterblichkeit sucht, auf den Boden seiner menschlichen Verantwortung zurück.

Betrachten wir den Ort des epischen Geschehens von der Gegenwart aus, dann kommt der Ethik des Gilgamesch nur um so größere Bedeutung zu. Die selbstherrlichen Herrscher über das Zweistromland aus dem entfernten Gebiet jenseits des Meeres verewigen sich in destruktiven Werken. Auch sie lassen Mauern bauen, wenngleich aus Beton und nicht zum Schutz der Bevölkerung. Spuren des Paradieses werden Archäologen in ferner Zukunft nur schwerlich finden.

Anmerkungen

[1] Littmann 2004, S. 77.

[2] Homer 2004, S. 91.

[3] Pezzoli-Olgiati 2005, S. 237.

[4] Maul 2005, S. 123 f.

[5] Zamarovsky 1979, S. 52.

[6] Römer 1993, S. 266.

[7] Römer 1993, S. 420.

[8] Jacobsen 1987, S. 124.

[9] Hrouda 1997, S. 23.

[10] www.dainst.org (Stichwort Uruk / Warka), Stand: 24.6.2006.

[11] Für die Neuübersetzung sei an dieser Stelle Joachim Marzahn vom Vorderasiatischen Museum und für die verschiedenen Hinweise dem Deutschen Archäologischen Institut (DAI) Berlin, sowie Stefan Maul und Jörg Faßbinder, der zudem die Aufnahmen magnetometrischer Prospektion zur Verfügung stellte, herzlich gedankt.

Literatur

Homer, Die Odyssee, dt. v. Wolfgang Schadewaldt, Hamburg 2004

Barthel Hrouda, Mesopotamien. Die antiken Kulturen zwischen Euphrat und Tigris, München 1997

Thorkild Jacobsen, The Harps that once ..., Sumerian Poetry in Translation, New Haven / London 1987

Enno Littmann, Die Erzählungen aus den Tausendundein Nächten, (ins Deutsche übertragen, nach dem arabischen Urtext der Calcuttaer Ausgabe aus dem Jahre 1839), Bd. 4, Frankfurt a. M. / Leipzig 2004

Stefan M. Maul, Das Gilgamesch-Epos, Neu übersetzt und kommentiert, München 2005

Daria Pezzoli-Olgiati, Erkundungen von Gegenwelten zur Orientierungsleistung „mythischer" Reisen am Beispiel zweier mesopotamischer Texte, in: Numen 52 (2005), S. 226–253

Daniel T. Potts, Dilmun, New Studies in the Archaeology and early history of Bahrain, Berlin 1983

Daniel T. Potts, The Arabian Gulf in Antiquity, Vol. I: From Prehistory to the Fall of the Achaemenid Empire, Oxford 1992

Wolfgang Röllig, Altorientalische Literaturen, Wiesbaden 1978

Willem H. Ph. Römer, Weisheitstexte, Mythen und Epen [= Otto Kaiser (Hrsg.), Texte aus der Umwelt des Alten Testaments, Bd. 3], Gütersloh 1993

Vojtech Zamarovsky, Gilgamesch, Das Gilgamesch-Epos nacherzählt, Hanau 1979

Irdische und himmlische Paradiese in der christlichen Kunst

Nils Büttner

Keine Frage – die mittelalterliche Geschichtsschreibung hatte eine verhältnismäßig präzise Vorstellung, wo das Paradies zu finden sei. Einen guten Eindruck davon vermittelt die im 13. Jahrhundert entstandene, mehr als drei Meter hohe Weltkarte aus dem Kloster Ebstorf. [1] Die christliche Geografie des Mittelalters, deren vielleicht wichtigstes Ziel es war, einen Beitrag zur Rettung der Seelen zu leisten, stellte Jerusalem in den Mittelpunkt der Welt. Der Erdkreis, *Orbis terrarum*, wurde durch das Mittelmeer und seine Nebenmeere in drei Erdteile aufgegliedert, wobei Asien die ganze obere Hälfte, Europa den unteren linken Sektor und Afrika den rechten Kreisabschnitt einnimmt (Karten wurden damals üblicherweise nach Osten ausgerichtet). Selbst auf den kleinsten Kartenskizzen fehlt nur selten die Bezeichnung des Paradieses, das zumeist ganz oben im fernsten Orient lag. Die in ihrem Detailreichtum einzigartige Ebstorfer Weltkarte sollte dabei nicht allein geografische Gegebenheiten visualisieren, sondern zugleich die Chronologie der Schöpfungsgeschichte verzeichnen. Die Erdoberfläche ist als Spielfeld der Weltgeschichte aufgefasst. Durch die Ereignisse des Alten Testaments periodisiert und gegliedert, ist im Großen und Ganzen eine Entwicklung von Oben nach Unten und von Ost nach West verbildlicht. Ganz oben, im Osten, im Angesicht Christi ist auch zeitlich die Grenze der Welt definiert, denn von dort nahm sie ihren Anfang. Die von den klassischen Autoren überlieferten Ereignisse der alten Geschichte wurden in diesen allgemeinen Ablauf integriert, womit zugleich dem Heilsgeschehen ein Platz innerhalb der profanen Weltgeschichte zugewiesen wurde. Man rechnete über die mittelalterlichen Kaiserjahre in der Geschichte des *Imperium Romanum* bis zur Gründung Roms zurück und weiter über die Jahre der griechischen Olympiaden und die Zeiten der jüdischen Könige zu Abraham und Noah bis zum Jahr der Schöpfung, die am 21. März 5507 vor Christus erfolgt sein musste. [2] Wenn sich auch nicht jeder dieser in der „Sächsischen Weltchronik" überlieferten Datierung anschloss, war doch gewiss, dass Paradies und Sündenfall dem ersten Weltalter angehörten, das am Beginn der Zeiten stehend mit der Sintflut sein Ende fand. Bis in das sechste Zeitalter, die Gegenwart, setzte sich diese Chronologie fort, die in den Städte- und Herrschernamen der Ebstorfer Weltkarte und ihrer impliziten Bilderzählung sichtbaren Ausdruck fand. Nicht nur das im Zentrum der Karte in Gold wiedergegebene Jerusalem verwies dabei auch auf das siebte Zeitalter, das mit der Ankunft des Antichrist beginnend in Apokalypse und Weltgericht das Ende der Zeiten markiert.

Ebstorfer Weltkarte, um 1300
Kopie nach dem im Zweiten
Weltkrieg zerstörten Original
360 x 360 cm
Kloster Ebstorf.

Umgeben war dieser als Spiegel der Geschichte aufgefasste Erdkreis vom unüberwindlichen Ozean, an dessen Gestaden Monstren und Missgeburten hausten.

Mit der Eroberung Amerikas waren die alten Außengrenzen der Ökumene überschritten worden und diese symbolische Transgression brachte es mit sich, dass man dem Sagenhaften einen Platz in der erfahrbaren Welt zuwies. Kannibalen, Kopffüßer und Drachen waren nun nicht mehr am Rande der Welt und an den Grenzen des Vorstellbaren situiert, sondern eben in der Neuen Welt, in Amerika. Die neuen Entdeckungen waren von immenser geistes- und ideengeschichtlicher Bedeutung. Die Seefahrer jener Tage hatten, innerhalb eines Zeitraumes von nicht einmal 100 Jahren, die geografischen Kenntnisse in einer Weise erweitert, die in ihren Ausmaßen ohnegleichen ist.[3] Die mit Columbus einsetzenden Entdeckungen änderten allerdings nichts am teleologischen Geschichtsbild und der unverbrüchlichen Überzeugung von der Unabwendbarkeit der alle Zeiten beendenden Apokalypse. Die in der Bibel festgeschriebene Geschichte des Heils und der Offenbarung behielt ihre Gültigkeit. So ist es kaum verwunderlich, dass noch Abraham Ortelius, der 1570 mit seinem „Theatrum orbis terrarum" den ersten modernen Atlas edierte, dem Paradies einen festen, topografisch bestimmbaren Platz zuwies. Auf einer 1598 edierten Geschichtskarte zu den Pilgerfahrten des heiligen Paulus lokalisierte er das Paradies in Syrien, wobei er es nicht als Garten, sondern als Stadt verzeichnete.[4] Die Lage des verlorenen Garten Eden wurde damals heiß diskutiert, wobei manche sich der von Ioannes Goropius Becanus vertretenen Auffassung über den Ursprung der Welt anschlossen. In seiner Untersuchung zu den „Origines Antwerpianae" führte Becanus den Nachweis, dass das Paradies in den Niederlanden gelegen war und Adam und Eva – wie sollte es ob ihrer Herkunft anders sein? – im Garten Eden niederländisch sprachen.[5] Auch der berühmte Geograf Gerhard Mercator, dessen „Atlas" allen folgenden Kartensammlungen zum Namen gebenden Vorbild wurde, machte sich 1577 über die genaue Lage des Garten Eden Gedanken, den er allerdings eher im Nahen Osten situiert sehen wollte.[6] Stärker noch als Ortelius zeigte er sich bemüht, mit seinem „Atlas" ein kosmographisches Werk über die Schöpfung, den Ursprung der Welt, über ihre gesamte Geschichte und ihr gegenwärtiges Aussehen vorzulegen.[7] Der universelle Anspruch, den Mercator mit seinem Werk verbunden hatte, deckte sich dabei mit den Interessen und Ansichten seiner Zeitgenossen. Die menschliche Existenz und die den Menschen umgebende Natur wurden im Kontext der durch die Heilsgeschichte determinierten Chronologie verstanden und beschrieben, die mit der Erschaffung der Welt ihren Anfang genommen hatte. Daran hatte sich seit dem Mittelalter nichts geändert und es sollte noch lange dauern, bis im Verlauf des 18. Jahrhunderts naturwissenschaftliche Bibelforschung und Physikotheologie endgültig durch ein neuzeitliches Wissenschaftsverständnis abgelöst wurden.[8]

Gerhard Mercator
Schema et descriptio referens horti Eden
in: Chronologia hoc est svppvtatio temporvm,
Basel 1577.

Einen frühneuzeitlichen Bilderfundus zur Heilsgeschichte liefert das am reichsten illustrierte Buch aus den Anfängen des Buchdrucks, die 1492 edierte „Weltchronik" des Nürnberger Arztes und Humanisten Hartmann Schedel.[9] Jedem der sieben Weltalter ein Kapitel widmend, führt Schedel dem Leser eine auf der christlichen Heilslehre basierte Weltgeschichte vor Augen. Sie beginnt mit der Schöpfung und einer theologisch geleiteten Erklärung der physikalischen Gestalt der Erde, die sich an den aus der Antike tradierten Vorstellungen von Aristoteles und Ptolemäus orientiert.[10] Die Erde ruht dabei unbeweglich im Zentrum der als konzentrische Kugeln aufgefassten zehn Sphären. Sie ist zunächst von den anderen drei Elementen Wasser, Luft und Feuer umgeben. Auf die durch einen Strahlenkranz verdeutlichte Sphäre des Feuers folgen die nach aristotelischer Vorstellung aus Äther bestehenden Himmelssphären der sieben Planeten Mond, Merkur, Venus, Sonne, Mars, Jupiter und Saturn. Sie werden vom Fixsternhimmel der Tierkreiszeichen umschlossen und zusammengehalten. Darauf folgen noch die der christlichen Vorstellungswelt entstammenden Himmel, das völlig durchsichtige *coelum cristallinum* und das *primum mobile*, das die Bewegung aller Himmelssphären reguliert. Das darauf folgende *empyreum* ist der höchste Himmel des reinsten Lichtes, den Schedel zur Heimstatt Gottes und der Engelschöre stilisiert, die am linken Rand in ihrer traditionellen Reihenfolge aufgeführt werden. Genau wie das verlorene Paradies hatte auch der Himmel der ewigen Seligkeit seinen festen, kosmographisch bestimmbaren Platz und der ließ sich, der Anordnung von Sternen und Planeten entsprechend, darstellen. Nach der allgemeinen Beschreibung des Universums führt Schedel seinen Leser von Adam und Eva bis zum Ende des 15. Jahrhunderts. Himmel und Hölle als Ziel und Endpunkt der Geschichte und eigentliche Bestimmung des kosmologischen Geschehens hatten einen genau bestimmbaren Ort und waren exakt terminiert.[11] Den Schluss des Bandes bildet deshalb ein Ausblick auf das nahe geglaubte siebte Weltalter, das mit der Ankunft des Antichrist seinen Anfang nehmen und im Jüngsten Gericht gipfeln sollte, dem ebenfalls eine Abbildung gewidmet ist. In der Mitte thront Christus als Weltenrichter, der – wie in der Bibel beschrieben (Matth. 25, 31–35) – die Seligen und Verdammten scheidet. Beigegeben sind ihm Schwert und Lilie als Zeichen seiner richterlichen Macht. Ihm zu Seiten knien als Fürbitter Johannes und Maria. Darunter werden die Erlösten von Engeln nach links in das durch einen Wolkensaum angedeutete himmlische Paradies geleitet, während Teufel die Verdammten nach rechts in die Hölle zerren. Zumindest die formale Disposition mit dem Weltenrichter in der Mitte und den nach links geführten Erlösten und dem Höllenschlund zur Rechten findet sich auf beinahe allen nordalpinen Weltgerichtsdarstellungen. Doch konnte der Eingang zum Paradies nicht nur durch Wolken, sondern auch durch Architektur visualisiert werden. Dabei erschien dann das „himmlische Jerusalem" in Gestalt einer Stadtansicht, wie beispielsweise in den um 1498 von Albrecht Dürer edierten Holzschnitten zur Apokalypse.[12] Nicht nur in der bildenden Kunst, sondern sogar bis in die populäre

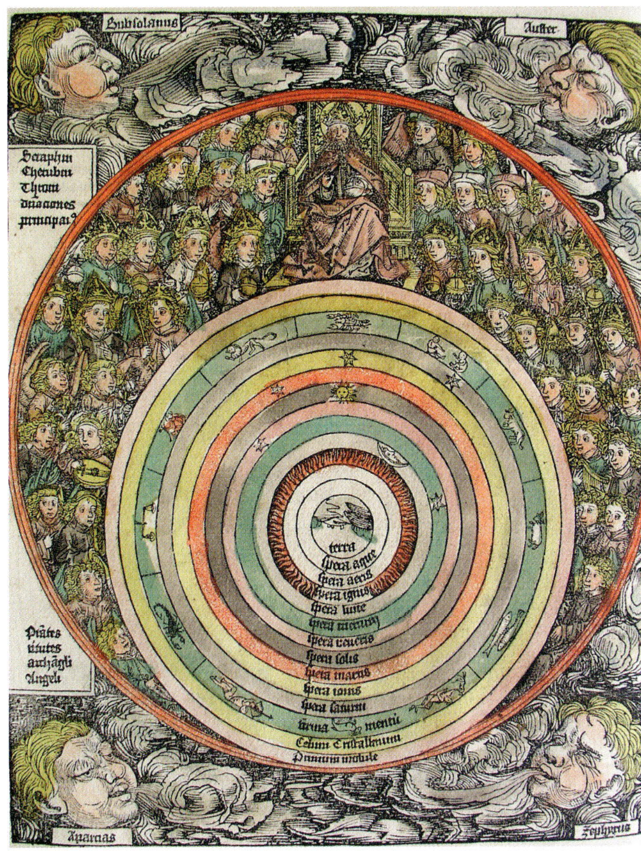

Anonym
Die Sphären des Himmels
in: Hartmann Schedel: Liber chronicarum, Nürnberg 1493, fol. 5 verso.

Exempelliteratur galt der Himmel als Ansammlung prachtvoller Gebäude oder als Kirchengebäude materialisiert, wie andererseits die Kirchenarchitektur selbst als Abbild des Himmels gedeutet und verstanden wurde. Als Sinnbild himmlischer Geborgenheit konnte neben der Architekturkulisse auch Abrahams Schoß fungieren, wie er zum Beispiel in der um 1230 entstandenen Archivoltenfigur an der Fassade des Bamberger Domes das Weltgericht über dem Fürstenportal ergänzt. Die Sicherheit, die Abrahams Schoß für die erretteten Seelen bedeutet, ist an deren freudig strahlenden Gesichtern leichthin ablesbar. Weniger emotional, jedoch umso eindeutiger in seiner zeichenhaften Verkürzung ist das Paradies der Seligen, der wiedergefundene Garten Eden, der in das Bild einer idealen Landschaft gekleidet ist, wie sie beispielsweise Jan van Eyck in seinem so genannten Genter Altar wiedergibt.[13] Van Eyck verbindet dabei über die Architekturkulisse im Hintergrund seine Darstellung des neuen Garten Eden mit der klassischen Vorstellung vom himmlischen Jerusalem. Diese beiden Bildvorstellungen werden durch die schon der klassischen Antike vertraute Ikonographie eines Thronens in den Wolken ergänzt, wie es zum Beispiel in Giottos um 1307 entstandenen Weltgerichtsfresko in der Arena-Kapelle angedeutet ist.[14] Diese Vision eines himmlischen Thronens in den Wolken illustriert auch ein Kupferstich, den Jan Sadeler nach einem Entwurf des Amsterdamer Malers Dirck Barendszoon angefertigt hat.[15] Er zeigt eine beinahe unüberschaubare Zahl von Heiligen, die wie auf den Rängen eines Theaters angeordnet sind. In ihrer Mitte sitzt Maria, ihr zur Rechten der Jünger Johannes, allesamt überglänzt von göttlichem Licht. Die Stichunterschrift erläutert, dass dies das Vaterland, der sichere Hafen der frommen Seelen sei. Wie es jenseits der drangvollen Enge auf den Wolkenbänken des Vordergrundes im Himmel aussieht, wird nicht gezeigt. Der Himmel der Erlösungshoffnung ist schlicht ein nicht näher bestimmter Ort in den Wolken. Zu derartigen Imaginationen des himmlischen Jenseits tritt seit dem Mittelalter die Darstellung von diffusen Lichterscheinungen, die den Himmel als einen von hellstem Licht durchfluteten Ort abbilden, der jeder differenzierten Sichtbarkeit entzogen ist. Sie finden ihre literarische Begründung in den Schriften der Kirchenväter, so bei Isidor von Sevilla, der lehrte, dass *lux, splendor* und *color* – „Licht, Glanz und Farbe" – Anteil am Göttlichen hätten. Auch Dante Alighieri beschreibt in seiner etwa zeitgleich zu Giottos Fresko entstandenen „Divina commedia" den Himmel als einen Ort hellsten Lichtes, in dessen Glanz jede differenzierende Sichtbarkeit aufgehoben sei. Wie sollte sich demnach der von der Präsenz Gottes erhellte Himmel besser illustrieren lassen als durch leuchtende Farben und lichten Glanz?

Anonym
Das jüngste Gericht
in: Hartmann Schedel: Liber chronicarum, Nürnberg 1493, fol. 262 recto.

Nach dem seinerzeit gültigen geozentrischen Weltbild, an dem sich auch Dante orientierte und das in der Schedelschen Weltchronik so eindrucksvoll ins Bild gesetzt ist, mussten auf dem Weg in den Himmel dessen einzelne Sphären durchschritten werden. Innerhalb der allgemeinen Lichtikonographie führte dies zu einer eigenen Darstellungstradition. Als Beispiel dafür lassen sich die beinahe abstrakt wirkenden, in konzentrischen Kreisen gruppierten Engelschöre im „Liber scivias“ der Hildegard von Bingen genauso anführen wie eine ungefähr 300 Jahre später entstandene Darstellung des Hieronymus Bosch.[16] Die bemerkenswerten Tafeln, die ehedem zu einem Triptychon mit dem Weltgericht gehört haben mögen, befinden sich heute im Dogenpalast in Venedig. Gezeigt sind auf dem linken Flügel Engel, die die Seelen in einen Paradiesgarten geleiten, zur Rechten werden die Auserwählten gen Himmel geführt, in dessen Sphären eine lichtgleißende Öffnung klafft. Der Himmel der Erlösten erscheint hier als Licht von solcher Reinheit, dass die ihm zugeführten Seelenwesen sich in seiner Helligkeit schier aufzulösen scheinen. Mit diesen mehr oder weniger abstrakten Lichtmetaphern, dem blühenden Garten, dem die Geborgenheit symbolisierenden Schoß Abrahams und der Architekturkulisse ist im Großen und Ganzen das Spektrum der zwischen Mittelalter und Früher Neuzeit verbreiteten Imaginationen von Paradies und Himmel benannt. Dabei lässt sich ein bemerkenswertes Phänomen konstatieren: Während sich die Ikonographie des Himmels weitgehend in diesen wenigen Motiven erschöpfte, war die auf eine möglichst drastische Imagination der Hölle verwandte Phantasie nahezu grenzenlos. Den zumeist weitgehend abstrakten Bildern himmlischen Glücks steht eine schier unübersehbare Flut drastischer Höllenvisionen gegenüber. Die Frage nach den Gründen dafür ist zwar naheliegend, doch wurde bislang noch keine Antwort versucht, die über den allgemeinen theologischen Verweis auf den in der Bibel aufgerufenen Unsagbarkeitstopos hinausgegangen wäre (1. Kor. 2, 9). Schließlich sei die Unbeschreiblichkeit seiner Herrlichkeit ein wesentliches Charakteristikum des Himmels, denn sie läge jenseits der menschlichen Erfahrungs-, Vorstellungs- und Denkmöglichkeit und sei deshalb letztlich nur im Glauben erfassbar. Dies allerdings galt auch für die Hölle, deren ewige Qualen sich doch auch nur durch unvollkommene Metaphern darstellen und schildern ließen. Allerdings stehen den zaghaften Andeutungen einer himmlischen Seligkeit beinahe unzählbare grenzenlos phantastische Höllenbilder gegenüber. Seinen Grund mag das vor allem darin haben, dass Sündhaftigkeit und Leiden als existenzielle Erfahrungen allgemein verbreitet waren. Es gab und gibt eine große Zahl geteilter leidvoller Erfahrungen, die in die Ewigkeit hinein gedacht, trefflich höllische Qualen zu imaginieren vermögen. Schmerzen zum Beispiel, wie sie Feuer oder Waffen einem Menschen verursachen, lassen sich genauso leicht illustrieren wie nachfühlen. Wer wüsste nicht, wie Brandwunden oder Schnittverletzungen schmerzen? Doch wie sieht das ewige Glück aus? Wie fühlen sich himmlische Freuden an? Und welche Bilder soll

Albrecht Dürer
Der Engel mit dem Schlüssel zur Hölle, um 1498
in: Apocalipsis cu[m] Figuris , Nürnberg
Holzschnitt, 39,6 x 28,5 cm.

man finden, um allgemein geteilte Erfahrungen grenzenlosen Glücks zu illustrieren? Während Leid vermittels eigener misslicher Erlebnisse der Empathie und dem Mitleid offen steht, bleibt Glück ein höchst individuelles Erleben, das – zumal in Bildern – nur schwer mitteilbar war und ist. So phantasievoll seine Höllenvisionen waren, beschränkte sich selbst der schon 1516 als „faizeur des diables" gepriesene Bosch bei der Andeutung der himmlischen Sphären auf zarte Lichterscheinungen und eine eher konventionelle Ikonographie. Auch folgende Künstlergenerationen, die ausgehend von Bosch zu immer differenzierteren Höllenvisionen gelangten, beschränkten sich bei der Darstellung des Himmels auf Lichtphänomene oder Wolken, auf denen Heilige und Selige thronten.

Für diese Beschränkung gerade bei der Imagination des Himmels, lieferte spätestens seit dem 15. Jahrhundert auch die Kunsttheorie gute Gründe. Leon Battista Alberti zählte damals zu den Ersten, die die Gesetze der Rhetorik auch auf die bildende Kunst anwendeten, um von Bildern zu verlangen, was auch von einer Rede gefordert wurde, die gleichermaßen erfreuen, belehren und bewegen sollte.[17] Alberti zufolge bestand die Aufgabe der öffentlichen Bilder darin, die Betrachter zu sittlichen Handlungen und Haltungen anzuleiten.[18] Dabei kam vor allem der emotionalen Ansprache der Betrachter eine besondere Bedeutung zu, die von der Kunsttheorie ausführlich erörtert wurde. Schon Thomas von Aquin hatte von Bildern christlichen Inhalts verlangt, dass sie die Betrachter nicht allein unterrichten, sondern zugleich *„zur Erregung andächtiger Leidenschaft"* beitragen sollten.[19] Besonders den Bildern des Bösen wurde in der Folge die Möglichkeit zuerkannt, einen direkten sinnlichen Eindruck auf die Betrachter auszuüben, und zwar selbst auf solche, die der Einsicht in die göttliche Gnade noch fern wären. In ihnen könnte der durch die Bilder erzeugte Schrecken vor dem Bösen das noch schlummernde Verlangen nach dem Guten wecken, so dass gerade die Greueltaten Luzifers gar nicht exzessiv genug geschildert werden könnten.[20] Die nach dem Vorbild der antiken Rhetorik aus der Horrorwirkung erwartete Mobilisierung der Affekte stimmt mit dem allgemeinen Ziel der christlichen Ethik des Mittelalters überein, die Abscheu vor dem Bösen und die Bewunderung und das Begehren des Guten auszulösen. Eine lange kirchliche Tradition sah deshalb Bilder als Medium der Glaubensvermittlung den Texten gegenüber als überlegen an.[21] Allerdings wusste man auch um die Grenzen der Darstellbarkeit, denn gerade die höchsten spirituellen Affekte ließen sich in Bildern schlecht transportieren.

Jan Sadeler, nach Dirck Barendszoon
Das Paradies, um 1581/1582
aus der Serie „Die vier letzten Dinge"
Kupferstich, 16,5 x 22,5 cm.

Was für die Höllenvisionen galt, ließ sich zumal nach Auffassung der frühneuzeitlichen Kunsttheorie nämlich keineswegs bruchlos auf die Imagination des Himmels übertragen. Hier findet nun die geringere Ausführlichkeit bei der malerischen Ausgestaltung himmlischer Freuden ihre kunsttheoretische Begründung. Bei der Darstellung himmlischer Paradiesvisionen sollten statt übermäßiger erzählerischer Deutlichkeit visuelle Appelle an die imaginative Fähigkeit des Betrachters einen elementaren Zugang zu religiösem Erleben und geistiger Schau eröffnen. Ein Beispiel dafür, wie das in einem Bild erreicht werden konnte, lieferte die bei Plinius, Cicero und Quintilian überlieferte Beschreibung einer antiken Darstellung der Opferung der Iphigenie des Malers Timanthes von Zypern. Das Bild soll in den Gesichtern der verschiedenen Zeugen des Geschehens unterschiedliche Stufen des Schmerzes repräsentiert haben, wobei das Gesicht ihres Ehemannes Menelaos die höchste darstellbare Affektsteigerung gezeigt habe. Das Gesicht Agamemnons, des Vaters der Iphigenie, sei aber verhüllt von einem Tuch dargestellt worden. Dadurch sei die Imagination des Betrachters angeregt worden, sich für diese Figur einen noch größeren Schmerz vorzustellen, als er unmittelbar bildlich überhaupt darstellbar sei.[22] Nach dem gleichen Muster einer Affekterregung durch Auslassung ließen sich natürlich auch die unendliche Schönheit des Himmels und das ewige Glück der Seligkeit darstellen. Es war die aus der Rhetorik übernommene Einsicht, dass sich etwas real nicht Gegenwärtiges allein durch die Anwendung einer einleuchtenden, klaren Bildlichkeit für die Imagination des Publikums nachvollziehbar machen ließ und dessen Phantasie dann die stärkste denkbare emotionale Wirkung entfalten konnte. Deshalb gab es stets weit mehr Bilder der Hölle als des Himmels. Nicht nur weil die Hölle dem Diesseits näher war als der Himmel, sondern vor allem auch, weil dessen Schönheit nur in der individuellen Phantasie ihre höchste Wirkung entfaltet. Stärker nämlich als jedes gemalte oder gedruckte Bild wirkt die Kraft der eigenen Vorstellung.

Hieronymus Bosch
Die vier letzten Dinge, um 1500
Öl auf Holz, 87 x 40 cm.
Venedig, Palazzo Ducale.

Anmerkungen

[1] Matthias Ohm, Die Ebstorfer Weltkarte, in: Matthias Ohm / Thomas Schilp / Barbara Welzel (Hrsg.), Ferne Welten – Freie Stadt. Dortmund im Mittelalter, Ausst.-Kat. Dortmund, Bielefeld 2006, S. 330 – 332.

[2] Christian Beutler, Meister Bertram. Der Hochaltar von Sankt Petri, Frankfurt a. M. 1988, S. 28.

[3] Nils Büttner, Die Erfindung der Landschaft, Göttingen 2000, S. 47 – 50.

[4] Vgl. Abraham Ortelius (1527 – 1598) cartograaf en humanist, Ausst.-Kat. Antwerpen, Turnhout 1998, S. 10; Het Aards Paradijs: Dierenvoorstellingen in de Nederlanden van de 16de en 17de eeuw, Ausst.-Kat. Antwerpen 1982, S. 143.

[5] Ioannes Goropius Becanus, Origines Antwerpianae, Antwerpen 1569.

[6] Ute Kleinmann, Wo lag das Paradies?, in: Die Flämische Landschaft 1520 – 1700, Ausst.-Kat. Essen / Wien, Lingen 2003, S. 278 – 285, hier: S. 280, mit Abb.

[7] Rüdiger Thiele, Kosmographie als universale Wissenschaft. Zum Werk Gerhard Mercators, in: Gerhard Mercator, Europa und die Welt, Ausst.-Kat. Duisburg 1994, S. 15 – 36.

[8] Irmgard Müsch, Geheiligte Naturwissenschaft, Göttingen 2000, S. 16 – 36.

[9] Stephan Füssel, Die Weltchronik – eine Nürnberger Gemeinschaftsleistung, in: Pirckheimer Jahrbuch 9 (1994), S. 7 – 30, hier: S. 8.

[10] Christa Oechslin, Der mittelalterliche Kosmos, in: Peter Jezler (Hrsg.), Himmel, Hölle, Fegefeuer: Das Jenseits im Mittelalter, Ausst.-Kat. Zürich, München 1994, S. 369 – 370.

[11] Peter Jezler, Jenseitsmodelle und Jenseitsvorsorge – Eine Einführung, in: Himmel, Hölle, Fegefeuer (wie Anm. 10), S. 13 – 26.

[12] Albrecht Dürer, Der Engel mit dem Schlüssel zur Hölle; aus der Apocalypse (1498). Holzschnitt, 396 x 285 mm. Vgl. Anna Spall, Der Engel mit dem Schlüssel zur Hölle, in: Dürer als Erzähler, Ausst.-Kat. Schweinfurt 1996, S. 106 – 107, Nr. 40.

[13] Jan van Eyck, Anbetung des Lammes, um 1432. Detail aus dem sog. „Genter Altar“. Öl auf Holz, 135 x 236 cm. Gent, St. Bavo. Vgl. Nils Büttner, Geschichte der Landschaftsmalerei, München 2006, S. 56 – 58.

[14] Joachim Poeschke, Wandmalerei der Giottozeit in Italien 1280 – 1400, München 2003, S. 184 – 223, Abb. 100.

[15] Jan Sadeler nach Dirck Barendszoon, Das Paradies; aus der Serie „Die vier letzten Dinge“ (ca. 1581 / 1582). Kupferstich, 165 x 225 mm. Vgl. M. Huygen-van Meyel, De vier uitersten, in: Jan Piet Filedt Kok u. a. (Hrsg.), Kunst voor de beeldenstorm, Ausst.-Kat. Amsterdam, 's-Gravenhage 1986, S. 417 – 419, Nr. 310.3.

[16] Hieronymus Bosch, Die vier letzten Dinge, Öl auf Holz, 87 x 40 cm. Venedig, Palazzo Ducale. Vgl. Jos Koldeweij / Paul Vandenbroeck / Bernard Vermet: Jheronimus Bosch. Alle schilderijen en tekeningen, Gent / Amsterdam 2001, S. 174 f., Abb. 148 a – d. Zum „Liber scivias“ vgl. Oechslin 1994 (wie Anm. 10); S. 44, Abb. 25.

[17] Norbert Michels, Bewegung zwischen Ethos und Pathos, Münster 1988, S. 54 - 69; Rensselaer W. Lee, Ut pictura poesis, in: Art Bulletin 22 (1940), S. 197 – 269; Carsten-Peter Warncke, Sprechende Bilder – sichtbare Worte, Wiesbaden 1987, S. 255 – 294.

[18] Vgl. Warncke 1987 (wie Anm. 17), S. 244; Lee 1940 (wie Anm. 17), S. 227 f., Anm. 135; Ulrich Heinen, Rubens zwischen Predigt und Kunst, Weimar 1996, S. 202, Anm. 126.

[19] Michels 1988 (wie Anm. 17), S. 143.

[20] Ebd., S. 146 f.

[21] Meg Twycross, Beyond the Picture Theory, in: Word and Image 4 (1988), S. 589 – 617, hier: S. 591.

[22] Quint. inst. II, 13, 13; Val. Max. VIII, 11 u. a. Vgl. Der Kleine Pauly, Lexikon der Antike, Bd. 5, München 1979, S. 838; Heinen 1996 (wie Anm. 18), S. 21 und 187, Anm. 61.

Irdische Paradiese
Der Weg zum Paradies auf Erden

Hartmut Roder

Mittelalterliche Apokalypse und tausendjähriges Paradies

Bis ins tiefe Mittelalter befand sich nicht nur das persönliche Glück außerhalb der Reichweite jedes Menschen, vielmehr gab es seit dem Sündenfall im Garten Eden nach verbindlicher christlicher Denkungsart für den Einzelnen nur die Alternative: Hölle oder Paradies. Im Leben der Menschen gab es nichts Gutes außer der Hoffnung auf ein späteres, besseres Dasein, wie es sich nicht auf der Erde verwirklichen lassen konnte. Zwar ließ die Katholische Kirche durch den Ablasshandel eine strafmildernde Beeinflussung des persönlichen Schicksals zu, die von der jeweiligen Kaufkraft der Gläubigen abhängig war, gleichwohl musste jeder Tote dennoch durch das Fegefeuer. In der Hoffnung auf Erlösung befanden sich die Christen daher permanent in einem angespannten Zustand zwischen Angst, Zweifel und Zerrissenheit. Ihre einzige Hoffnung angesichts von Hungersnöten, Erdbeben oder kriegerischen Einfällen, ja selbst von Sonnenfinsternissen bestand darin, apokalyptisch den kurz bevorstehenden Untergang der Welt herbeizusehnen. Die zu erwartende Wiederkunft Jesu würde auf Erden eine Gesellschaft des Friedens und der Gerechtigkeit aufrichten und zusammen mit den Heiligen ein tausend Jahre währendes Reich errichten. Dieser ewige Menschheitstraum vom nahenden Paradies drückte sich in der Vorstellung vom Tausendjährigen Reich bzw. vom Goldenen Zeitalter aus, einer Art Schlaraffenland, das mit allen irdischen Gütern gesegnet sein müsste. In diesem Märchen vom Tischleindeckdich waren alle Menschen gleich, es gab weder Mühe noch Arbeit, alle Dinge und alle Träume waren als Gebrauchsgüter zur Hand.

Frühe Utopien

Mit der Entdeckung, dass es jenseits der Ozeane viele menschliche Gesellschaften gäbe, die nicht an der europäischen Kultur teilhatten, begann ab dem 16. Jahrhundert eine neue Dimension des Paradiesdenkens. So war sich Kolumbus beim Anblick Haitis nicht sicher gewesen, ob die Inselbewohner, die nackt waren und kein Eigentum kannten, nicht noch im Goldenen Zeitalter lebten. Zudem schien er überzeugt, dass das irdische Paradies von diesen „Indianern" nicht weit entfernt sein konnte. Das Paradies schien den spanischen Eroberern als Garten der Lüste, die Ohnmacht der Opfer wurde von ihnen als Freibrief zur Gewalt interpretiert. Schnell verkehrte allerdings die Kolonisierung die Vorstellung vom Paradies in ihr Gegenteil. Die Vorstellung vom Anderen, Reinen, Idealen glomm jedoch weiter. Als Utopisten wurden diejenigen bezeichnet, die vor allem dem literarischen Kampf für soziale Gerechtigkeit und das Menschenrecht auf Glück absoluten Vorrang einräumten. Da sie somit das vorherrschende geistige und politische Monopol anzweifelten, starben die meisten von ihnen schon in jungen Jahren eines gewaltsamen Todes.

Zwar im mittelalterlichen Denken verwurzelt, aber wesentlich auf Platons Entwurf der *Politeia* fußend, wurden nunmehr Idealstaaten auf Erden entworfen, die nur noch dem *bonum commune* verpflichtet waren und die einen „neuen Menschen" für machbar hielten. Während der um 400 v. Chr. lebende Platon davon ausgegangen war, dass Privateigentum, Sklaverei und die Staatsgewalt den vormaligen athenischen Idealstaat zerstört hätten, zeigte der englische Staatsmann Thomas Morus in seinem 1516 erschienen Buch „Utopia", dass es diese beste Gesellschaft bereits gäbe. Aus den beiden griechischen Wörtern *ou* = nicht und *topos* = Ort bekam Morus' Ideal die Bezeichnung „Utopia", also „Nicht-Ort" oder „Nirgendwo". Trotzdem schilderte Morus in seinem als Kritik an den europäischen Zuständen der damaligen Zeit angesehenen Werk wie der König Utopus durch Abschaffung des Privateigentums und durch ein allseitiges Erziehungssystem eine Wohnstätte der Glückseligkeit erschuf.

links:
Hans Holbein d. J.
Thomas Morus, 1527.

rechts:
Francis Bacon.

Nachdem die Utopier den Hochmut des Geldes und die Ursachen des Ehrgeizes abgeschafft hatten, konnten sie jegliches Laster und somit die elementaren Ursachen für den Aufruhr des Volkes beseitigen. In einer komplexen Synthese aus Architekturmodell, Idealstadtorganisation und Entfaltung eigenstaatlicher Souveränität skizzierte Morus eine mögliche Art des friedlichen und gleichberechtigten Zusammenlebens der Menschen.

Auch der ein Jahrhundert nach Morus lebende englische Jurist und Staatsmann Francis Bacon spielte sein nicht minder technisch und architektonisch fundiertes utopisches Gesellschaftsmodell auf einer Insel durch. In dem 1614 geschriebenen Utopie-Roman „Neu-Atlantis" schilderte Bacon eine Insel in der Südsee, die sich durch die Anwendung der Naturwissenschaften, einen geometrischen Grundriss und einen uniformen und autarken Staatsaufbau zu einem blühenden und glücklichen Gemeinwesen entwickelt. Obwohl Bacon sein Wirtschaftssystem auf Privateigentum aufbaute, so musste dieser frühe Kapitalismus doch strengen Regulierungen zum Wohle aller unterworfen werden. Zur gleichen Zeit hatte der studierte Theologe Thomas Campanella während einer 27 Jahre andauernden Haft in Neapel seine Utopie von der *civitas solis*, dem „Sonnenstaat", geschrieben. Auf Campanellas 1602 entworfener Insel im Stillen Ozean war alles Gemeingut, auch die Frauen; denn in der Herrschaft des Mannes über die Frau durch die Ehe sah Campanella das Hauptübel für die schlechte Entwicklung der Menschen. Während die Solarier von einem Priesterphilosophen geführt wurden, regelten die drei Ministerien für Macht, Weisheit und Liebe das Gemeinwesen. Auch der Sonnenstaat war total durchorganisiert. So bestand die Insel aus sieben Kreisen, die durch vier Straßen miteinander verbunden waren, die wiederum vier Tore hatten. Die Homogenität der Architektur, die geometrischen Grundrisse der Inseln und die Funktionalität der Gestaltung der städtischen und ländlichen Räume fanden ihre Entsprechung in den gesellschaftlichen Beziehungen.[1] In den Raumutopien von Johann Valentin Andreas' „Christianopolis", die vor dem 30jährigen Krieg Verbreitung fand, bis zu Johann Gottfried Schnabels „Insel Felsenburg"

galten Ausbeutung, skrupellose Bereicherung, Verbrechen usw. als die größten Übel ihrer Zeit. Indem sie diese mit einer diesseitigen Gegenwelt konfrontierten, öffneten sie wenigstens literarisch den Weg in eine andere Daseins-Möglichkeit. So bezeichnete Schnabel selbst seine „Insel Felsenburg" als ein *„irdisches Paradies"* und als *„das schönste Lustrevier der Welt"*. Die Utopieentwürfe der Aufklärung erklärten allesamt das Ideal ihres „besten" Gemeinwesens als völlig natürlich und bilden somit die Grundlage für eine diesseitige bessere Welt.

Michelangelo Buonarotti
Die Verdammten werden in die Hölle gestürzt, 1536–1541.
Detail aus „Das Jüngste Gericht"
Rom, Sixtinische Kapelle im Vatikan.

Jean-Michel Moreau le Jeune, Voltaire.

Von der Erlösung im Jenseits zur Erfüllung im Diesseits

Mit der Entwicklung von Handel und Gewerbe, den ersten Entdeckungen von Wissenschaft und Technik sowie den immer lauter werdenden Rufen nach einer Trennung von Staat und Kirche waren es gerade die Aufklärer und Rationalisten im Vorfeld der Französischen Revolution, die durch Löschung der Erbsünde das Glück für alle Menschen hier und jetzt, jetzt oder nie einforderten. Der französische Philosoph Voltaire hatte 1736 in seinem Gedicht *Le Mondain* festgestellt: *„Das Paradies auf Erden ist da, wo ich bin".*[2] Eine grundlegende Umwälzung im Lebensgefühl und im Weltverständnis der Menschen brach sich Bahn. Ob John Locke und Adam Smith oder Claude Henri Saint-Simon – sie alle forderten das größtmögliche Glück für die größte Zahl von Menschen, indem sie auf die neuen Kräfte von Wissenschaft, Bildung und Handel setzten, die ein „Goldenes Zeitalter des Menschengeschlechts" herbeizuführen in der Lage wären. Da sich die Kluft zwischen der Menschheit und ihrem Schöpfer in den vergangenen Jahrhunderten immer weiter aufgetan hatte, erstarkte auch die Auffassung, dass der Mensch auf seine eigene Kraft vertrauen müsse, um sein irdisches Leben zu gestalten. Die religiöse Ausrichtung auf das Jenseits wich zunehmend einer Linderung versprechenden Diesseitsorientierung. In Fortführung der utopischen Tradition von Morus, Bacon und Campanella wuchs ein optimistisches Selbstbewusstsein heran, demzufolge der Mensch aus eigener Kraft in der Lage sei, das Elend auf Erden zu verdrängen und sein Schicksal in die Hand zu nehmen. Die Überzeugung brach sich Bahn, dass es vernünftig wäre, die Einführung des Wohlseins schon auf Erden zu wünschen. So wie alles körperliche Leiden seit der Entdeckung von Medikamenten nicht mehr als göttliche Strafe angesehen werden musste, so wurde dem Lebensschmerz nicht länger mit der Vertröstung auf das Jenseits begegnet, vielmehr diesem die aktive Verbesserung des Diesseits entgegengesetzt. Die Hoffnung auf das Glück siegte über die Vorstellung vom Seelenheil. Ein irdisches Zukunftsparadies schien ohne himmlisches Zutun möglich zu werden.

Mit der amerikanischen Unabhängigkeitserklärung 1776 und mit der Französischen Revolution 1789 schien die Nacht des statischen Mittelalters endgültig zu Grabe getragen worden zu sein, anstelle des Gottesgnadentums trat die Souveränität des Volkes. Indem *„das Leben, die Freiheit und das Streben nach Glück"* zu den unveräußerlichen Menschenrechten gehören sollten, setzte sich die Idee von Fortschritt und Zukunft durch. Mit der industriellen Revolution und der Ausweitung des Handels im 19. Jahrhundert gerieten immer mehr Menschen in den Bann dieses neuen ökonomischen, politischen und sozialen Systems, das seine Verheißungen nicht ins erlösende Jenseits verlegen wollte, sondern seine Heilsversprechen unverzüglich im alltäglichen Diesseits zu erfüllen hatte. Nach dem Erlebnis der Französischen Revolution und angesichts der Potenzen des industriellen Wachstums in England, das ungeheure Reichtümer hervorbrachte, griffen utopische Gesellschaftsvorstellungen von einem idealen, gerechten und friedlichen Zusammenleben auch auf frühsozialistische Denker über. Die gleichzeitig sichtbare Verelendung der großen Mehrheit der Gesellschaft und das ständige Aufkeimen blutiger Klassenkämpfe sollten keinesfalls die durch Wissenschaft und Technik mögliche „Befreiung" aller gesellschaftlichen Schichten zunichte machen. Angespornt von den ersten wilden Kampfmaßnahmen der Arbeiter wollte einer der erfolgreichsten Fabrikanten seiner Zeit, Robert Owen, ein praktisches Beispiel für die Möglichkeit einer gerechten Gesellschaft geben. Mit der Spinnerei New Lanark in Schottland errichtete Owen ab 1799 eine Musteranstalt, die er in der Siedlung New Harmony 1825 auch in der Neuen Welt gründen wollte. Dabei hatte Owen schon recht früh erkannt, worin das Grundproblem der kapitalistischen Gesellschaft bestand: Während die Produktion und der Reichtum ins Vielfache anwuchsen, führte die mangelnde Kaufkraft der Arbeitenden aufgrund der geringen Löhne zu periodischen Krisen. Durch Auszahlung des „vorenthaltenen Lohnes", Produktionsgemeinschaften und eine systematische Erziehung der Unterschichten wollte Owen mit Hilfe praktischer Sozialreformen ein funktionierendes Teil-Paradies auf Erden möglich werden lassen.[3] Bei seinen Fabrikanten-Kollegen fand er jedoch genauso wenig Resonanz wie bei den jeweiligen Regierungen. Als erfolglose erste sozialistische Utopien scheiterten seine Experimente frühzeitig. Dasselbe Schicksal erlitt Étienne Cabet mit seinen Mustergemeinden in den USA. Sie waren idealistische Inseln im frühkapitalistischen Dschungel und scheiterten kläglich.

New Lanark, Weltkulturerbe in Schottland am River Clyde.

Der Industrialismus – die Voraussetzung des Konsumismus

Hatte der deutsche Dichter Heinrich Heine bereits 1849 proklamiert: *„Wir wollen hier auf Erden schon das Himmelreich errichten"*, so gab es in den folgenden einhundert Jahren keinesfalls die geforderten „Zuckererbsen für alle". Das Bürgertum als Träger des neuen diesseitigen Bewusstseins dachte nicht daran, die große Masse der unteren Klassen an den neuen materiellen Errungenschaften teilhaben zu lassen. Es ersetzte die christliche Inszenierung von Errettung und Verdammung durch die weltliche Verinnerlichung von Erfolg und Misserfolg. Die nun in nahezu allen Ländern der Alten und Neuen Welt auf breiter Basis sich durchsetzende Industrialisierung, die zugleich mit einer Eroberung und Erschließung nahezu des gesamten Globus einherging, schuf erstmals einen Reichtum an Nahrungsmitteln und Konsumgütern, der den Bedarf in den Herstellungsländern weit übertraf. Zusammen mit den wissenschaftlichen Entdeckungen in Chemie, Medizin und Technikwissenschaften verbesserte sich nicht nur das tägliche Leben der Menschen, sondern ihre Lebensvorstellungen, Zukunftserwartungen und Ideale bekamen eine durchaus reale materielle Grundlage. Während die Verteilung des Reichtums und der Lebenschancen sich weiter polarisierte, formierten sich in den Unterklassen eine Überzeugung und eine Bewegung, die ihrerseits die Verbesserungen im Diesseits nicht auf den Sankt-Nimmerleins-Tag verschieben wollte. Mit der sozialistischen Arbeiterbewegung entwickelte

linke Seite:
unten:
Eugène Delacroix
Die Freiheit führt das Volk,
1830
Öl auf Leinwand, 260 x 325 cm
Paris, Musée du Louvre.

sich ein aktiver Fortschrittsgedanke für einen immer größer werdenden Teil der Bevölkerung. Die Utopie einer gerechten Gesellschaft, in der jeder die gleiche Chance auf einen Platz an der Sonne haben sollte, hatte sich von der nostalgischen Sehnsucht nach dem „Goldenen Zeitalter" über die Projektion der Hoffnung auf ein „Neues Jerusalem" zum Programm der Revolution als beschleunigter historischer Aktion weiterentwickelt.[4] Für Karl Marx zeichnete sich im „Kommunistischen Manifest" die Entwicklung einer „Assoziation" ab, *„worin die freie Entwicklung eines jeden die Bedingung für die freie Entwicklung aller ist"*. Jedoch setzten Marx und Engels an die Stelle eines utopischen Phantasiebildes der zukünftigen Gesellschaft im „historischen Materialismus" die Vorstellung von der grundsätzlichen Planbarkeit einer sozialistischen Gesellschaft. Immer klarer wurde für große Teile der Bevölkerung, dass die industrielle Gesellschaft erstmals in der Lage sein könnte, die soziale, politische und auch bildungsmäßige Lage der Bevölkerung als Ganzes wesentlich zu heben, wenn nicht nach wie vor eine parasitäre Klasse von Besitzenden alle wirtschaftlichen Mittel und politischen Machthebel in Händen hätte. In der „Pariser Kommune" und in einer Reihe weiterer, nun auch bürgerliche Kreise erfassender gesellschaftlicher Experimente jener Zeit lag der erste Hauch einer idealen utopischen Gesellschaft der Gleichheit, der Gerechtigkeit und des Wohlstandes in der Luft. Selbst Oscar Wilde war 1891 der Überzeugung, dass *„eine Weltkarte, in der das Land Utopia nicht verzeichnet ist,* [...] *keinen Blick* [verdient]".[5]

In den Schützengräben des Ersten und auch des Zweiten Weltkriegs wurde eher aus der Not des Überlebens oder als Motivationsübung für den „Endsieg" der Anschein eines „Schützengraben-Sozialismus" geweckt. Im Gegensatz dazu versuchten in der ersten Hälfte des 20. Jahrhunderts die weltanschaulichen Systeme des Liberalismus, Sozialismus und Faschismus gleichsam als irdische Ersatzangebote für die christlichen Religionen, das menschliche Diesseits nach ihren Maximen der Glückseligkeit zu gestalten. Der Preis für diese kriegerischen und selbstzerstörerischen Ideologien war extrem hoch. Auch konnten sie sich nicht mehr hinter dem Mantel der Religionskriege verstecken, in denen von den Kreuzzügen bis zum Dreißigjährigen Krieg viele Millionen Menschen für ihren vermeintlich richtigen und gottgefälligen Glauben zu Tode gekommen waren. Dass gerade die ihren Mordfeldzug mit sozialdarwinistischen Rassen-Ideologien speisende Nazi-Diktatur absolut nichts mit einer utopischen Vision eines vermeintlich arischen Paradieses auf Erden zu tun hatte, machte der „Anti-Utopist" Adolf Hitler stets deutlich – trotz der Rhetorik vom „Tausendjährigen Reich" als vermeintlichem gemeinsamem Nenner einer „Konservativen Revolution". Die Vision eines „Arbeiter- und Bauernparadieses", das in Russland in der 1920er Jahren mit großem Elan und einem kreativen Potential an positiven Utopien begonnen worden war, erstickte hingegen an Bürokratie, Repression und der systematischen Unterdrückung utopischen Denkens. Es überraschte daher kaum, dass dieser Gesellschaftsentwurf, der nach der Oktoberrevolution 1918 über 70 Jahre fast die Hälfte des Globus beherrscht hatte, ohne direkten äußeren Einfluss in sich zusammenbrach, weil er nicht länger lebensfähig war. Ein Arbeiterparadies auf Erden wurde genauso wenig geschaffen wie der Ansatz für eine harmonische, den menschlichen Bedürfnissen endlich gerecht werdende Gesellschaft. Neben einer breiten Opferspur ließ dieser praktische Paradiesversuch am lebenden Objekt Millionen von enttäuschten, für eine bessere Welt gläubig alles opfernde Anhänger allein zurück.

Die Wieder-Verzauberung und Entgrenzung der Welt

Seit der zweiten Hälfte des 19. Jahrhunderts verloren die Kirchen zunehmend an Attraktivität. Die Bindung großer Teile der Bevölkerung an religiöse Interpretationssysteme von Himmel und Erde, Diesseits und Jenseits ging verloren. Industrialisierung, Verwissenschaftlichung, Aufklärung und soziale Bewegungen sorgten für eine fundamentale Umwälzung von Arbeit und Einkommen, Leben und Wohnen, Macht und Herrschaft sowie von Denken und Glauben. Weil die Menschen sich nicht mehr auf ein fernes, jenseits des täglichen Lebens befindliches Paradies vertrösten lassen wollten, begannen sie mit der Suche nach kleinen Teil-Paradiesen auf Erden und deren Herolden. Max Weber, führender Kulturdiagnostiker seiner Zeit, konstatierte daher 1919 eine „Entzauberung der Welt", die die Religion langsam zum Verschwinden bringen und die unaufhörlich und unumkehrbar voranschreiten und alle gesellschaftlichen Bereiche erfassen würde. Indem alle Vorgänge berechenbar würden, prognostizierte Weber, verlören übernatürliche Wege der Erkenntnisgewinnung und Heilserklärung ihren Sinn. Da jedoch eine hochtechnisierte und verwissenschaftlichte Gesellschaft diese letzten Fragen nach dem Sinn des Lebens, nach seinen Werten und Zielen aus sich selbst heraus kaum beantworten konnte, machte Weber sich auf die Suche nach neuen Göttern im Zeitalter der industriellen Gesellschaft, außerhalb der Raum-, Staats- oder Gesellschaftsutopien.[6] Er vermochte damals kaum vorherzusehen, dass die modernen Götter, die unsere Wiederverzauberung bewirken und *„Gewalt über unser Leben"* anstreben sollten, zunehmend aus der Mitte der kapitalistischen Marktgesellschaft – selbst in ihrer unpersönlichsten Gestalt – hervorkommen könnten.

Spottblatt: Der aus America und Schlaraffenland neu angekommene General von Fressdorf und Wansthausen
1651/1700
Kupferstich, aquarelliert
Nürnberg, Germanisches Nationalmuseum
Inv.-Nr. HB23007.

Mittlerweile schafft ein schier unüberschaubares Angebot von Konsumartikeln täglich neue Zauberwelten und Scheinwirklichkeiten. Erst mit der Durchsetzung der Konsumgesellschaften nach dem Zweiten Weltkrieg, die in den Industriestaaten mit einem Mehr an Freizeit und Wohlstand einherging, zeichnete sich eine neue, friedliche und für alle erreichbare materielle Lebensform am gesellschaftlichen Himmel ab. Mit Hilfe einer Überfülle von Konsumgütern jeglicher Art konnten nicht nur die stets wachsenden Bedürfnisse befriedigt, sondern auch ein unerschöpflicher Wunschhorizont geschaffen werden, der zumindest den Erwerb von Teil-Paradiesen auf Erden in Aussicht stellte. Seit der Einführung der Massenproduktion von Konsumgütern und der Entstehung breiter Mittelschichten, ist es der Waren produzierenden Industrie gelungen, zunehmend auch bei den unteren gesellschaftlichen Klassen das gesamte Spektrum großer Gefühle und unerfüllbarer Sehnsüchte sowohl wachzurufen wie auch immer wieder aufs Neue zu befriedigen. Indem diese von den Käufern eine tiefe rituelle Hingabe erfordert, hat sie die Dimension einer religiösen Welterfahrung angenommen. Um unsere – wie Zygmunt Bauman feststellt – kontingente und ephemere Seinsverfasstheit[7] zu Beginn des 21. Jahrhunderts aufzufangen und sie in einen sinnvollen Zusammenhang zu stellen, halten die Ersatzwelt der Waren in den Geschäften und der vom einzelnen Konsumenten vollzogene Kaufakt selbst eine Vielzahl von Antworten parat: zu Freud und Leid, Bedrohung und Glück, Bedeutung und Erfüllung unseres Lebens. Das individuelle Glück wird zum zentralen Wert der Moderne. Indem die Menschen erlebnisrational verschiedene Aspekte des äußeren Lebens verändern, wirken sie auf ihr Innenleben ein und führen so „ihr" Glück herbei. Dabei hat der Supermarkt des eigenen Situationsmanagements eine Vielzahl von Optionen parat: vom Erwerb von Autos, Kleidung, Multimediaprogrammen oder Urlaubsreisen über das Inszenieren eines neuen Kicks beim Extremsport oder beim bewusstseinsverändernden Befolgen einer neuen esoterischen Lifestyle-Lehre wie Feng-Shui, Wellness oder Reiki bis hin zum *Self-Fashioning* durch Eingriffe in die Morphologie des eigenen Körpers.

Neue Technologien ermöglichen auch die raum-zeitliche Aufhebung des menschlichen Körperseins. Sie versprechen nicht nur eine unbegrenzte Lebensführung mit einem immer weiter nach hinten hinausgeschobenen Verfallsdatum, sondern auch körperliche Unzulänglichkeiten, ästhetische Unattraktivitäten, Krankheit und selbst Tod zu überwinden.[8] Sie erlauben somit nicht nur eine individuelle Sinngebung, sondern ermöglichen für den Einzelnen auch paradiesähnlich empfundene oder paradies-adäquate Erlebnisse – zumindest gemäß der entsprechenden werblichen Vorankündigung und natürlich abhängig von der vorhandenen Kaufkraft. In der Optimierung des biologischen Wesens oder der Körperlichkeit wird selbst vor einer Veränderung der *conditio humana* nicht Halt gemacht. Nicht nur das Einpflanzen von „Ersatzteilen" in den alternden menschlichen Körper, sondern auch die Herstellung genoptimierter Menschen im Reagenzglas weiten die Machbarkeitsvorstellungen unabsehbar aus. Durch die Auflösung der Grenze zwischen Vergänglichem und Unvergänglichem sowie zwischen Eigenem und Fremdem werden lediglich Umrisse einer „schönen neuen Welt" sichtbar.

Anmerkungen

[1] Richard Saage, Politische Utopien der Neuzeit, Bochum 2000, S. 72 ff.

[2] Pascal Bruckner, Verdammt zum Glück. Der Fluch der Moderne, Berlin 2001, S. 37 ff.

[3] Werner Hofmann, Ideengeschichte der sozialen Bewegung des 19. und 20. Jahrhunderts, Berlin 1968, S. 34 f.

[4] Ernst Bloch, Das Prinzip Hoffnung, Frankfurt a. M. 1959, S. 36 ff.

[5] Saage 2000 (wie Anm. 1), S. 45.

[6] Max Weber, Wissenschaft als Beruf, in ders., Schriften zur Wissenschaftslehre, hrsg. von Michael Sukale, Stuttgart 1991, S. 237 ff.

[7] Zygmunt Bauman, Flaneure, Spieler und Touristen. Essays zu postmodernen Lebensformen, Hamburg 1997, S. 130.

[8] Evelyn Hanzig-Bätzing/Werner Bätzing, Entgrenzte Welten. Die Verdrängung des Menschen, Zürich 2005, S. 292 ff.

Geschlossene Gesellschaften – Sozialutopien von Thomas Morus bis Walt Disney

Eva Determann

Nur geträumt?! – Morus und die Folgen

Der Traum von einer besseren Welt auf Erden mag so alt sein wie die Menschheit, seit dem 16. Jahrhundert besitzt dieser Traum einen Namen – Utopia. Der britische Kanzler und spätere katholische Heilige Thomas Morus begründete mit seinem 1516 verfassten Roman „De optimo rei publicae statu, deque nova insula Utopia" („Vom besten Zustand des Staates oder von der Insel Utopia") mehr als eine neue Literaturgattung, er beschrieb die Möglichkeit der gesellschaftlichen Veränderung im Diesseits. Sein Reisebericht handelt von einer gerecht aufgebauten Gesellschaft auf einer fernen Insel namens Utopia.[1] Damit erweckte Morus den Eindruck, dass diese Möglichkeit zwar in weiter Ferne, jedoch in einer prinzipiell für den Menschen erreichbaren Zukunft läge. *„Das Ferne ist gleichsam das fiktionale Signal, dass Utopia noch nicht von dieser Welt ist, doch indem ihre politische und soziale Verfassung als Optimum vorgestellt, das Optimum zugleich als das Vernunftgemäße gedacht wird, ist sie zugleich ein mächtiger Appell, der Vernunft zu ihrem Recht in der Geschichte zu verhelfen."*[2] Wie sein Vorbild Platon begründete Morus – und die ihm nachfolgenden Utopisten[3] – diese Gerechtigkeit mit der Abschaffung des Privateigentums und der Aufhebung der Ehe.

Morus' Anliegen war es weniger Utopia zu verwirklichen, ihm diente der Entwurf als Kritik und Gegenbild zu den im England seiner Zeit herrschenden Missständen.[4] Die neue Gesellschaft blieb ein literarisches Planspiel und begrenzt auf die Ausmaße der Insel. Damit wurden zwei grundlegende Regeln für Utopien gesetzt: Die Utopie braucht wie ein naturwissenschaftliches Experiment *„die totale Abgrenzung, weil sie eine in sich geschlossene stimmige Ordnung errichtet, die kein unberechenbarer Einfluss von außen stören darf"*[5]. Damit findet die Utopie, entgegen dem Anspruch des Allgemeingültigen, nur bei einer begrenzten Gruppe in einem begrenzten Rahmen Anwendung. In Morus' Utopie ist auf der Grundlage der totalen Berechenbarkeit von Mensch und Natur *„alles bis ins kleinste geregelt"*[6]. Zufall und Willkür scheinen abgeschafft: *„Die Unfreiheit der utopischen Staaten entspreche ihrem Kollektivismus: für alle werde das Gleiche ersonnen, alle sollen nach demselben Prinzip leben und sich fortpflanzen."*[7]

Goldene Nachttöpfe – Vom großen Entwurf hin zu den Tücken des Alltags

Dadurch entsteht besonders aus heutiger Sicht der Eindruck, dass der Alltag auf Utopia trotz fortschrittlicher Vorstellungen (Gemeineigentum statt Ständegesellschaft, rationaler Purismus statt klerikalem Luxus) eher an ein Kloster oder ein hierarchisch geführtes Lager erinnert. Die Totalität der Ausführungen illustriert nicht nur den Zwangscharakter des Systems, sondern mitunter auch einige widersprüchliche Absurditäten. Morus mühte sich, die Nichtigkeit materieller Werte am Umgang der Utopier mit Edelmetallen zu veranschaulichen. Gold sei für das Gemeinwesen von so geringem Wert, dass lediglich Kinderspielzeug oder Nachttöpfe aus Gold gefertigt seien. Ansonsten bediene sich die Staatskasse des Metallvorrats, um im Fall eines feindlichen Angriffs auf die Insel Söldnerheere zu bezahlen und so die eigene Bevölkerung zu schonen. Diese eher als Karikatur auf die Gold- und Geldgier seiner Zeit (und als pazifistischer Appell) zu interpretierende Schilderung illustriert wiederum die (geografisch bzw. anders begründete) Abgeschlossenheit des Gesellschaftsmodells.

In der Folge der utopischen Entwürfe des 16. Jahrhunderts entstand später eine Vielzahl von Schriften oft wenig bekannter Autoren, die die Grenzen des Machbaren je nach Ausrichtung über den Ort, die Zeit oder den technischen Fortschritt definierten. Einhergehend mit der politischen Entwicklung Europas und Nordamerikas blieb es nicht nur bei akademischen Entwürfen utopischer Gesellschaften. Besonders auf dem neuen Kontinent wurden auch konkrete Schritte unternommen, um diese umzusetzen bzw. ihre Umsetzbarkeit wissenschaftlich nachzuweisen.[8] So oft und gerne auch die Möglichkeiten einer grundlegenden Gesellschaftsveränderung in Abrede gestellt wurden, „Utopia" hat seine Faszination und seine Zeitlosigkeit nicht eingebüßt – eher im Gegenteil. Selbst diejenigen, die weder den Namen des Gelehrten Morus noch dessen Roman kennen, besitzen eine irgendwie geartete Vorstellung von „Utopia", welche jedoch durch die Jahrhunderte einen ständigen Bedeutungswandel erfuhr.[9]
Ähnlich heterogen wie die Geschichte der literarischen Utopie-Produktionen ist die der Umsetzungen utopischer Lebensentwürfe.[10] Sie lieferten ein buntes Bild (mit meist traurigem Ausgang), basierten häufig auf viel Idealismus und privaten Ressourcen und endeten nicht selten nach einiger Zeit in Psychoterror und Armut. Aus zahllosen Modellprojekten sollen folgende Beispiele für utopische Gemeinschaften vorgestellt werden: ein Siedlungsprojekt der utopischen Sozialisten des 19. Jahrhunderts, die Oktoberrevolution als Massenutopie im frühen 20. Jahrhundert und die geschlossene Wohnanlage „Celebration" in Florida als „Privatopia" des 21. Jahrhunderts.

Thomas Morus
„Ordentliche und Außführliche Beschreibung Der uberaus herrlichen und gantz wunderbarlichen doch wenigen bißhero bekandten insul Utopia.",
Titelblatt der Leipziger Ausgabe, 1612.

„Nashoba" – vier Jahre gegen Ehe, Kapitalismus und Sklaverei

Nach dem Vorbild der bekanntesten sozialistischen Kommune ihrer Zeit, „New Harmony" (1825 – 1830) gründete die Schriftstellerin Frances (Fanny) Wright 1826 die kleinere (und politisch radikalere) Gemeinschaftssiedlung „Nashoba". Fanny und ihre jüngere Schwester Camilla Wright hatten sich 1818 selbstständig auf eine Reise durch Nordamerika begeben. Fasziniert von den Möglichkeiten des neuen Kontinents verkehrten sie vor allem in politischen Kreisen, von denen sie sich bald – angewidert vom Slavenhaltersystem – abwandten. Nach einem Aufenthalt auf „New Harmony" beschloss Fanny ihre eigene Utopie zu verwirklichen und ein Modellprojekt für die Abschaffung der Sklaverei zu initiieren.[11] In Memphis kaufte sie – in einer Wildnis voller Moskitos – 2000 Acre Land, um zusammen mit Sklaven aus der Umgebung Baumwolle zu pflanzen. Das Projekt erhielt den indianischen Namen für den angrenzenden Wolfs-Fluss „Nashoba". Die Wright-Schwestern wollten auf „Nashoba" zusammen mit zehn anderen Weißen und 30 Sklaven die Voraussetzungen für ein gleichberechtigtes Zusammenleben von Männern und Frauen, Schwarzen und Weißen, Freien und Sklaven schaffen. In der sozialen und ökonomischen Gemeinschaft sollten die Schwarzen innerhalb von fünf Jahren auf ein Leben in Freiheit vorbereitet werden. Vehement kritisierte Wright die Zwänge der bürgerlichen Gesellschaft und ihrer Institutionen, besonders die Kirche und die Ehe. Sie forderte ein kostenloses Recht auf Bildung, propagierte die freie Liebe und entwarf Kleider für emanzipierte Frauen. In der Realität war man auf „Nashoba" von der Gleichberechtigung noch ziemlich weit entfernt. Eine Gruppe weißer Treuhänder hatte die Wirtschaftsführung übernommen. Vor allem machten die klimatischen Bedingungen, die Moskitos und die Probleme der Landurbarmachung allen schwer zu schaffen. Die Veröffentlichung eines Tagebuchs über Prügelstrafen in der Kommune und die Existenz außerehelicher gemischter Beziehungen zwischen Weißen und Schwarzen brachte die Öffentlichkeit zusätzlich gegen das Projekt auf.[12] Nach ihrer Rückkehr Ende 1827 fand Frances, die zwischenzeitlich nach Europa gereist war, um ihre Malariaerkrankung auszukurieren, die Kommune verlassen und verwahrlost vor. Die Mehrheit der weißen Siedler hatte sich dem Projekt abgewandt. Nur die Sklaven waren geblieben – gezwungenermaßen. Wright verließ erneut die Kommune. 1829 kehrte sie zusammen mit Robert Dale Owen, dem Sohn des Gründers von „New Harmony", zurück zu den Überresten von „Nashoba". Sie ermöglichten den verbliebenen Sklaven (13 Erwachsene, 18 Kinder) die Überfahrt auf die Insel Haiti, wo diese ein Leben in Freiheit beginnen konnten.

In der Geschichte der Vereinigten Staaten finden sich im 19. Jahrhundert, gegründet von europäischen Siedlern, verschiedenste Formen von Gemeinschaftssiedlungen auf religiöser oder weltanschaulicher/sozio-ökonomischer Basis. Während sich die christlichen Siedlungsgemeinschaften (Shaker, Hutterer) auf das Vorbild der Urchristengemeinde in Jerusalem beriefen, wollten die weltanschaulich begründeten Gemeinschaften nichts weniger als eine zur weltweiten Nachahmung ausgerufene Gesellschaftsveränderung. Die auf religiösen Grundsätzen aufbauenden Gemeinschaften erwiesen sich in der harten Realität oftmals als autoritätshöriger und anpassungsfähiger als ihre weltanschaulichen Gegenentwürfe. Diese scheiterten nicht selten aus profanen Gründen wie den mangelnden landwirtschaftlichen Fähigkeiten der Bewohner, fehlendem Kapital oder Streitigkeiten untereinander. Da bei den religiösen Gemeinschaften die freie Religionsausübung im Vordergrund stand und der Kommunismus vorrangig aus wirtschaftlichen Gründen eingeführt wurde – und genauso auch wieder aufgegeben werden konnte – hielten Owen und die sozialistischen Siedler *„aus ideologischen Gründen selbst dann noch an ihrem System fest, wenn dessen Fehlschlag bereits offenkundig war."*[13]

Kommunegründerin Frances Wright (1795–1852). Zeichnung von Amos Gilbert.

Utopien aus der Krise – Scheitern inklusive?

Während die Siedlungsexperimente in Amerika wenig Auswirkungen auf das politische Leben in Europa hatten, vollzog sich Anfang des 20. Jahrhunderts in der Sowjetunion, ausgehend von den Theorien von Marx, Engels und Lenin ein gesellschaftsveränderndes Projekt nie dagewesenen Ausmaßes. Die Oktoberrevolution versprach eine umfassende Neugestaltung des Wirtschafts- und Gesellschaftssystems und die Umsetzung eines Massentraums – Gleichheit und Gerechtigkeit. Ausdrucksformen gesellschaftlicher Prozesse sollten zur Förderung kollektivistischen Verhaltens eingesetzt werden. Architektur, Wohnen, Kunst und Produktion wurden zu Feldern der Auseinandersetzung zwischen Staat und Individuum und gleichzeitig zu Propagandainstrumenten der neuen Politik. Auch in der Sowjetunion gab es eine neue Form von Gemeinschaftssiedlungen (Kommunen, Kolchosen), welche jedoch weniger auf freiwilligen Zusammenschlüssen basierten, sondern den (enteigneten) Bewohnern älterer Siedlungen von der Partei-Führung auferlegt wurden. Die Diskrepanz zwischen Anspruch und sowjetischer Realität trat im Laufe der Zeit immer deutlicher zu Tage. Der revolutionäre Glanz des Gesellschaftsexperiments Sowjetunion verblasste angesichts des ökonomischen Drucks und der rücksichtslosen Machterhaltungspolitik der Bolschewiken. Die utopisch-revolutionäre Vorstellung einer auf Gleichheit basierenden Gesellschaft wurde spätestens unter Stalin durch staatliche Mythen, großrussischen Nationalismus und Zwangssysteme ersetzt.[14] Was blieb, war die Sehnsucht nach einer Massenutopie. Auch wenn eindeutige politische Zuschreibungen von Utopien als Massenphänomenen in den Hintergrund rückten, Sozialutopien haben entgegen der Lesart von Marx und Engels weiterhin Bestand. Für das ausgehende 20. Jahrhundert stellt sich bei der Utopiesuche allerdings neben einer gewissen Beliebigkeit auch Resignation ein: *„Utopische Phantasien stehen heute unter Quarantäne, eingesperrt in Themenparks und Touristenreservate, wie ökologisch bedrohte, aber dennoch gefährliche Zootiere.* [...] *Es gibt nur noch kommerzielle Wagnisse, sonst gar nichts"*, lautet die deprimierende Aussicht der Kulturkritikerin Susan Buck-Morss.[15]

Vera Korableva
„Komm zu uns in die Kolchose, Genosse!"
Plakat 1930.

Gelebter Traum – Disneys Vision einer zukünftigen Gesellschaft

Wenn Utopien nur noch als Versionen eines Themenparks existieren, wie funktioniert denn der Themenpark als Utopie? Der Gründungsvater des Mickey-Maus Imperiums Walt Disney beschäftigte sich Zeit seines Lebens ausführlich mit Fragen der Gesellschaftsveränderung und des Städtebaus. Hier entwickelte er weitreichende Vorstellungen: konservative Utopien. Nach der ihm zugeschriebenen Lebensweisheit *„Was du träumen kannst, kannst du auch verwirklichen"*[16] begann Disney in den 1960er Jahren zusammen mit einem Team von Designern und Architekten eine Modell-Stadt zu entwerfen. Zukunftsweisend benannte er das Projekt „EPCOT" *(Experimental Prototype Community of Tomorrow)*. Dort sollten nach dem Vorbild einer permanenten Weltausstellung 20 000 ausgewählte Bewohner und Bewohnerinnen in supermoderner Architektur mit neuester Technologie und Transporttechnik die Zukunft vorleben.[17] Die Verwaltung seiner Modellstadt unterstand dem Konzern, welcher befugt sein sollte auch das Sozialverhalten seiner Bewohner zu kontrollieren und Verstöße wie Trunkenheit, Arbeitslosigkeit und außereheliche Beziehungen zu sanktionieren.[18] Ab 1963 erwarb der Disney-Konzern, teilweise anonym, im Binnenland von Florida große Flächen zusammenhängenden Baulands – und dazu das Recht der kommunalen Selbstverwaltung. Bislang war dort vorwiegend die Rüstungsindustrie angesiedelt, nun kamen der Tourismus- und Dienstleistungssektor hinzu. In Orlando wurden abschnittsweise größere Themenparks („Disney World") mit angrenzenden Wohn- und Hotelanlagen für Gäste und Personal errichtet. Heute sind dort durch die Investitionen des Konzerns 100 000 Arbeitsplätze entstanden. Die Region ist mit jährlich 43 Millionen Besuchern ein Zentrum der Tourismusindustrie. Disneys Zukunftspläne hinsichtlich einer Umstrukturierung des Gemeinwesens waren seinen Nachfolgern allerdings zu weitreichend. Nach Disneys Tod 1966 wurde „EPCOT" lediglich als Themenpark gebaut.

„Celebration" heißt das von einer Tochterfirma des Konzerns stark modifizierte Modellstadtprojekt für 20 000 Bewohner südlich von „Disney World". „Celebration" ist auf den ersten Blick weniger Vision als ein Immobilienprojekt. Äußerlich erinnert die Siedlung mit ihren halbkreisförmigen Straßen, Fußgängerwegen und weißen Verandavorbauten eher an eine amerikanische Kleinstadt des 19. Jahrhunderts als an moderne Architektur und Stadt der Zukunft. Das Konzept „Celebration" entstand vor dem Hintergrund der Defizite des amerikanischen Vorortlebens. In den USA lebt inzwischen die Mehrheit der Bevölkerung, vor allem die Angehörigen der weißen Mittelschicht – sozial und ethnisch homogen – in automobilorientierten Vororten, bestehend aus Einfamilienhäusern, Highways, Büroparks und Einkaufszentren. Dichte Bebauung, kleine Läden, Fußgänger und Radfahrer sucht man dort vergebens. Die Bewohner der Vorstädte schätzen einerseits das Gefühl unter sich zu sein, andererseits vermissen sie auch die schöne, urbane Atmosphäre „wie im Italienurlaub" – ohne natürlich dessen Risiken miteinzukaufen. „Celebration" liefert das Rundum-Angebot des Unterhaltungskonzerns auf diese Bedürfnisse.

Der Wunsch nach Sicherheit und Exklusivität bringt allerdings eine starke Kontrolle der Zielgruppenbewohner mit sich. Allein im Hinblick auf die Wohnformen sind die gesetzten Vorgaben

Utopia als Themenpark: Statue von Walt Disney und Mickey Maus in „Disneyland Resort Paris", April 2005.

überaus weitreichend: Mindestgröße und -ausstattung von Grundstück und Wohngebäuden sichern die Siedlung vor dem Zuzug einkommensschwächerer Schichten ab.[19] Auch bei der ästhetischen Gestaltung ihrer Häuser werden die Bewohner angeleitet: Sie dürfen im Baukastenprinzip aus sieben verschiedenen Designs „Victorian, Classical, Colonial, Revival, Mediterranean, French, Coastal" wählen. Zudem versucht der Konzern, potentielle Konflikte vertraglich auszuschließen. Verstöße gegen die Vorgaben wie geschmacklose Türfarben, laute Musik und Autowracks im Vorgarten gelten als Indizien der Verslumung und werden mit Geldbußen bis hin zu Auszugsandrohungen geahndet. Mindestanwesenheitszeiten im Jahr sollen einen überproportionalen Zuzug von wohlhabenden Rentnern verhindern. Im Inneren sind die nostalgisch ausschauenden Wohnbauten mit allen Bequemlichkeiten moderner Technologie und Kommunikation ausgestattet. Reale und virtuelle Maßnahmen der Kontrolle (Videokameras, Vernetzung aller Haushalte mit Datenkontrolle) stützen das subjektive Sicherheitsempfinden der Bewohner, ohne die Martialität eines Überwachungsstaats entstehen zu lassen.[20] Der Blick bleibt rückwärts gerichtet: Die Holzveranda vor jedem der Häuser soll *„wie früher"* als sozialer Kommunikationspunkt dienen. So werden Erinnerungen an die *„gute, alte Zeit"* und an eine heile Welt bedient, *„die die meisten Amerikaner zwar nie erlebt haben, aber nach der sie sich doch so sehr sehnen."*[21] Dass auch die kommunale Verwaltung annähernd zu 100 % von Konzernmanagern gestellt wird, ist laut Aussage der Betreibergesellschaft eine von allen akzeptierte logische Konsequenz des Systems: *„Die Leute sind glücklich, wenn jemand anderes für sie die Show zum Laufen bringt.* [...] *Sie kommen so gern in Disneys Reich, weil hier autoritäre Standards gesetzt sind, denen sie folgen können."*[22]

Privatopia – für immer geschlossen

Neben allen Unterschieden zwischen „EPCOT" und „Celebration" stehen beide Entwürfe für die Interpretation einer konservativen Utopie: ein nach den ideologischen Vorgaben eines Konzerns strukturiertes Gemeinwesen. Auch wenn sich das Modellprojekt „Celebration" weltweit nicht in dem erwarteten Maß durchgesetzt hat, ist folgender Trend unübersehbar: Mit sich verschärfender sozialer Fragmentierung der Bevölkerung entsteht ein erhöhtes Bedürfnis nach Sicherheit und Kontrolle durch

Zurück in die Zukunft: Siedlungsprojekt „Celebration" in Florida. Februar 2006.

die Errichtung privater, abgeschlossener Räume.[23] Sichtbare Maßnahmen reichen von Warnschildern, Überwachungskameras, patrouillierenden Sicherheitsdiensten bis hin zu *Gated Communities* (geschlossenen Wohnanlagen) mit Pförtnern oder als dezentere Variante mit Golfplätzen und Grünanlagen als „Abstandhaltern".[24] Die Tendenz, die Außenwelt vornehmlich als bedrohlich und unabänderbar wahrzunehmen, führt zu einem Rückzug in das Private und den damit beworbenen Werten von Heimat und Familie. Aus Utopia wird *„Privatopia"*.[25] Hier finden sich zumindest auf symbolischer Ebene Ruhe und Abgeschlossenheit.

Alle beschriebenen Gesellschaftsmodelle konnten (und wollten) aufgrund ihrer Totalität die Konstruktion der Abgrenzung nicht überwinden. Jedoch orientiert sich das zuletzt vorgestellte Konzept primär an der Finanzstärke der Akteure. Die Erkenntnis, dass die Einführung privater Sicherheitszonen keine Lösung für beide Seiten der Umzäunung darstellt, weil grundlegende Konflikte erhalten bleiben, hat weiterhin Bestand oder wie es T. C. Boyle in „América" formuliert: *„...ja, vielleicht sperrst du die damit aus, aber sieh genau hin, was du zugleich damit einsperrst."*[26]

Anmerkungen

[1] Morus hat die Begriffszusammensetzung *„ou-topos"* (= kein Land) erfunden und als Erster benutzt. Vgl. Glaser 1996, S. 31.

[2] Gnüg 1999, S. 9.

[3] Tommaso Campanella, Civitas Solis (Der Sonnenstaat) 1623; Francis Bacon, Nova Atlantis (Neu-Atlantis) 1638.

[4] Ein weiteres Anzeichen, dass Morus nicht vorhatte seine „beste aller Verfassungen" zu realisieren, ist die Konstruktion eines fiktiven Disputs zwischen Thomas Morus und dem Weltreisenden „Raphael Hythlodeus" (Raphael der Schwätzer).

[5] Glaser 1996, S. 12.

[6] Ebd., S. 10.

[7] Ebd., S. 11.

[8] So die Siedlungsprojekte von Robert Owen, Phalangen (1842 – 1858) von Charles Fourier und die Ikarier-Siedlungen (1848 – 1898) nach Étienne Cabet.

[9] In dem Songtext „Utopia" von Alanis Morisette (2002) wird „Utopia" synonym mit „Nirwana" verwendet und auf individuelle, diffuse Vorstellungen einer anderen Welt reduziert: *"We'd open our arms, we'd all jump in, we'd all coast down into safety nets* [...]. *This is utopia, this is my utopia, this is my ideal, my end in sight* [...]".

[10] Jedoch lässt sich der direkte Zusammenhang zwischen utopischen Schilderungen und Umsetzungsversuchen nur in den seltensten Fällen nachweisen. Vgl. Schempp 1969, S. 8.

[11] Nach der Satzung von „New Harmony" wurden dort Schwarze als Arbeiter aufgenommen, konnten aber keine vollwertigen Mitglieder werden. Vgl. ebd., S. 92.

[12] Aufzeichnungen von James Richardson veröffentlicht in der Zeitung „The Genius of Universal Emancipation" am 28. Juli 1827.

[13] Schempp 1969, S. 113.

[14] „Das Sowjetparadies" lautete der Titel einer NS-Propaganda-Schau im Berliner Tiergarten 1942. Der utopische Gehalt des Nationalsozialismus ist mangels eines allgemeinen nationalsozialistischen Gesellschaftsmodells schwer nachzuvollziehen. Visionen reichen von Rosenbergs bereinigter Schollenromantik bis hin zu Goebbels Technik- und

Fortschrittsszenarien. Nach der Allianz der NS-Bewegung mit den führenden Wirtschaftseliten des Landes und der Vereinnahmung großer Teile der Bevölkerung erschöpfte sich der „utopische" Anspruch des Systems allenfalls in verbalradikalen Phrasen, die Realität stellte jedoch Parallelen zu den furchtbarsten Dystopien dar.

[15] Susan Buck-Morss, Übersetzung aus dem Englischen, zit. nach Paetzold 1997, S. 113.

[16] Übersetzung aus dem Englischen nach Roost 2000, S. 72.

[17] Ebd., S. 77.

[18] Vgl. Mannheim 2004, S. 113.

[19] Niedriglohnarbeiter aus den nahegelegenen Vergnügungsparks können sich die 25 % über den ortsüblichen Niveau liegenden Immobilienpreise von „Celebration" schwer leisten.

[20] Eine direkte Antwort auf das Leben in einer von einem Konzern entworfenen utopischen Musterstadt wird in der Zeichentrickserie „Die Simpsons" in der Folge „You only move twice" (1996) gegeben. Die Familienmitglieder leiden unter der verordneten Gleichförmigkeit und Harmonie in „Cypress Creek" und ziehen wieder aus.

[21] Wood 1998.

[22] Aussage von Robert Stern, Aufsichtsratmitglied im Disney-Konzern und Planer von „Celebration", zitiert nach Roost 2000, S. 91.

[23] Die Zunahme von „Gated Communities" sollte nicht auf den Sicherheitsaspekt reduziert und andere Faktoren wie private Serviceleistungen vernachlässigt werden. Vgl. Glaze 2006, S. 2. Disneys Wohnsiedlung „Celebration" ist öffentlich zugänglich und somit keine „Gated Community" im strengen Sinn. Vgl. Engelage 2006, S. 32 ff.

[24] Roost 2000, S. 23.

[25] Die Begriffsbildung stammt von Evan McKenzie und beschreibt die Übernahme öffentlicher Räume durch private Interessensverbände.

[26] Boyle 1996, S. 251.

Literatur

T. Corghessan Boyle, América, München 1996

Bettina Engelage, Celebration. Eine Betrachtung der selbsternannten Prototypstadt des kommenden Jahrhunderts unter architektursoziologischen Aspekten, Magisterarbeit Universität Bremen 2006

Horst Albert Glaser, Utopische Inseln. Beiträge zu ihrer Geschichte und Theorie, Frankfurt a. M. 1996

George Glaze / Chris Webster / Klaus Frantz (Hrsg.), Private Cities. Global and Local Perspectives, New York 2006

Hiltraud Gnüg, Utopie und utopischer Roman, Stuttgart 1999

Steve Mannheim, Walt Disney and the Quest for Community, Aldershot 2004

Heinz Paetzold (Hrsg.), City Life. Essays on Urban Culture, Maastricht 1997

Frank Roost, Die Disneyfizierung der Städte. Großprojekte der Entertainmentindustrie am Beispiel des New Yorker Times Square und der Siedlung Celebration in Florida, Opladen 2000

Hermann Schempp, Gemeinschaftssiedlungen auf religiöser und weltanschaulicher Grundlage, Tübingen 1969

Andy Wood, Spaghetti Dinners an Fireflies in a Jar: Commodified Nostalgia in Disney´s Celebration, 1998 unter http://www.sjsu.edu/faculty/wooda/essaycelebration.html

Monte Verità – das Paradies auf dem Berge

Renate Niemann

Äußerlich eher Hügel als Berg, erhebt sich über Ascona der Monte Verità. Hier, in der paradiesischen Landschaft des Schweizer Tessin, fand in den ersten Jahrzehnten des 20. Jahrhunderts eine Gruppe von Weltflüchtlingen ihren ideellen Tummelplatz. Sie suchten nach Wahrheit, Spiritualität und Ursprünglichkeit, ihr Ziel war die Befreiung von bürgerlichen Tabus und zivilisatorischen Missständen, weitab der industriellen Moderne, die begonnen hatte, den Alltag der Menschen zu durchdringen.
Inspiriert von Jean-Jacques Rousseau wollte man „zurück zur Natur" und gleichzeitig auch zurück in ein Paradies vor dem Sündenfall des Kapitalismus, in eine Idylle brüderlichen Gemeinsinns und der Einfachheit und Geborgenheit. Der Weg zum hohen Ziel führte über die Wiedererfindung des „einfachen Lebens", mit den äußeren Mitteln des Vegetarismus, des Nudismus und der freien Liebe sowie spirituellen Werten aus der Theosophie.

Auf der Suche nach einer besseren Welt

Im Sommer 1899 lernten sich in einer österreichischen Naturheilanstalt zwei junge Leute kennen: Henri Oedenkoven, Sohn eines Antwerpener Großindustriellen, und die Musiklehrerin Ida Hofmann. Der Enge des bürgerlichen Lebens überdrüssig, träumten beide von der Schaffung einer besseren Welt, die Egoismus, Luxus und den heuchlerischen Schein über Bord warf und nach wichtigeren und wahren Werten lebte. Ihre Grundidee war eine Art idealisierter Urkommunismus, der auf einer demonstrativen Abkehr von den etablierten Werten der bürgerlichen Welt basierte.
Da vier Hände zur Verwirklichung der Pläne nicht ausreichten, suchte man Gleichgesinnte. Ein Jahr später kamen in München sechs wohlsituierte junge Leute zusammen, freiheitshungrig und bestrebt, mit der bestehenden Gesellschaftsordnung zu brechen. Und alle waren bereit, ihr bewegliches Vermögen in die Realisierung eines konkreten Planes einzubringen: Die Gründung einer alternativen Siedlung in schöner, südlicher Landschaft, in der ihre Ideale gesät und zum Wachsen gebracht werden sollten.
Gemeinsam begab man sich auf eine große Wanderung, um einen geeigneten Ort für das Projekt zu finden. Man ging barfüßig, die Damen der Bequemlichkeit halber ohne Korsetts, was ein ziemlicher Skandal war. Die Herren ließen ihr Haupt- und Barthaar wachsen und wallen, wie es der Natur gefiel, und so wiesen nicht nur ihre Ideen gewisse Parallelen zur späteren Hippie-Bewegung auf.
Nach Besichtigung mehrerer Örtlichkeiten entschied man sich schließlich für den Ankauf eines kärglichen Hügels oberhalb von Ascona, Monte Monescia geheißen, dessen unberührte Idylle den naiv-romantischen Vorstellungen entsprach.

Der Aufbau

Vorerst bestand das zukünftige Paradies aus dreieinhalb Hektar Wildnis. Beseelt von einem ebenso tatkräftigen wie unerschütterlichen Idealismus machten sich die jungen Leute an die harte Arbeit. Das nahe Örtchen Ascona zählte damals weniger als 1000 Einwohner, die das bunte Treiben auf dem Hügel mit einer Mischung aus Misstrauen und Neugier beäugten. Besonderen Anstoß erregten die schamlosen Nacktheiten, die man zu Gesicht bekam, sowie das ungeregelte Zusammenleben der Geschlechter. Priesterlicher Segen und staatliche Zeremonien galten den Idealisten als hohler Ballast der bürgerlichen Gesellschaft.

Henri Oedenkoven, damals 26 Jahre alt, lebte mit der elf Jahre älteren Ida Hofmann in „freier Ehegemeinschaft", was Verwandte und Bekannte in der Heimat ebenso entsetzte wie die biederen Tessiner. Die beiden vertraten reformatorische Theorien über gesunde Ernährung und eine naturgemäße Lebensweise, über Freikörperkultur, Frauenemanzipation, Eherecht, Kleidungsreform und Kriegsdienstverweigerung.

Bald kam es zu Reibereien zwischen den Gründungsmitgliedern. Die Ziele waren doch recht unterschiedlich. Der junge Gustav Gräser, radikal in seinen Ansichten und von egozentrisch-enervierendem Charakter, wurde nachdrücklich vom Hügel verbannt. Das gegenseitige Vertrauen erlosch. Auch Gustavs Bruder Karl vertrat sehr unverträgliche Standpunkte: Als Befürworter kommunistischen Allgemeinbesitzes war für ihn jede Art von Eigentum überflüssig. Den Weg zur Erlösung suchte er über eine völlige Bedürfnislosigkeit durch die Ablehnung aller Errungenschaften der Kultur und Technik zu finden. Ferner forderte er dazu auf, sich des Geldes zu entäußern.

Mit diesen Ansichten stand er in fundamentalem Gegensatz zu Oedenkoven, für den „zurück zur Natur" keineswegs Primitivität bedeutete. Er wollte sich vom Zwang bürgerlicher Tabus und Äußerlichkeiten lösen, aber gleichzeitig den Fortschritt nutzen, um den Menschen das Leben leichter und angenehmer zu machen. Und Privatbesitz konnte er selbstverständlich nicht verneinen: Immerhin waren er und Ida finanziell die Hauptbeteiligten an dem Projekt. Nach heftigen Auseinandersetzungen ließ Karl Gräser sich seine Einlagen auszahlen und zog von dannen. Etwas unterhalb der Oedenkovenschen Siedlung erwarb er ein eigenes Grundstück, wo er mit seiner Lebensgefährtin eine Art radikalen Ableger der ursprünglichen Unternehmung bildete.

Die Ernüchterung hatte viele Facetten: Entgegen der Absicht, alles mit eigenen Händen zu tun, musste die Gemeinschaft im Frühjahr 1901 Hilfskräfte einstellen. Die anfallenden Arbeiten waren nicht ohne fremde Hilfe durchzuführen. Erste Wohnhütten entstanden, Bepflanzungen wurden angelegt. Das kostete Geld und schnell wurde deutlich, dass sich das Projekt nicht vom Idealismus alleine trug. Zum Glück entstammten die kulturmüden Bergbewohner alle wohlbetuchten Familien und besonders Mutter Oedenkoven ließ sich mehr als einmal zur finanziellen Unterstützung des Projektes bewegen.
Im Sommer 1901 herrschte auf dem Berg ein reges geselliges Leben. Allerlei neugieriges Volk strömte herbei, Freunde und Bekannte, daneben Sonderlinge, Spiritisten und Personen mit göttlichen Eingebungen, die nach neuen Wirkungsorten suchten, aber auch ernsthaft an der Reformationsbewegung interessierte Menschen. Alles wurde neugierig bestaunt, und für ein bescheidenes Mahl und ein Nachtlager stellten viele der Besucher vorübergehend ihre Arbeitskraft zur Verfügung. Der entlegene Hügel, dessen paradiesische Ruhe einstmals nur hin und wieder von ein paar Ziegen gestört wurde, wurde schnell zu einem Sammelbecken für politische und unpolitische Anarchisten, Revolutionäre, Wissenschaftler, Künstler und solche, die es sein wollten.

Die Gemeinschaft auf dem Berg steckte sich konkrete Ziele: Alles Lebensnotwendige sollte von den Mitgliedern der Gemeinschaft selbst hervorgebracht werden. Kinder sollten von der Allgemeinheit ernährt werden, bis sie selbstständig waren. Jeder Mitarbeiter sollte Wohnung, Kleidung, Nahrung und einen Gewinnanteil bekommen. Viel Wert wurde auf Licht- und Luftbäder gelegt, die Arbeit im Freien ging überwiegend nackt vonstatten.
Oedenkoven arbeitete auf die Schaffung einer Naturheilanstalt hin, mit deren Erträgen der Betrieb aufrecht erhalten werden sollte. Im Frühjahr 1902 wurde ein erster Prospekt über die Siedlung zusammengestellt, der eine Naturheilanstalt auf freigenossenschaftlicher Grundlage ankündigte und beachtliche Aufmerksamkeit auf sich zog. Bei dieser Gelegenheit erhielt das Besitztum den stolzen Namen „Monte Verità". Wasser- und Elektrizitätsanlagen wurden geplant und tatsächlich waren die Siedler auf dem Monte Verità die ersten in Ascona, die elektrisches Licht legen ließen.

Ascona, Ansichtskarte 1908.

Immer öfter trafen Besucher auf dem Hügel ein, neben einer großen Zahl an simplen Sensationslüsternen vor allem ein buntes Völkchen von Künstlern, Weltverbesserern und Exzentrikern jeder Couleur. Eine wichtige Figur in der Umgebung des Monte Verità war Erich Mühsam (1878–1934), politischer Aktivist, Schriftsteller und Anarchist, der 1904 erstmals nach Ascona kam. Ein Jahr später beschrieb er enttäuscht und mit beißendem Spott die dort anzutreffende Spezies:

linke Seite:
Gusto Gräser, um 1903.

„Die bedenklichste Erscheinung [...] sind ethische Wegelagerer mit ihren spiritistischen, theosophischen, okkultistischen oder potenziert vegetarischen Sparren. Wer je in Vereinigungen irgendwie absonderlicher Prägung hineingerochen hat, weiß, was ich meine, kennt die schmachtaugigen Blassgesichter, die von morgens früh bis abends spät nur beflissen sind, in untadeligem Lebenswandel Leib und Seele im Gleichgewicht zu halten." [1]

Aber der Monte Verità wurde auch zum Zentrum für wirkliche Künstler und geistige Größen. Hermann Hesse, die Tänzer Rudolf von Laban und Mary Wigman, Erich Mühsam, Karl Bleibtreu, Martin Buber, Max Weber, Hans Arp, Baron Wrangel, Paul Klee, Isadora Duncan, Marianne von Werefkin, Oskar Schlemmer, Carl Gustav Jung, Otto Gross, Gerhard Hauptmann, Emil Ludwig, Erich Maria Remarque, Arthur Segal, Heinrich Vogeler, Annette Kolb fanden im Laufe der Zeit den Weg auf den Berg.

Monte Verità 1929: Luftbad mit Liegehalle.

Eine politische Rolle spielte der Monte Verità allerdings nicht. Man wandte sich lieber von der Welt ab und versuchte über den individuellen Weg zu sich selbst eine mystische Gemeinschaft aufzubauen. So wurde etwa die freie Liebe proklamiert, auf der politischen Ebene blieb die Geschlechterfrage jedoch in den Ergüssen der schwärmerischen Ida Hofmann stecken, die sich als Frauenrechtlerin verstand, die Befreiung von der Männerherrschaft jedoch auf vegetarischem und theosophischem Wege erreichen wollte.

Das pantheistische, naturreligiöse Weltbild des Monte Verità weist viele Verbindungen zur theosophischen Lehre auf, auf der auch Rudolf Steiners Anthroposophie beruht, die von rassistischen Überlegungen nicht völlig frei ist. Vielleicht schlummert in vielen lichten und romantischen Utopien eine dunkle Seele, die sich mit Geschick und unter entsprechenden Bedingungen dem Bösen dienlich machen lässt. Der utopische Gehalt des „neuen Menschen" geriet durch seine schwärmerische und irrationale Begründung schnell in Gefahr, politisch ausgenutzt zu werden. Strömungen eines von „Zurück zur Natur" und Werte wie die Begeisterung für Kraft und Ursprünglichkeit, Harmonie mit den kosmischen Kräften und die Verschmelzung des Individuums mit der Gemeinschaft wurden später von Hitler vereinnahmt und umgeleitet.

Leben auf dem Berg der Wahrheit

Das Natursanatorium wurde mit Hilfe von freien Mitarbeitern betrieben. Sie erhielten für ihre Arbeit Nahrung, Kleidung und Unterkunft, dazu einen Geldbetrag für weitere Bedürfnisse, der entsprechend gering gewesen sein wird, solange das Projekt sich nicht selber trug.

Die Regeln des Zusammenlebens waren streng: Die geistige Grundlage bildete ein strikter Vegetarismus. Er galt nicht nur als beste Ernährungsmethode, sondern als Grundbegriff einer ethischen Weltanschauung. Nach orthodoxer Anschauung wurde jedes tierische Produkt abgelehnt, der Genuss von Butter und Milch eingeschränkt. Zeitweise waren auch Salz, Kartoffeln und Kohl verboten. Je rigider allerdings die Gebote, umso stärker wurde bei vielen Mitarbeitern der Appetit auf verbotene Früchte. Nachts schlichen sich die Uneinsichtigen fort, um in den umliegenden Dörfern und Wirtshäusern ihren Appetit auf Käse, Salami, Wein und andere verbotene Nahrungsmittel zu stillen. Erst als Ida Hofmann als Folge mangelhafter Ernährung unter Geschwüren zu leiden begann, wurde die Leitung des Sanatoriums toleranter.

Bei der Tessiner Bevölkerung trafen Nudismus, Vegetarismus und andere „Unaussprechlichkeiten" auf wenig Gegenliebe. Andererseits schienen aber gerade diese Dinge eine besondere Anziehungskraft zu besitzen, denn in kurzer Zeit wurde der Monte Verità zum bestbesuchten Ausflugsziel der Umgebung. Von nah und fern kamen Leute, um einen neugierigen Blick auf die nackten Vegetarier zu werfen. Oedenkoven hatte die glänzende Idee, den Monte Verità der Öffentlichkeit zur Besichtigung freizugeben, und tatsächlich gelang es ihm, mit der Erhebung eines Eintrittsgeldes die immer wieder schwierige Finanzlage des Projektes zeitweilig zu bessern. Gleichzeitig gab es für die Besucher verschiedene Produkte zu kaufen: Selbstgebackenes Brot, eingemachte Früchte und Gebrauchsgegenstände aller Art. Besonderer Beliebtheit erfreuten sich vor allem Ansichtskarten vom Monte Verità, die unbekleidete Menschen bei ihren Beschäftigungen in Luftbad und Garten zeigten. An manchen Tagen wurden Tausende abgesetzt.

19349 Locarno — Vegetariani al mercato

Vegetarier beim Einkaufen auf dem Markt in Locarno, Ansichtskarte, 1902.

1904 wurde das ansehnliche Hauptgebäude errichtet. Oedenkoven war ein Realist, dem längst die Erkenntnis dämmerte, dass selbst für die Unterhaltung eines Paradieses Geld notwendig war. Das Hauptproblem blieb die Deckung der rasch wachsenden Unkosten und Ausgaben. Eine rationelle Ausbeutung des Betriebes erforderte eine weniger skurrile und eigenbrötlerische Basis. Der Monte Verità durfte nicht mehr den Eindruck eines verschrobenen Siedlungsexperimentes erwecken, statt dessen sollte der Sanatoriumscharakter stärker betont werden. Damit wurden neue Konzessionen unumgänglich.

Bisher hatte man beispielsweise die Beschäftigung von Dienstboten und bezahlten Angestellten abgelehnt, weil dies der Weltanschauung der Reformer nach peinlich und unwürdig war. Jetzt war man aus rationalen Gründen gezwungen, diese Einstellung zu lockern: Um einen geregelten Betrieb mit gehobenen Ansprüchen zu gewährleisten, wurden ein Gärtner, ein Buchhalter, ein Masseur und

nach Bedarf Tagelöhner eingestellt. Man betrieb eine Brotbäckerei, eine Reformküche, eine Gärtnerei, eine Reformschneiderei und eine Obststerilisation.
Trotz aller Konzessionen an die Realitäten des Lebens war der Monte Verità ein zentrales Versuchsfeld für alternative Lebens- und Kunstformen. Feste, Musik und kulturelle Veranstaltungen zogen ein breites Publikum an. Hier trafen sich Vertreter des modernen Tanzes ebenso wie Expressionisten und Dadaisten, und jede Saison brachte neue Darsteller und Selbstdarsteller.

Der Niedergang

Eckpunkte von Erfolg und Misserfolg, Aufstieg und Niedergang des Projektes Monte Verità sind dort festzumachen, wo die Betreiber um des Überlebens willen ihre eigenen Überzeugungen zurückstellen mussten. So sah Oedenkoven sich im Laufe der Jahre genötigt, immer weiter von seinen ursprünglichen sozialethischen Ideen abzuweichen. Die Reformbekleidung war für das Sanatorium nicht mehr obligatorisch, und die Verpflichtung zum Vegetabilismus hörte auf, wenn gutzahlende Gäste andersgerichtete Wünsche hatten. Von Beginn an dümpelte das Projekt immer am Rande des wirtschaftlichen Untergangs und konnte wiederholte Male nur mit Hilfe finanzieller Unterstützung durch die Familie Oedenkovens gerettet werden.
Erich Mühsam, der in Ascona zunächst Chancen für neue Formen des Zusammenlebens zu entdecken glaubte, zog 1905, als an die Stelle des ursprünglichen Siedlungsprojektes eine Naturheilanstalt auf kapitalistischer Basis trat, eine zynische Analyse:

Auf dem Monte Verità heute.

„Der Dilettantismus eines solchen Beginnens liegt auf der Hand. Kommunistische Siedlungen, die nicht auf der Basis einer revolutionär-sozialistischen Tendenz erwachsen sind, werden stets Fiasko machen müssen, zumal wenn das Band, das die Teilnehmer seelisch aneinander bindet, ein so belangloses ist, wie das Prinzip des Vegetabilismus. [...] *Der Vegetarismus wurde zu einer menschheitsbefreienden Idee aufgepustet, und als die Beteiligten aus dieser recht irrelevanten Weltanschauung heraus ihre sozialen Träume nicht verwirklichen konnten, versuchte man es mit der ganz unmöglichen Verquickung eines ethischen Prinzips mit einem kapitalistischen Spekulationsunternehmen. Wie in solchen Fällen immer musste die Ethik hierbei den kürzeren ziehen, und heute kann man über die Rudimente dessen, was werden sollte* [...] *nur noch lächeln."* [2]

Mit Beginn des Ersten Weltkrieges wurde es still auf dem Berg der Wahrheit. Im Laufe der Zeit war das Areal auf beinahe sechs Hektar angewachsen und wurde von ständig neuen Krisen gebeutelt. Oedenkoven begrub seine Illusionen. Sein Experiment einer neuen Gesellschaftsordnung war misslungen. Er versuchte nicht mehr, ethisch und moralisch auf seine Gäste einzuwirken, sondern konzentrierte sich nur noch auf die Erhaltung des Besitzes in der Krisenzeit und die finanzielle Sicherstellung.
In den Nachkriegsjahren verwässerte das bunte Treiben auf dem Monte Verità immer mehr. Den Künstlern und Wahrheitssuchern folgten Pseudokünstler und Pseudoerleuchtete. Die individualistischen und künstlerischen Aktivitäten bewegten sich oft bedrohlich nahe am Abgrund zur Banalität. Mit dem Hinweis auf das Recht zur natürlichen Entfaltung wurde jeglicher Ausdruck zur kreativen Leistung erhoben. Unerbittlich zur Schau getragener Dilettantismus und selbstverliebte Nabelschau trafen nicht überall auf Gegenliebe. Wirkliche „Naturmenschen" waren kaum noch zu sehen.
Oedenkoven, seit 1914 ganz konventionell mit einer Engländerin verheiratet und inzwischen Vater dreier Kinder, entschloss sich auszuwandern. 1920 fand sich ein Pächter für den gesamten Besitz. Mit seiner Familie sowie in Begleitung von Ida Hofmann verließ er die alte Welt in Richtung Brasilien, wo er mit einigen arbeitsfreudigen Mitarbeitern eine neue vegetarische Kolonie gründete.

Monte Verità nach Oedenkoven

Nach 1920 ging der Monte Verità durch mehrere Hände. 1923 wurde das ganze Anwesen, das sich immer noch in Besitz Oedenkovens befand, endgültig verkauft. Ab 1926 erwachte der Monte Verità in den Händen des Barons von Heydt zu neuem Leben und entwickelte sich langsam wieder zu einem geistigen Zentrum, in dem sich die progressivsten Vertreter des europäischen Geisteslebens trafen.
In den folgenden Jahren wurde viel vom Terrain des Berges mit Bungalows und Villen bebaut. Nach 1945 wurde dieser Eifer noch verdoppelt. Das ehemalige Paradies der Naturmenschen wurde von immer mehr Beton eingekreist. Heute kann man die Geschichte des Monte Verità auch als eine Geschichte zerplatzter Träume und modernen Tourismus-Marketings sehen. Eine Hotel-

„Monte Verità – Ascona"
von Robert Landmann
Titelblatt der Erstausgabe
1930.

schwemme hat die einstige Idylle entstellt und in dem verschmutzten Lago Maggiore badet längst niemand mehr.

Nach dem Tod von Baron Heydt fiel der Monte Verità testamentarisch an den Kanton Zürich. 1989 erfolgte die Gründung der Fondazione Monte Verità. Seitdem finden dort regelmäßig Symposien und Workshops zu verschiedenen natur- und geisteswissenschaftlichen Themen statt.
In der Casa Anatta, dem ehemaligen Wohnhaus Oedenkovens, ist seit 1980 eine Dauerausstellung mit Objekten untergebracht, die Harald Szeemann für seine legendäre Ausstellung „Le mammelle della Verità" (1978) zusammengetragen hat. Im Umfeld der Ausstellung kam es zu einem spontanen Fest und Happening, das sich über mehrere Tage erstreckte, ein Stück gelebter Hippiekultur, das die anarchische Tradition des Ortes wiederbelebte. Im Zusammenhang mit der Ausstellung sprach Szeemann von 600 Lebensläufen mit 600 verschiedenen Paradiesvorstellungen. Das Museum liegt in Sichtweite seines letzten Wohnortes Tegna.

Anmerkungen

[1] Mühsam 1905, S. 25.

[2] Ebd., S. 21 ff.

Literatur

Robert Landmann, Ascona – Monte Verità. Auf der Suche nach dem Paradies, Frankfurt a. M. 1979

Erich Mühsam, Ascona. Eine Broschüre, Locarno 1905

Andreas Schwab / Claudia Lafranchi (Hrsg.), Sinnsuche und Sonnenbad. Experimente in Kunst und Leben auf dem Monte Verità, Zürich 2001

Harald Szeemann (Hrsg.), Monte Verità – Berg der Wahrheit. Lokale Anthropologie als Beitrag zur Wiederentdeckung einer neuzeitlichen sakralen Topographie, Ausst.-Kat. München u. a., Locarno u. a. 1978

Der Sonnenorden in der Südsee – Engelhardts Traum vom Paradies

Dieter Klein

Besonders in Gesellschaften mit starken politischen, sozialen und moralischen Zwängen hat der Mensch die unstillbare Sehnsucht, der Enge auszuweichen und eigene Wege zu einem glücklichen Leben zu finden. Dabei pflegt ihm das biblische Paradies als Ideal zu dienen. Bei der Suche nach diesem Paradies auf Erden hat die Südsee seit ihrer Entdeckung durch die Europäer stets eine magnetische Kraft ausgeübt. Zahlreiche Reisebeschreibungen und Romane seit Mitte des 18. Jahrhunderts haben bewirkt, dass unsere Vorstellung vom Südseeparadies bis heute ungebrochen präsent geblieben ist.

Im wilhelminischen Deutschland der Jahrhundertwende versuchte ein junger, vermögender Mann aus Nürnberg die Abkehr von der überzivilisierten Heimat nicht nur im Kopf auszuleben, sondern tatsächlich zu realisieren. August Engelhardt (geb. 1877) beschäftigte sich nach seiner Ausbildung zum Apotheker schon frühzeitig mit Fragen der Gesundheit und lebensreformerischen Ideen und lag damit durchaus im Trend der Zeit. Im Herbst 1899 zog es ihn deshalb nach dem Eckertal in den Harz. Dort betrieben die Brüder Adolf und Rudolf Just eine Naturheilanstalt mit dem Namen „Jungborn". Hier hielten sich u. a. auch Henri Oedenkoven und Ida Hofmann auf, die kurz darauf nach vorgefundenem Muster auf dem Monte Verità eine ähnliche Anstalt gründen sollten. Grundprinzipien des „Jungborn" waren vegetarische Kost und Nudismus. Beides galt den Konventionen der Zeit zufolge entweder als verschroben und unsinnig oder aber als unsittlich und verdorben.

In dieser Atmosphäre mag in Engelhardt der Entschluss gereift sein, das konventionelle, kleinkarierte Deutschland zu verlassen und in die Südsee auszuwandern. Dazu haben ihn mehrere Gründe veranlasst. Einmal mag er als bekennender Goethe-Anhänger von dessen Aussage beeinflusst worden sein: *„Es geht uns alten Europäern übrigens allen mehr oder weniger herzlich schlecht, unsere Zustände sind viel zu künstlich und kompliziert, unsere Nahrung und Lebensweise ohne rechte Natur, und unser geselliger Verkehr ohne eigentliche Liebe und Wohlwollen.* [...] *Man sollte oft wünschen, auf einer der Südseeinseln als sogenannter Wilder geboren zu sein, um nur einmal das menschliche Dasein ohne falschen Beigeschmack durchaus rein zu genießen."* [1] Analog dazu wird Engelhardt geglaubt haben, in der deutschen Kolonie Neuguinea das unverdorbene Paradies zu finden, wo er seine Vorstellungen ohne staatliche Zwänge verwirklichen konnte. Und letztlich waren dort in der Südsee zwei Faktoren gegeben, die er zunehmend zur alleinigen Grundlage seines Paradiesentwurfes machte: Sonne und Kokosnüsse.

Bevor er nach Deutsch-Neuguinea ausreiste, besuchte er noch seine Gesinnungsfreunde vom „Jungborn" auf dem Monte Verità, um dort für seine Ideen zu werben. Hier *„behauptete er, alle Nahrung sei sündig, da sie zu nah an der Erde wüchse. Nur die Kokosnuss hielt er für heilig, weil sie hoch in den Bäumen wachse und eine sonnenähnliche Form habe. Der Kokosnussprediger gehörte zu den Idealisten, die in der Auswanderung keine Flucht, sondern einen Weg zu Gott sahen."* [2]

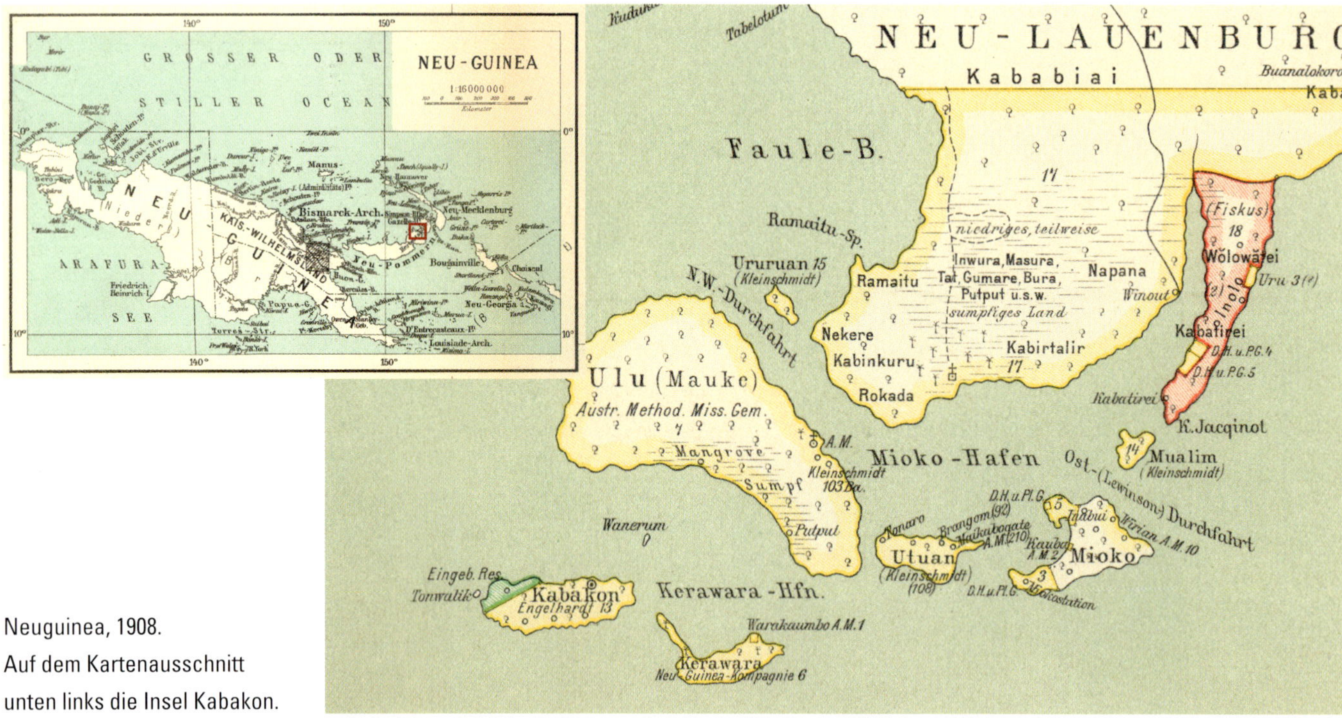

Neuguinea, 1908.
Auf dem Kartenausschnitt unten links die Insel Kabakon.

Mitte September 1902 traf Engelhardt in Deutsch-Neuguinea ein. Von Herbertshöhe aus, dem damaligen Sitz des deutschen Gouverneurs, suchte er ein ungestörtes Refugium. Die Firma Forsayth verkaufte dem Ankömmling das Eiland Kabakon mit einer Kokosplantage. Inhaberin der Firma war Emma Kolbe, eine Halbsamoanerin, die wegen ihres märchenhaften Reichtums und ihrer Schönheit in der ganzen Südsee nur unter dem Namen „Queen Emma“ bekannt war. Sie hatte schon immer eine Schwäche für außergewöhnliche Männer. Ungewöhnlich war Engelhardt in der Tat auf den ersten Blick, denn schon äußerlich fiel er mit seinem schulterlangen Haar auf. Wegen seiner extremen Anschauungen sah Regierungsarzt Dr. Otto Dempwolff den *„Sonderling in zwei Jahren spätestens im Irrenhaus“*[3].
Seit dem 2. Oktober 1902 lebte Engelhardt auf seinem Inselchen, als einziger Weißer neben etwa 40 ansässigen Melanesiern, denen ein eigenes Reservat verblieb. Das 85 Hektar große Kabakon liegt etwa 20 km östlich von Herbertshöhe in Sichtweite der Blanche-Bai auf Neu-Pommern und der Insel Neu-Mecklenburg.
Äußerlich entsprach Kabakon genau dem Topos eines Südseeparadieses und hätte direkt einem Werbeprospekt der Tourismusbranche entstammen können: in einer flachen Lagune gelegen am Rande eines herrlichen Archipels, der Neu-Lauenburg-Inselgruppe, mit schneeweißem feinstem Sandstrand. Auf der Insel wuchsen Schatten spendende Palmen, umgeben von kristallklarem türkisblauem Wasser mit einer faszinierenden farbenschillernden Meeresfauna. Dazu gab es eine beständige frische Brise, friedliche Eingeborene und weder den Lärm noch den Schmutz der Zivilisation.
Ganz allein auf sich gestellt, baute der Aussteiger ein luftiges Holzhäuschen mit Veranda. Dort stellte er auch seine mitgebrachte umfangreiche Bibliothek unter. Er verfügte über viel Zeit. Zum einen versuchte er sich mit dem Aufbau seiner Kokosplantage zu beschäftigen, wobei die körperlichen Arbeiten die melanesischen Bewohner ausführten. Zum anderen studierte er die philosophischen

Werke aus seiner Bibliothek. Und er konnte ungestört nach seinen Idealen leben. Er lief nackt herum und versuchte, sich ausschließlich von Kokosnüssen zu ernähren.
Engelhardt begann auch, seine Ideen und Gedanken aufzuschreiben: Alles kröne die Sonne. Er verehrte sie als zentralen Lebensquell. Die Früchte, die der Sonne am nächsten wachsen, sind die Kokosnüsse. Für ihn waren sie daher die natürlichste, ja geheiligte Nahrung. Diese Anschauung nannte man Kokovorismus, deren Anhänger Kokovoren. Ein solcher wollte Engelhardt nun sein, denn er war überzeugt, durch alleinigen Verzehr von Kokos in einen göttlichen Zustand, in ein unsterbliches Dasein ähnlich dem Paradies zu gelangen. *„Nackter Kokovorismus ist Gottes Wille. Die reine Kokosdiät macht unsterblich und vereinigt mit Gott“.*[4]
Seine Lebensphilosophie nahm immer extremere Vorstellungen an. Demnach seien auch die menschlichen Organe, die der Sonne am nächsten liegen, die edelsten, also das Gehirn. Dieses könne unmöglich von einem so tiefliegenden und daher schmutzigen Körperteil ernährt werden wie dem Magen-Darm-Trakt. Vielmehr ziehe das Gehirn seine Nahrung aus den Haarwurzeln, die wiederum von der Sonne ernährt würden! Es sei daher auch schädlich, eine Kopfbedeckung zu tragen.
Aber ohne die Gesellschaft Gleichgesinnter fühlte sich Engelhardt in seinem Paradies zunehmend einsam. Er entwickelte nun einen geradezu missionarischen Eifer, „Jünger“ auf seine Insel zu ziehen. Daher versandte er zahlreiche Schriften, in denen er die Vorzüge seiner Ideen und seines Inselparadieses anpries. Er selbst nannte sich „Kokosapostel“ und empfand sich sogar als Stifter einer neuen Religion. Der geplanten Gemeinschaft gab er den Namen „Sonnenorden“. Der vermögende Kokosapostel hatte keine finanziellen Ambitionen. So sagte er mittellosen Interessenten großzügige Unterstützung bei der teuren Überfahrt zu. Das Leben aber bei ihm wäre so gut wie umsonst: ganze zwei Pfennige koste es am Tag!
Der erste Jünger, der ihm nach einem Jahr der Isolation und Einsamkeit tatsächlich in die Südsee folgte, war der 24jährige Helgoländer Heinrich Aeuckens; kräftig gebaut, mit wallendem blonden Haar und blauen Augen, ganz der Typ des Urgermanen. Mitte Dezember 1903 kam er auf Kabakon an. Aber schon sechs Wochen später war der Helgoländer tot. Die Todesursache ist unbekannt, da kein Arzt hinzugezogen wurde. So kann man nur spekulieren: Hitzschlag, totale Mangelerscheinungen wegen absolut einseitiger Ernährung oder irgendeine der vielen Tropenkrankheiten. Jedenfalls fiel zum ersten Mal ein dunkler Schatten auf den Sonnenorden. Dessen ungeachtet traf schon bald der nächste Anhänger auf Kabakon ein und mit ihm schien Engelhardt ein Glücksgriff gelungen zu sein. Max Lützow, der Mitte Juli 1904 ankam, war einer der bekanntesten Kapellmeister, Klavier- und Geigenvirtuosen seiner Zeit.

August Engelhardt vor seiner Schlafhütte, 1911.

Grüße von der Insel Kabakon.

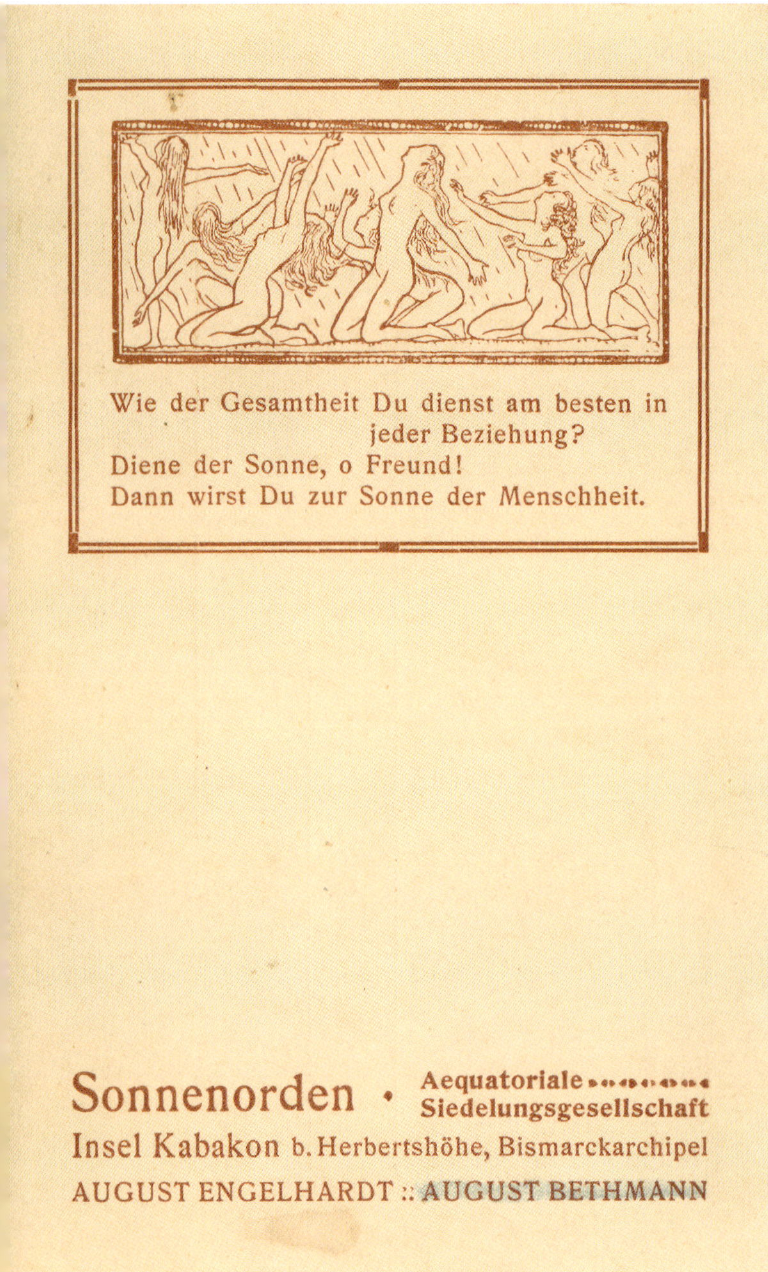

Postkarte des Sonnenordens,
Zeichnung von Fidus.

Lützow schickte nach zweimonatigem Aufenthalt einen enthusiastischen Brief an die „Vegetarische Warte" in Leipzig, dem Leib- und Magenblatt der deutschen Vegetarier: *„Kabakon hat geradezu meine Erwartungen übertroffen; ich kann mir keinen idealeren Platz* [...] *denken.* [...] *Wir gehen immer nackend, daher wird die Hitze nie lästig! Auch verliert sich bei Rohkost der Durst vollständig, insbesondere wenn man Gelegenheit hat, sich jederzeit im Ozean zu baden. Herr Engelhardt ist sehr tolerant gegen Andersdenkende, Zwang zu körperlicher Arbeit besteht absolut nicht.* [...] *Unser Leben trägt den Charakter ruhigen Schaffens; die Hast der Kultur kennen wir nicht. Unser Unternehmen ist kommunistisch, jeder Kolonist wird Mitbesitzer. Ich bin geradezu entzückt von Kabakon und hätte nicht gedacht, daß es überhaupt einen Platz auf der Erde gäbe, der alle Anforderungen meines Ideals so vollkommen befriedigt; bessere Lebensbedingungen kann ich mir nicht denken. Ich habe die Überzeugung, daß jeder, der hierher kommt, auch hier bleiben wird."* [5]

Lützow und Engelhardt lebten demnach in vollster Harmonie zusammen. Mit seinem „Zugpferd" konnte der selbsternannte Kokosapostel nun mächtig renommieren. So ließ er z. B. verbreiten: *„Musikfreunden sei's gesagt, daß wir eine ausgezeichnete Geige und einen prächtigen Flügel hier haben: Meister Lützow's Handwerkszeug."* [6] Als weitere Werbeidee gab er mehrere Ansichtskarten von Kabakon heraus. Auf einer dieser Karten sind die beiden Busenfreunde abgebildet (natürlich doch nicht nackt, sondern mit züchtigem knielangen Lendenschurz bekleidet).

Nun setzte so etwas wie ein Boom auf den Sonnenorden ein. Auf dem Höhepunkt der Entwicklung soll das Nudistenparadies an die 30 Mitglieder gehabt haben, was jedoch unwahrscheinlich erscheint. Doch ebenso schnell wie die Kokovorenkolonie aufblühte, sank sie auch wieder in die Bedeutungslosigkeit zurück. Krankheits- und Unglücksfälle befielen die Sonnenanbeter, Enttäuschung und Ernüchterung machten sich breit. Auch der früher so begeisterte Lützow konnte sich dem nicht entziehen. Er wurde schwer krank und war schließlich derart heruntergekommen, dass er Kabakon Anfang Februar 1905 verlassen wollte, um das Regierungshospital in Herbertshöhe aufzusuchen.

Mit einem kleinen Segelboot flüchtete er panikartig, schon halb dem Tode nahe, und geriet dabei in einen heftigen Nordwest-Monsun. Das Boot wurde in die starke Strömung des St. Georgs-Kanals abgetrieben. Seinen melanesischen Begleitern gelang es noch, den Kutter auf der winzigen Insel Lamassa an der Südspitze von Neu-Mecklenburg zu landen. Doch hier erlag Lützow seinen Strapazen. Nur ein einsames Grab zeugte von dieser menschlichen Tragödie. Der Traum vom Südseeparadies hatte ein zweites Opfer gefordert. Engelhardt äußerte sich dazu trocken: *„Er überheizte sich mit Mehlstoffen und vergiftete sich mit Hülsenfrüchten und Eiern. Er lebte so malariafreundlich wie möglich. Kein Wunder, daß er ihr Opfer wurde."* [7]

Auch die übrigen Jünger verließen nun einer nach dem anderen Kabakon. Einer von ihnen hatte Glück und fand eine Anstellung in der Kolonie, nämlich bei „Queen Emma" in der Nähe von Herbertshöhe. Der Deutschrusse Harald von Denfer kam für kurze Zeit beim Gouvernement unter und siedelte sich später in St. Petersburg an. Auch der Lehrer Karl Schneider, später an der Regierungsschule in Rabaul, und das Kindermädchen der Gouverneurskinder, Fräulein Henning, waren Abtrünnige. Herrn Heinrich Conrad gelang es, das Regierungskrankenhaus zu erreichen und nach seiner Heilung nach Deutschland zurückzukehren. Doch einer hatte weniger Glück: Wilhelm Heine kenterte bei stürmischer See und ertrank.

Der Sonnenorden schien am Ende zu sein. In dieser Situation kam gerade rechtzeitig ein alter Gesinnungsgenosse und Freund Engelhardts, der Naturschriftsteller August Bethmann, nach Kabakon. Seine Ankunft richtete Engelhardt wieder auf. Gemeinsam intensivierten sie die Anstrengungen, neue Anhänger der Kokovoren-Idee zu gewinnen. In der von ihnen herausgegebenen Werbeschrift „Eine sorgenfreie Zukunft – Das Neue Evangelium. Tief- und Weitblicke für die Auslese der Menschheit" heißt es u. a.: *„Der kokovore Sonnenmensch ist der Mensch, wie er sein soll.* [...] *In Harmonie mit dem göttlichen Vater lebend, empfängt er alles direkt aus der Hand seines Gottes, der allgütigen Sonne.* [...] *Er speichert Sonnenkraft mittels Auge, Haar und Haut.* [...] *Er benötigt daher sehr wenig Sauerstoff.* [...] *Darum ist der Aufenthalt unter beständig heiterem Himmel inmitten einer immergrünen Pflanzenwelt dem Menschen am zuträglichsten* [...] *insbesondere für die geistige Tätigkeit.* [...] *Die Kokosnuß* [...] *ist der Stein der Weisen".* [8]

August Engelhardt und der Geigenvirtuose Max Lützow (sitzend) auf Kabakon.

Gleichzeitig führten die beiden in der gesamten deutschen Reformpresse einen literarischen Feldzug, um in euphorischen Berichten den paradiesischen Urzustand und die Romantik des Südseelebens zu beschwören. Von ihrer gewaltig anschwellenden Korrespondenz zeugen allein *„35 Durchschreibebücher, jedes zu 100 Blatt in Quartformat"* [9].

Was dagegen verschwiegen wurde, war die Tatsache, dass mittlerweile selbst Engelhardt krank geworden war. Auf Drängen Bethmanns suchte er schließlich das Krankenhaus in Herbertshöhe auf, was für ihn sicher einem Gang nach Canossa gleichkam. Er bot dort ein Bild des Jammers: Er litt am ganzen Körper an Krätze, hatte eine Menge Hautgeschwüre und war infolge äußerster Entkräftung nicht mehr in der Lage zu gehen. Der 1,66 Meter große Mann wog bei seiner Einlieferung gerade noch 39 Kilogramm! In australischen Zeitungen konnte man bereits lesen, dass Engelhardt tot sei. Er blieb jedoch zum Erstaunen der Ärzte am Leben. Sobald sie ihn wieder hochgepäppelt hatten, verließ er fluchtartig das Hospital und behauptete, man wolle ihn dort vergiften. Gesundet kehrte er nach Kabakon zurück. Nun verkündete er, durch den Eiter seien die letzten krankhaften Stoffe aus seinem Körper entwichen, die ihn bis jetzt daran gehindert hätten, in den ätherischen Idealzustand überzugehen.

August Engelhardt (rechts) mit August Bethmann und dessen Braut Anna Schwab auf Kabakon, 1906.

Inzwischen regten sich jedoch auch bei Bethmann immer stärkere Zweifel, ob Kabakon wirklich das versprochene Paradies sei. Gouvernementsbeamten gegenüber äußerte er im Juni 1906, mit dem nächsten Dampfer Neuguinea verlassen zu wollen. Und das ausgerechnet in dem Moment, als seine Braut Anna Schwab in Kabakon erschien! Doch bevor es zu einer Abreise kam, war Bethmann tot. Das Schicksal des vierten Opfers des Sonnenordens ist in mysteriöses Dunkel gehüllt. Zwischen Bethmann und Engelhardt soll es zu schweren Zerwürfnissen gekommen sein. Vielleicht, weil Bethmann zunehmend offen Kritik an Engelhardts Lehre äußerte. Möglich aber auch, dass Anna Schwab der Stein des Anstoßes war. Jedenfalls starb Bethmann auf Kabakon am 13. September 1906 wohl auch deshalb an Malaria, weil er als Sonnenbruder die entsprechende Prophylaxe ablehnte. Zu seinem Tod ließ sich später Engelhardt recht sarkastisch aus: *„Warum Bethmann starb? Als seine Braut kam, folgte er dem Weibe statt der Gottheit. Da verlor er den Boden unter den Füßen und sank in die Grube.“* [10]

Nach Bethmanns Ende kehrte Anna Schwab schleunigst nach Deutschland zurück, um von dort zum Monte Verità zu ziehen. Von hier wird berichtet, dass sie von einem Extrem ins andere wechselte und Lesbierin und Anarchistin geworden sei.

Der allein zurückgebliebene Engelhardt war von keinerlei Zweifeln geplagt und wich von seinen Vorstellungen nicht ein Jota ab. Im Gegenteil, er verstärkte noch seine Propaganda! Die in alle Welt versandten Pamphlete verraten aber doch immer stärker die Handschrift eines Psychopathen: *„Mögen 1000 weitere Versuche fehlschlagen – sie alle sind kein Beweis gegen die Tropen.* [...] *Kabakon ist die erste Kolonie des von mir ins Leben gerufenen Sonnenordens, einer äquatorialen Siedelungsgesellschaft, der den doppelten Zweck hat:*

1. Seinen Mitgliedern die denkbar besten Lebensbedingungen bietend, große, edle, gute, urgesunde – ganze Menschen aus ihnen zu züchten.

2. Ein internationales tropisches Kolonialreich des Fruktivorismus zu begründen, indem er um den ganzen Äquator ein engmaschiges Netz von Kolonien reinen, nackten, fruktivorischen Lebens legt.

Der Sonnenorden wird zunächst Kabakon besiedeln, von da aus den Bismarck-Archipel, dann Neuguinea und die Inseln des Stillen Ozeans, schließlich das tropische Zentral- und Südamerika, das tropische Asien und das äquatoriale Afrika... Mutig voran, den Blick auf die Sonne, den Urquell des Lebens!" [11]

Die deutsche Kolonialverwaltung, die Engelhardt gegenüber erstaunlich tolerant gewesen war, beobachtete ihn auf Grund der schlechten Erfahrungen nun argwöhnisch. Sie verbot zwar nicht die Einreise neuer Jünger, verlangte nun jedoch die Hinterlegung einer Kaution von 1400 Mark pro Siedler zur eventuellen Zahlung von Krankenhaus- und Heimreisekosten. Gleichzeitig wurden alle Beamten angewiesen, Interessenten mit Nachdruck zu warnen.

„Paradies Kabakon", 1999.

Diese Maßnahmen bewirkten, dass es um Engelhardt trotz seiner aufwendigen Werbung still wurde. Wieder einmal schwer erkrankt, fand ihn der Regierungsarzt, der ihn für paranoid hielt, als *„Ruine, zum Skelett abgemagert, und mit Geschwüren bedeckt".* [12] Die Kokospflanzung verfiel immer mehr. Im Jahre 1909 entschloss sich Engelhardt endlich schweren Herzens, mangels Nachfrage seinen Sonnenorden aufzugeben. Schriftstellerisch betätigte er sich jedoch weiter, indem er jetzt eine Zeitschrift mit dem Titel „Für Sonne, Tropen und Kokosnuß" herausgab. So versuchte er unbeirrt weiter seine Ideale zu verbreiten. Sonst wollte er sich nur noch philosophischen Studien und seiner Pflanzung widmen. Um diese wieder in Schwung zu bringen, gewann er einen Teilhaber, der bereits 1905 als Siedler bei ihm weilte, ihn dann jedoch verließ: Wilhelm Bradtke. Dieser kümmerte sich ausschließlich um die geschäftlichen Belange.

Mit dem Eintreffen einer größeren Touristenzahl seit Anfang des neuen Jahrzehnts wurde der Kokosapostel immer mehr zu einem „Muss" im Programm neugieriger Reisender. Engelhardt als einziges Mitglied des Sonnenordens ließ sich von ihnen begaffen und fotografieren. So auch durch einen Weltenbummler: *„Einige hielten den Mann für überspannt, andere glaubten, er sei ein großer Philosoph. Die meisten aber wollten wissen, daß dieser Naturapostel sich von Zeit zu Zeit ordentlich die Nase begieße und sich durch seine Lebensweise nur interessant machen wolle.* [...] *Seine Haut, fortwährend der Luft und der Sonne ausgesetzt, war braungebrannt wie die eines Kanaken.* [...] *Auffallend war die große Magerkeit dieses Mannes, die ein beredtes Zeugnis ablegte von seiner asketischen*

Lebensweise. [...] Nachdem ich den interessanten Herrn photographiert hatte, verabschiedeten wir uns."[13] Nach Ausbruch des Ersten Weltkrieges und der Besetzung Deutsch-Neuguineas durch die Australier wurde es erst recht still um Kabakon. Der Missionar Böttcher berichtete vom August 1915, dass er Engelhardt im Internierungslager Rabaul traf, in das vorübergehend viele Deutsche eingeliefert wurden. *„Der Kokophage (Kokosnußesser) hatte eine Kiste Bücher mitgebracht, die er gerne jedermann zur Verfügung stellte. So krochen diese unnützen Tage vorüber."*[14] Die Plantage war inzwischen an den Kaufmann Mirow verpachtet worden. Um der Monotonie des Garnisonslebens zu entkommen, besuchte der australische Administrator mit einigen Offizieren im Juli 1917 Kabakon. Auch für die neuen Herren hatte der exotische Engelhardt noch einigen Unterhaltungswert.
Kurz nach Kriegsende starb der Kokosapostel am 6. Mai 1919, wahrscheinlich an Malaria. Über sein Grab ist nichts bekannt. Der Pächter Mirow warf den größten Teil der Bibliothek einfach ins Meer. Einer der letzten, die Engelhardt lebend antrafen, war der Australier Jones. Noch bei ihm konnte es der Fanatiker nicht lassen, für seine Ideale zu werben. *„Ist es Engelhardt, der verrückt ist, oder sind wir es?"*, sinnierte Jones bei seiner Abfahrt, *„und wie käme die Welt zurecht ohne lebende Beispiele von Selbstaufopferung – selbst wenn deren Ideale falsch sind? Und würden wir nicht alle* [vor Langeweile] *einschlafen, wenn es nicht diese vereinzelten Extremisten gäbe?"*[15]

Anmerkungen

[1] Johann Wolfgang von Goethe, Gespräche mit Eckermann, 12. März 1828, in: Richard Dobel (Hrsg.), dtv-Lexikon der Goethe-Zitate, Bd. 2, München 1972, S. 883.

[2] Robert Landmann, Ascona – Monte Verità. Auf der Suche nach dem Paradies, Zürich/Köln 1973, S. 69.

[3] Brief von Otto Dempwolff an seine Eltern, von Matupi, 1. 11. 1902, in: Archiv des Verfassers.

[4] Aus einem Werbeprospekt Engelhardts, o. O./o. D. [Kopie], in: Archiv des Verfassers.

[5] Vegetarische Warte, 23. 10. 1904, o. Pag.

[6] Die Wahrheit über Kabakon, o. Verf., Kraft und Schönheit, November 1906, S. 329, in: Archiv des Verfassers.

[7] Thomas Breitling, Engelhardts Spuren werden deutlicher, Berliner Protokolle 71 (2004), S. 15.

[8] August Bethmann/August Engelhardt, Eine sorgenfreie Zukunft. Insel Kabakon bei Herbertshöhe, [5](1906), S. 33 ff.

[9] Kraft und Schönheit 1906 (wie Anm. 6), S. 332.

[10] Breitling 2004 (wie Anm. 7), S. 20.

[11] Werbeprospekt Engelhardts, Kabakon bei Herbertshöhe, o. J., in: Archiv des Verfassers.

[12] Wilhelm Wendland, in: Medizinalberichte über die Deutschen Schutzgebiete für das Jahr 1906/1907, Berlin 1908, S. 215.

[13] Friedrich Burger, Unter den Kannibalen der Südsee, Dresden 1923, S. 97–98.

[14] Ernst Böttcher, Erinnerungen [unveröffentlicht], Blatt 202, in: Archiv des Verfassers.

[15] James Lyng, Island Films, Sydney 1925, S. 16. Im Original: *„Is it Engelhardt who is mad, or is it we? And yet could the world do without living examples in self-sacrifice – even if their ideals be wrong? And would we not all fall asleep, if it were not for a sprinkling of extremists?"*

Rāmrāj – eine soziale Utopie von göttlichem Willen

Silja Behnken

„Tausend Jahre lang lebten die Menschen hier, jeder mit tausend starken und furchtlosen Söhnen gesegnet; beständig trugen die Bäume hier Blüte und Frucht; Parjanya schickte den Regen, wenn nötig, und Maruta wehte zu günstiger Stunde; alle Werke gelangen, jeder tat gern seine Pflicht und vermied Böses. Alle waren mit guten Eigenschaften begabt, jedermann fromm, und Rama herrschte zehntausend Jahre über das Reich." [1]

Mit diesen Worten wird am Ende der rund 24000 Verse des Epos *Ramayana* beschrieben, wie gut Rama über sein Königreich herrschte. Die paradiesisch anmutende Beschreibung von *rāmrāj*, der Herrschaft Ramas, ist Teil eines der populärsten Texte Indiens. Die Geschichte des Prinzen Rama, der durch Hofintrigen den Thron der Sonnendynastie verliert und für 14 Jahre in die Verbannung geschickt wird, wurde erstmals bereits 300 v. Chr. niedergeschrieben. Seitdem entstanden unzählige Fassungen des Textes; in allen Sprachen Indiens wurde wieder und wieder erzählt, wie Ramas Gattin durch einen Dämonen entführt wird und welche Abenteuer der Prinz zu bestehen hat, um sie wieder zu gewinnen. Dieser Stoff, der schließlich in der Thronbesteigung Ramas und seiner eingangs beschriebenen Herrschaft gipfelt, ist auch heute in Indien so populär, dass eine Verfilmung als Fernsehserie in den 1980er Jahren der bis heute größte Erfolg des indischen Fernsehens ist. Zur sonntäglichen Sendezeit waren die Straßen wie leer gefegt, Schätzungen sprechen von bis zu 100 Millionen Zuschauern im ganzen Land, die zentrale Episoden gesehen haben.

Rama – Held, König, Gott

Wer war dieser Rama, unter dessen Regierung den Menschen in paradiesischem Einklang mit der Natur eine tausendjährige Lebensspanne zuteil wurde und der im 20. Jahrhundert zum Fernsehstar avancierte? In sehr frühen Fassungen seiner Lebensgeschichte wurde Rama als edler Held und idealer Mensch beschrieben, der streng nach den Idealen der Herrscherpflicht und Gattentreue lebte. Bereits in dem ursprünglichen Epos und bis zum 5. Jahrhundert n. Chr. hinzugefügten Kapiteln wurde Rama als Herabkunft des Gottes Vishnu beschrieben, der in die Welt kam, um die göttliche Ordnung wieder herzustellen. Sein Kampf gegen den Dämonen um seine Ehefrau wurde zum Kampf zwischen Gut und Böse, an dessen Ende das Gute in der Welt siegte. Mit dem 11. Jahrhundert entwickelte sich Rama von einer Herabkunft Vishnus zum eigenständigen, allgegenwärtigen Gott, der voll liebender Hingabe verehrt wurde. Diese Darstellung Ramas wurde mit der bis heute in Nordindien einflussreichsten Erzählung der Abenteuer Ramas, dem *Rāmcaritmānas*, zum allgemeinen Volksgut, denn erstmals wurde der Text nicht in einer gelehrten Sprache, sondern in der damals verbreiteten

Rama mit seiner Gemahlin
Sita, seinem Halbbruder
Lakshmana und seinem treuen
Diener Hanuman
Populärer Druck.

Umgangssprache niedergelegt und somit einem breiten Publikum direkt zugänglich. Zudem beschrieb der Autor des *Rāmcaritmānas* Rama als eigenständigen Gott mit menschlichen Zügen. Sein Rama war eine erreichbare Figur, seine Vita und sein Handeln wurden zum Vorbild für alle Lebenslagen. Bis heute wird das *Rāmcaritmānas* regelmäßig in Tempeln und Familien oder in Freundeskreisen gelesen, rezitiert und diskutiert. Zitate aus dem Werk haben als Redewendungen Eingang in die Umgangssprache gefunden. Am deutlichsten zeigt sich die lebendige Tradition des *Rāmcaritmānas* während der *navrātra*, den neun heiligen Nächten im September oder Oktober. In dieser Zeit wird an Ramas Sieg über den Dämonen und an die glückliche Heimkehr in seine Heimatstadt erinnert. Auf Bühnen, in Tempeln oder auf offenen Plätzen werden in diesen Nächten die wichtigsten Episoden aus der Rama-Legende aufgeführt, besonders berühmte Aufführungen zeigen sogar das gesamte Werk. Der Zuschauerzuspruch ist ungebrochen, an vielen Stellen begleitet das Publikum die Gesänge des Stückes, die es auswendig kennt.

In allen Auslegungen seiner Geschichte ist der Name Rama mit dem Begriff des *dharma*, des göttlichen Rechts, verbunden. In den frühen Varianten lebt er vorbildlich gemäß dem *dharma*. Als Herabkunft des großen Gottes ist es seine Aufgabe, den *dharma* auf Erden wieder herzustellen, und als menschlicher Gott ist er das Leitbild, an dem sich die Menschen bei ihrer Einhaltung des Rechts orientieren können. Diese Verbindung zwischen Gesetz und Rama stellt in allen Erzählungen seines Lebens den philosophisch-moralischen Hintergrund dar – der Hauptteil der Schriften befasst sich jedoch immer mit seinen Abenteuern und Heldentaten. Die Beschreibung des paradiesischen Lebens unter seiner idealen, dem göttlichen Gesetz folgenden Herrschaft beschränkt sich jeweils auf kurze Textpassagen. Deshalb wurde und wird mit dem Helden oder Gott Rama allgemein die Vorstellung der richtigen Ordnung und der guten Herrschaft verbunden – eine konkrete und einheitliche Vorstellung, wie diese Herrschaft ausgesehen haben mag, ist dagegen nicht verbreitet. So ist es wenig erstaunlich, dass potentielle oder tatsächliche Herrscher in Indien im Laufe der Geschichte wiederholt durch den Bezug auf Rama und seine ideale Herrschaft ihren jeweiligen Machtanspruch zu untermauern suchten.

Rama, Sita und Lakshmana
in der Waldeinsamkeit
Populärer Druck.

Erben Ramas: Die Fürsten von Rajasthan

Ein besonders schillerndes Beispiel sind die Rajputen-Fürsten Rajasthans. Mit einer einzigen Ausnahme berufen sich alle hinduistischen Fürstenlinien in Rajasthan darauf, direkte Abkommen der Sonnendynastie Ramas zu sein. Tatsächlich ist die genaue Herkunft der Rajputen historisch nicht feststellbar. Vermutlich kamen ihre Vorfahren als Reitertruppen aus dem nordwestlichen Zentralasien auf ihren Feldzügen nach Nordindien und eroberten hier kleine Fürstentümer. Beruhte der Machtanspruch der frühen Rajputen auf ihren militärischen Erfolgen, so sicherten sich die Fürsten später ihren Herrschaftsanspruch, indem sie sich auf ihre Abstammung von Rama bezogen. Mittels der Genealogie fand eine mythologische Erhebung in den Stand der Kriegerkaste statt und damit in einen gehobenen Status im Kastensystem. Nicht allein die militärisch errungene Macht in einer Region rechtfertigte die Herrschaft über diese Gegend. Auch das Verständnis, dass diese mutigen Krieger von ihrem *dharma*, ihrer religiösen Pflicht, dafür vorgesehen waren zu herrschen, führte dazu, dass sie von den anderskastigen Untertanen als Fürsten akzeptiert wurden.

Mittels ihrer Herkunftslegende erwarben die Rajputen-Fürsten die religiöse Rechtfertigung zu herrschen, von ihren Untertanen Steuern zu erheben und von durchziehenden Karawanen Handelszölle einzuziehen. Ihre Stellung als vom *dharma* erwählte Herrscher brachte jedoch auch religiös begründete Pflichten mit sich, denn jede Kaste unterliegt ihrem speziellem *dharma*, ihrem eigenen Handlungskodex. Die Aufgaben des Herrschers sind als *rāj dharm* in Gesetzestexten genau benannt: Wichtigste Aufgabe eines Herrschers ist der Schutz der Untergebenen. Im Falle einer äußeren Bedrohung durch andere Staaten soll der furchtlose Herrscher mit seiner Armee für den Schutz des Staates sorgen. Bei inneren Streitigkeiten muss der Herrscher vermitteln und so für Gerechtigkeit und Ruhe sorgen. Dabei muss er immer unparteiisch vorgehen, er darf zum Beispiel nicht bei Auseinandersetzungen zwischen verschiedenen Religionsgemeinschaften den eigenen Glauben bevorzugen. Im Falle von äußerer Not durch Dürren oder andere Naturkatastrophen ist es Aufgabe des Herrschers, seine Untertanen vor Hunger und Durst zu schützen. Dies kann durch Verteilen von Geld oder Lebensmitteln, aber auch durch das Ermöglichen von bezahlter Arbeit geschehen. Ein guter Herrscher sollte für den Erhalt der sozialen Ordnung in seinem Reich sorgen. Darüber hinaus sollte er in seinem Reich durch Spenden und die Finanzierung von Bauvorhaben religiöse Institutionen unterstützen. Auch hier sollte er wiederum unabhängig vom eigenen Glauben alle Religionen gleichermaßen fördern. Neben der Religion verdienten auch die schönen Künste und die Wissenschaften die Unterstützung eines guten Herrschers. Schließlich musste das fürsorgliche Oberhaupt seinen Untertanen präsent sein, ihnen regelmäßig die Möglichkeit geben, sich von seinem Wohlbefinden zu überzeugen und ihnen so das Gefühl vermitteln, in Frieden und guter Ordnung sicher leben zu können. Zur Aufgabe eines Fürsten gehört also auch, sich in der Öffentlichkeit wie ein Herrscher zu präsentieren.

Die schriftlich niedergelegten Vorschriften waren politisch betrachtet kluge Hinweise darauf, wie ein Herrscher seinen Thron sichern kann. Die Regeln bezüglich des Erhalts der gerechten sozialen Ordnung und der Förderung von Wissenschaften, Künsten und Religion sorgten für die Befriedigung der unterschiedlichen Gesellschaftsgruppen. Die einflussreichen religiösen Persönlichkeiten erhielten genauso Zuwendung wie die Intelligenz, aus der die Verwaltung eines Staates besetzt wurde.

Die niederen Schichten wurden im Notfall väterlich versorgt und ansonsten mit der prunkvollen Inszenierung seines Herrschers regelmäßig unterhalten. Ziel war es, die gesellschaftliche Ordnung des Kastensystems stabil zu erhalten, eine Ordnung, in der jedermann seine Pflicht tat – so wie es unter der guten Herrschaft Ramas war. Die in der westlichen Rezeption meist kritisch betrachtete Prunkentfaltung der Rajputen-Fürsten, wie sie bei Prozessionen und Empfängen in der und für die Öffentlichkeit inszeniert wurden, bekommt in diesem Zusammenhang eine tiefgründigere Bedeutung: Die Herrscher präsentierten sich ihren Untertanen als Garanten für die soziale Ordnung – sprich das Kastensystem – in der jeder Mensch an seinem Platz in Sicherheit leben kann.

Bei den Umzügen konnten sich die Untergebenen mit eigenen Augen davon überzeugen, dass ihr Fürst gesund und wohlhabend ist und somit die nötigen Mittel besitzt, sein Reich zu verteidigen und seine Untertanen im Notfall zu nähren und zu unterstützen. Geschmückt mit Ramas Sonnensymbol präsentierten sich die Herrscher auf dem königlichsten Reittier, dem Elefanten. Vor dort verteilten sie an die zuschauenden Untertanen Geschenke in Form von Geld, Nahrungsmitteln oder Kleidungsstücken. Die Gaben erfolgten nach dem Zufallsprinzip: Wer zur richtigen Zeit an der richtigen Stelle stand, erhielt ein Geschenk. Eine systematische und zugleich spektakuläre Form der Wohltätigkeit war das traditionelle *tuladān* – die Gabe nach Gewicht. Bei rituellen Anlässen wie Pilgerfahrten, Krönungsfeierlichkeiten oder Thronjubiläen ließ sich der Herrscher öffentlich auf einer großen Waage in Gold oder Edelsteinen aufwiegen. Der so ermittelte Betrag wurde gezielt für soziale Zwecke investiert, um das Wohl aller Untertanen zu fördern. Typische Projekte waren die Errichtung von Staudämmen oder die Anlage von Kanälen, die in den trockenen Regionen Rajasthan für eine regelmäßige Bewässerung des Ackerlandes

Das Sonnensymbol Ramas schmückt die Standarten vieler Rajputen-Fürsten
Malerei auf Seide,
Ende des 19. Jahrhunderts
Stuttgart, Linden-Museum
Inv.-Nr. SA 01612.

sorgten. In den Zeiten der britischen Oberherrschaft kamen die Einrichtung von Krankenhäusern und Schulen sowie der Ausbau von Eisenbahnlinien als mögliche Betätigungsfelder hinzu. Insbesondere der letzte Maharaja von Bikaner, Ganga Singh, der im ersten Jahr seiner Inthronisierung Zeuge einer katastrophalen Hungersnot in seinem Staat wurde, tat sich hinsichtlich solcher Projekte sehr hervor. Sein wichtigster Bau war ein 89 Kilometer langer Kanal, der einen großen Teil des Staates von Wüste in fruchtbares Ackerland verwandelte. Auch zur Schaffung eines Netzes von Gesundheits- und Bildungseinrichtungen im Staat trug dieser Fürst bei, der seine fürsorglichen Aufgaben ausgesprochen ernst nahm. Der Fürst von Bikaner propagierte als Erbe Ramas wie alle Rajputen die Schichtung des Kastensystems als Ideal. Er sah sich als von göttlichem Willen auserwähltes Oberhaupt, das seine Untergebenen beschützt. Jeder Untertan sollte an seinem Platz in der Gesellschaft gerne seine Pflicht tun und dabei lange und gesund leben. Dies entspricht der aus westlicher Sicht ungewöhnlichen sozialen Utopie, die im *Ramayana* beschrieben wird: eine religiös definierte soziale Ordnung.

Rezitation aus dem *Rāmcaritmānas* in einem Tempel Ujjain, 2002.

Rāmrājya – Ramas Königreich als politisches Schlagwort

Die Rajputen verfochten eine sehr wörtliche Auslegung dieser sozialen Utopie. Andere tatsächliche oder potentielle Machthaber fanden jedoch eine andere Interpretation der göttlich gewollten sozialen Ordnung. Mahatma Gandhi prägte während des Freiheitskampfes gegen die britische Kolonialherrschaft das Schlagwort *rāmrājya* – Reich Ramas. Für Gandhi war *rāmrājya* gleichbedeutend mit der „perfekten Demokratie" bzw. der Herrschaft des Volkes, in der es Gerechtigkeit für alle Bürger gibt und Glaubens-, Rede- und Pressefreiheit garantiert sind. Mit dieser Wendung benannte er seine Vorstellung vom unabhängigen Indien mit einem Wort, das tief in der lebendigen, volkstümlichen und religiösen Tradition verwurzelt war, der sich Gandhi selbst stark verbunden fühlte.

Aber auch im unabhängigen Indien prägen besonders seit den 1990er Jahren wieder Politiker die öffentliche Diskussion mit einer Forderung nach *rāmrājya*: Hindu-nationalistische Organisationen sehen in der säkularen Demokratie der Republik nicht die ideale Gesellschaftsform, sondern propagieren eine Hindu-Nation für Indien. Nach den Vorstellungen dieser Organisationen war das im *Ramayana* beschriebene Königreich Ramas die erste real existierende Hindu-Nation. Erst die Invasion muslimischer Kräfte seit dem 10. Jahrhundert habe diese gottgewollte Herrschaft zerstört und die Hindus unter eine Fremdherrschaft gebracht, die bis heute fortbesteht. Dank des Glaubens an Rama und die Vertrautheit mit dem *Ramayana*, dessen integrierendes Potential über alle Barrieren und Widerstände hinweg die Idee der freien und unabhängigen Hindu-Nation aufrecht erhalten habe, hätten die Menschen in Indien unter jeder Herrschaftsform fortwährend nach der Wiederherstellung ihrer Nation gestrebt. Mit dieser Darstellung beziehen die Propagandisten der Hindu-Nation sich nicht nur auf die populäre Geschichte Ramas – auch Gandhi wird zum Vorläufer ihrer Politik erklärt. Dabei findet sich Gandhis Ideal der perfekten Demokratie nicht in der angestrebten Hindu-Nation wieder: Zu ihr zählen – wie der Name es bereits vermuten lässt – nur die Hindus, nicht jedoch die muslimischen und christlichen Bürger des heutigen Indiens. Diese gelten als Nachfahren der Invasoren und sind somit potenzielle Feinde der idealen Gesellschaft.

Rama wird von den Hindu-Nationalisten nicht nur als Held, Gott oder idealer Herrscher beschrieben. Er wird zur historischen Figur, dessen ideale Herrschaft über die vereinte Hindu-Nation tatsächlich stattgefunden hat. Im Kampf um die Wiederherstellung dieser einigen Nation wird Rama zum Nationalhelden stilisiert, unter dessen Führung die Hindus zu alter Stärke zurückfinden sollen. Ramas Kampf gegen das Böse in der Welt findet eine scheinbar logische Fortsetzung in der Auseinandersetzung mit den „Unterdrückern" der Hindu-Nation, den Muslimen und Christen Indiens. Wie die Verbindung des hindu-nationalistischen Geschichtsbilds mit der Tradition des epischen Helden die Interpretation der Gestalt Rama verändert, lässt sich an der ikonographischen Darstellung des Nationalhelden ablesen. Ein häufig im Rahmen hindu-nationalistischer Kampagnen gezeigtes Bild stellt Rama in kämpferischer Pose dar, den Bogen in der linken Hand bereit zum Einsatz, in der rechten Hand einen Pfeil. Sein Oberkörper ist muskulös und männlich, nicht jungenhaft oder kindlich wie in traditionellen Abbildungen. Er ist mit wenig Schmuck abgebildet: Auf dem Kopf trägt er nur das in einen Knoten geschlungene Haar, um den Hals einen Kranz aus Blüten, um Hals und Arme einige schlichte Ketten. Nichts deutet darauf hin, dass hier ein Prinz abgebildet ist. Auch Hinweise auf seine göttliche Herkunft fehlen: Rama ist mit heller Hautfarbe dargestellt, nicht mit dem bläulichen Farbton, der mit der Herabkunft Vishnus verbunden ist. Die Dynamik des Bildes ist hoch: Rama steht bis zu den Waden im Gischt brechender Wellen, seine Haare, Ketten und Kleidung wehen im Wind und der Himmel ist von dunklen Gewitterwolken verhangen. Der Kopf Ramas ist dem Wind zugewandt, er tritt dem Sturm entgegen. Es scheint, als blicke er mit entschlossenem Gesichtsausdruck dem Feind entgegen. Insgesamt zeigt das Bild einen Moment der Aktion. Die dynamische, aggressive Stimmung, die Kampfpose und der nicht gezeigte, aber doch suggerierte Feind – all diese Elemente zusammengenommen zeigen Rama, wie er als Nationalheld vorgestellt wird: zornig und entschlossen, den Kampf für die göttliche Ordnung der Hindu-Nation aufnehmend.

Rama, der Nationalheld
Propagandaplakat aus Indien, Anfang der 1990er Jahre.

Rāmrāj – Hierarchie als perfekte Ordnung

„Keine bekümmerte Witwe war hier zu sehen, und keine Schlange und keine Krankheit gab es, während er herrschte; in seinem Königreich fehlten die Übeltäter und fehlte das Leid; kein alter Mensch musste den jüngeren Verwandten bestatten; überall herrschte das Glück; jedermann tat seine Pflicht, und um Feindschaften zu begraben, brauchten sie Rama nur anzusehen." [2]

Diese beiden Beispiele zeigen, wie indische Politiker und Herrscher auf das Ideal Rama zurückgegriffen und in seinem Namen ihre Vorstellungen der politischen Ordnung verfochten haben. Dass sich ein Stoff dazu eignet, der sich auf den ersten Blick wie die Beschreibung eines Paradieses liest, liegt im hierarchischen Grundgedanken des Textes begründet. Wie stark das allgemeine Glück auch in Ramas Reich von der sozialen Ordnung abhängig war, zeigt eine Episode im letzten Buch des Epos: Trotz der göttlichen Regel, dass kein alter Mensch einen jüngeren Verwandten überleben soll, trifft Rama einen Brahmanen, der während seiner Regentschaft einen toten Sohn beweint. Sofort begibt sich der König auf die Suche nach der Ursache für dieses Unrecht und findet sie in einem *Shudra*, einem Angehörigen der untersten Kaste. Dieser übt eine Askese, die nur den oberen Kasten vorbehalten ist. Auf der Stelle tötet Rama den *Shudra*. Die gerechte Ordnung ist damit wiederhergestellt und der Sohn des Brahmanen erwacht erneut zum Leben.

Anmerkung

[1] Zitat aus: Ramayana. Die Geschichte vom Prinzen Rama, der schönen Sita und dem großen Affen Hanuman, übersetzt von Claudia Schmölders, München [3]1989.

[2] Ebd.

Literatur

Robert P. Goldman/Sally J. Sutherland Goldman, Ramayana, in: Sushil Mittal/Gene Thursby (Hrsg.), The Hindu World, New York/London 2004, S. 75–96

Philip Lutgendorf, Interpreting Ramraj. Reflections on the "Ramayan", Bhakti, and Hindu Nationalism, in: David N. Lorenzen (Hrsg.), Bhakti Religion in North India. Community, Identity and Political Action, New York 1995, S. 253–287

Barbara N. Ramusack, The Indian Princes and Their States, Cambridge 2004

„Pop up into a new world" – Architekturutopien im 20. und 21. Jahrhundert

Ilka Backmeister-Collacott

Utopien sind Wunschbilder einer anderen, besseren Zukunft; es gibt sie, seit Menschen versuchen die Welt zu erklären. In Utopien werden Gegenbilder zur Wirklichkeit entworfen – und zwar solche, deren zumindest momentane Nicht-Realisierbarkeit Teil des Entwurfs ist. Viele literarische Utopien verdichten ihre Schilderungen perfekt funktionierender Gesellschaften in der Beschreibung idealer Orte – kaum jemals wurden diese konkret dargestellt.

Zum utopischen Gesellschaftsentwurf gehören seit der frühen Neuzeit die in vielen Fällen im Entwurfsstadium verbliebenen Idealstädte, die sich zumeist durch eine strenge axiale (und daher als ideal erachtete) Struktur auszeichnen. Als ein Beispiel sei Chaux von Claude-Nicolas Ledoux genannt, die in einem fiktiven Reisebericht imaginierte Idealstadt, die als königliche Saline Arc-et-Senans in den 1770er Jahren teilrealisiert wurde.[1] Mit der Industrialisierung und dem schnell voranschreitenden technischen Fortschritt erhielt die Architekturutopie eine neue Dimension und vereinte nunmehr nicht nur Gesellschafts- und Architekturentwurf, sondern integrierte technizistische Zukunftsphantasien. In der Architekturutopie zeigt sich Architektur von ihrer nicht unmittelbar zweckgerichteten Seite. Aus den geistigen, technischen und wissenschaftlichen Strömungen der jeweiligen Zeit werden „Denkgebäude" – d. h. visionierte Gebäude oder Landschaften, die eine ideale Form des Zusammenlebens implizieren. Um die konkrete Umsetzung der Visionen geht es den meisten Architekten nicht – und vielfach wäre sie wohl auch in technischer Hinsicht gar nicht möglich. Dennoch üben sie mitunter großen Einfluss auf ihre Zeit aus – und nicht selten weit darüber hinaus.

Pazifistische Wunschwelten: Die Zeit zwischen den Weltkriegen

Eine grundsätzlich optimistische Zukunftseinstellung und Begeisterung für die moderne Technik, der nichts mehr unmöglich zu sein schien, führte um die Wende zum 20. Jahrhundert zu zahlreichen fortschrittsorientierten Zukunftsphantasien – in der Literatur ebenso wie in der Architektur. Mit dem Ersten Weltkrieg – dem ersten industrialisierten Krieg der Menschheit und für die Deutschen die „Urkatastrophe"[2] des 20. Jahrhunderts – erfuhr die Fortschrittsgläubigkeit eine kritische Brechung, die auch auf viele Architekten überging.

Die utopischen Konzepte der Zeit zwischen den beiden Weltkriegen haben häufig nichts Geringeres zum Ziel, als der Gegenwart eine neue, pazifistische Welt entgegenzusetzen. Gleich bei mehreren Architekten dieser Zeit finden sich Bezüge auf das „Weltbauen" und dem Architekten als dem Schöpfer dieser neuen Bauten kommt die Rolle des „Weltbaumeisters"[3] zu: *„Was die von ‚Weltbauen' sprechenden Architekten nach 1918 vereint, sind* [...] *chiliastische Hoffnung, Drang nach kosmischer Tiefe, vom Missbrauch befreite Technik und pazifistischer Geist, der Grenzen sprengt. Um ‚die Erde* *eine gute Wohnung' werden zu lassen* [...] *bedarf es visionärer Kraft und völligen Neubeginn."*[4] Vom *„Weltbauen"* spricht der Berliner Avantgarde-Architekt Bruno Taut ebenso wie Hermann Sörgel, der Schöpfer von „Atlantropa" (1928–1952), einem Projekt, bei dem die Schaffung eines gemeinsamen Kontinents aus Afrika und Europa durch teilweise Trockenlegung des Mittelmeeres geplant war. Sörgels Vorhaben hätte, wäre es realisiert worden, alles Bekannte – und selbst die phantastischen Erzählungen von Jules Verne – in den Schatten gestellt.

Als Antwort auf die unvorstellbare Gewaltexplosion des Ersten Weltkriegs entstand das Werk „Alpine Architektur" (1919) von Taut.[5] Dem Schrecken des Krieges stellte er die Utopie einer völligen Welterneuerung gegenüber, die er durch den Umbau einer Bergregion zwischen der Schweiz und Italien einleiten wollte. Die traumatisierten Menschen sollten ihre Energien statt auf kriegerische Zerstörung auf Frieden und Verständigung lenken und die Gegend um den Monte Rosa in einen gigantischen Friedenspark verwandeln. Im Zentrum des Friedensmanifestes steht der „Aufruf" an die „Völker Europas": *„Bildet Euch die heiligen Güter – baut! Seid ein Gedanke Eures Sterns, der Erde, die sich schmücken will – durch Euch!* [...] *Jeder sieht im grossen Gemeinsamen deutlich das Werk seiner Hände.* [...] *Alle dienen der Idee, der Schönheit – als Gedanken der Erde, die sie trägt. – Die Langeweile verschwindet und mit ihr der Zank, die Politik und das verruchte Gespenst Krieg."*[6]

Der pazifistische Gegenentwurf eines Ortes für neue, friedliche Gemeinschaften wurde von Glasbauten bestimmt: Täler wurden mit farbigem Glas zu blütenartigen Gebilden umgestaltet, Felsformationen durch Sprengungen „verschönert", und prächtige gläserne Kathedralen erhoben sich über einem Meer aus Wolken. Maßgeblich beeinflusst wurde das Werk von Paul Scheerbart, dem Taut 1914 den von ihm entworfenen Glaspavillon auf der Deutschen Werkbundausstellung in Köln widmete. Der in Berlin lebende Dichter galt zeitlebens als Außenseiter und „Andersdenker" und ist keiner gängigen Kunstordnung zuzuordnen.

Bruno Taut, Alpine Architektur, Hagen 1919, S. 10: „Firnen in Eis und Schnee": „Die Ausführung ist gewiss ungeheuer schwer und opfervoll, aber nicht unmöglich."

Bereits in Scheerbarts frühen Schriften finden sich Hinweise auf Architektur aus Glas; das Thema zieht sich wie ein roter Faden durch sein Werk. Spätestens 1914 besitzen seine Visionen einen explizit weltumfassenden Anspruch: *„Die Erdoberfläche"*, so schrieb er in seinem Text „Glasarchitektur", *„würde sich sehr verändern, wenn überall die Backsteinarchitektur von der Glasarchitektur verdrängt würde. Es wäre so, als umkleidete sich die Erde mit einem Brillanten- und Emailschmuck. Die Herrlichkeit ist gar nicht auszudenken. Und wir hätten dann auf Erden überall Köstlicheres als die Gärten aus Tausendundeiner Nacht. Wir hätten dann ein Paradies auf der Erde und brauchten nicht sehnsüchtig nach dem Paradiese im Himmel auszuschauen."*[7]

Architektonische Visionen der 1960er Jahre: Bauen an Land ...

In den späten 1950er und in den 1960er Jahren *„schlug die Stunde der Utopie"*[8]: Als Gegenbewegung zum reinen Funktionalismus der *„Architektur ‚Marke Knopf im Ohr'"*[9] widmeten sich zahlreiche Architekten der Lösung urbanistischer Herausforderungen und globaler Umweltprobleme.
Ein Teil dieser Utopien basierte auf der Vorstellung, es müsse für eine sich rapide vermehrende Erdbevölkerung – die UNO ging damals für das Jahr 2000 von 15 bis 19 Milliarden Menschen aus – Wohn- und Lebensraum geschaffen werden. Dabei, so spekulierte man, würden weder die konventionellen Materialien ausreichen noch die gewachsenen Baugründe. Architektengruppen wie Archigram (Großbritannien), die Metabolisten (Japan) und Archizoom (Italien) verließen in ihren Visionen die herkömmlichen Lebensräume. Die größtenteils durch Erkenntnisse der Naturwissenschaft – und besonders der Raumfahrt – beeinflussten Ansätze waren gleich in einem doppelten Sinne utopisch: Zum einen waren sie technisch wohl kaum realisierbar, zum anderen setzten sie voraus, dass die moderne Gesellschaft überhaupt ihre ökonomischen Kräfte auf solche Lebensformen lenken wollen würde. Der Schweizer Soziologe Lucius Burckhardt konstatierte 1968: *„Nein, diese Entwürfe zukünftigen Wohnens sind nicht von der Technik her Utopien, sondern von der Beschlussfassung. [...] Wenn bislang noch keine utopische Stadt gebaut worden ist, dann nicht, weil das utopisch wäre, sondern weil die Gesellschaft ihr Geld lieber für Mondsonden und dergleichen ausgibt. Es ist aber durchaus möglich, dass eines Tages Kräfte aufstehen, welche zur Verwirklichung einer utopischen Stadt drängen."*[10]

Richard Buckminster Fuller, Dome over Manhattan (Projekt), 1960.

Lange bevor der Begriff „Ökologie" im allgemeinen Bewusstsein verankert wurde, prägte der amerikanische Architekt, Erfinder und Universalgelehrte Buckminster Fuller bereits das Bild vom *„Spaceship Earth"*[11] für das ökologische Gesamtsystem Erde und thematisierte die Endlichkeit seiner fossilen Ressourcen. Um Städte vor schädlichen Einflüssen von außen zu schützen und Regionen wie die Arktis oder Antarktis dichter zu besiedeln, wollte Fuller auf der Basis der von ihm nach dem Zweiten Weltkrieg entwickelten „Geodätischen Strukturen", die in verkleinerter Form weltweit in großer Zahl realisiert wurden, riesige Kuppeln bauen lassen. Seine Planung für die Überkuppelung von Manhattan, die Anfang der 1960er Jahre entstand, sah vor, eine Halbkugel mit einem Durchmesser von zwei Meilen über die Stadt zu stülpen. Die enormen Kosten hätten sich, so die Schätzung des Architekten, bereits nach zehn Jahren durch die bei der Schneeräumung Manhattans eingesparten Kosten amortisiert. *„Von innen gibt es einen nicht unterbrochenen Kontakt zur Außenwelt. Sonne und Mond werden die*

Ron Herron/Archigram, Walking Cities (Projekt), 1964: Walking City in Ägypten.

rechte Seite:
oben:
Archigram, „Pop up into a new world", 1964.

unten:
Jacques Rougerie, Village sous la mer (Projekt), 1973.

Landschaft bescheinen, und der Himmel wird vollkommen sichtbar sein, aber die unangenehmen Auswirkungen von Klima, Hitze, Staub, Ungeziefer, grellem Licht usw. werden von der Außenhaut so reguliert, dass das Interieur wie der Garten Eden wird."[12] Es ist sicher kein Zufall, dass der britische Architekt Nicholas Grimshaw auf die auch heute futuristisch anmutenden Buckminster-Fuller-Kuppeln zurückgriff, als er zwischen 1995 und 2001 in Cornwall ein riesiges Gartenlandschafts- und Umweltbildungsprojekt realisierte, in dem die Klimazonen der Erde simuliert werden. Es trägt – nach *dem* Garten aller Gärten – den Namen „Eden Project".

Einen anderen Ansatz wählte der Künstler Yves Klein: Er arbeitete zwischen 1957 und 1959 an seiner Vision einer immateriellen Architektur aus „ephemeren Baustoffen", wie Luft, Feuer und Wasser.[13] Ausgehend von der Annahme, dass die Erde trotz der Fortschritte der Weltraumforschung der einzige, zukünftige Lebensraum bleiben würde, erdachte er eine ideale Umgebung für die Menschheit, die er als Rückkehr des irdischen Paradieses überhöhte. Kleins Stadt der Zukunft war durch ein Luftdach überspannt, das Schutz vor Einflüssen von außen bot und das Klima steuerbar machte. Mittels Druckluft bildeten sich durchsichtige Wände, Dächer und sogar Möbel. Die Menschen lebten in offenen Räumen, ohne abgeteilte Zimmer und ohne Trennung zwischen innen und außen.

Geradezu wie am Fließband publizierte die britische Architektengruppe Archigram seit 1961 ihre – mal phantastischen, mal provokativen – Entwürfe in einer gleichnamigen Zeitschrift. Die Gruppe wandte sich polemisch gegen die erstarrte, in Beton gegossene Architektur der Nachkriegsmoderne und rief zum Aufbruch in eine neue Welt auf.[14] Die Ideen, die ebenso in Comicstrips verpackt wurden wie in poppigen Collagen und poetischen Gedichten, richteten sich gegen festgefahrene Strukturen und sollten Architektur zu einem Mittel der Kommunikation machen. Archigrams Denkmodelle bewegen sich – fern eines Anspruchs auf Realisierung – unmittelbar am Puls der Zeit des beginnenden Raumfahrtzeitalters. Für ihre Fähigkeit zur Erzeugung von „Images", von identifikationsstiftenden Bildvorstellungen, ist Archigram für die Architekturgeschichte der zweiten Hälfte des 20. Jahrhunderts von großer Bedeutung.[15]

Als ideales mobiles Element entstand nach Plänen des Archigram-Mitglieds Peter Cook eine Kapsel, die an ein großformatiges Trägersystem, die so genannte „Plug-in City" (1964–1966) angedockt werden konnte. Bei dem futuristischen Projekt von Ron Herron „Walking Cities" (1964) wurde die beabsichtigte Mobilisierung der dann nomadisch lebenden Menschen sogar noch radikaler umgesetzt. Die Mobilität einer einzelnen Einsteckkapsel wurde auf die gesamte Stadt übertragen, die sich verändern und auf Teleskopfüßen mit Rädern fortbewegen konnte. „Walking Cities" evozierte – und das macht das Projekt so interessant – eine völlige Veränderung der Erdoberfläche. In äußerster Konsequenz einer sich immer schneller verändernden Gesellschaft und dem explosiven Fortschritt von Wissenschaft und Technik versprachen die „Wandernden Städte" die Überwindung von Ortsgebundenheit und damit grenzenlose Mobilität und Flexibilität.

... zu Wasser und in der Luft

Die 1960er Jahre sind *das* Jahrzehnt der Raumfahrt. Der verbissene Wettlauf der beiden Weltmächte brachte immer neue sensationelle Schlagzeilen hervor. Das Interesse der Architekten an der Raumfahrt – und deren faszinierender Bilderwelt – war riesig. Vorreiter war einmal mehr die Archigram-Gruppe, die sich 1964 auf der Suche nach radikalen und fundamentalen Stadtbildern in Comicmanier bildlich mit einer Rakete in den Orbit schießen ließ. Buckminster Fuller äußerte sich zwar erstaunt darüber, dass kein Architekt an der Entwicklung des amerikanischen Raumfahrtprogramms beteiligt worden sei. Gleichwohl hielt er die Erforschung der Ozeane unter dem Aspekt einer Erweiterung des menschlichen Lebensraumes für weit wichtiger als die Raumfahrt. Schon lange vor der ersten Ölkrise war er der Überzeugung, dass die industrialisierte Welt sich die enormen Ressourcen der Ozeane würde zunutze machen müssen, und ließ 1963 sein Projekt einer Untersee-Insel („Submarisle") patentieren. Marine Strukturen würden, so die Überlegung, die Forderungen nach einer Anpassung des menschlichen Lebensraumes an die sich rasant verändernden Bedingungen besser erfüllen als die „fixierten Strukturen" auf dem Festland: *„Meere sind noch keine Mangelware wie das arg strapazierte Festland."*[16] Die Ozeane sollten, so der französische Architekt Jacques Rougerie, gleichsam als *„sechster Kontinent"* erschlossen werden.[17]

Die utopischen Überlegungen rekurrierten nicht zuletzt auf den uralten Traum der Menschen von einem harmonischen Zusammenleben mit dem unberechenbaren Element Wasser. Auf wissenschaftlicher Ebene wurden die Vorstellungen u. a. durch Forschungen der British Aircraft und der NASA sowie durch Experimente des französischen Unterwasserforschers und -filmers Jacques Cousteau genährt. Dieser versuchte durch eine Reihe von Experimenten („Precontinent I – IV", 1962 – 1965) zu belegen, dass der menschliche Körper in der Lage sei, dauerhaft in riesigen Glaskugeln unter dem Meer zu leben.

Eine populäre Adaption erfuhr die utopische Vorstellung von menschlichem Leben unter dem Meer durch „Yellow Submarine" (1967), den Zeichentrick-Film der Beatles, in dem eine in „Pepperland", 80 000 Meilen unter dem Meer lebende Love & Peace-Gemeinde durch Angriffe von außen bedroht wird.[18] Warren Chalk von Archigram hielt den Film für weit realistischer, als sich dies die Popmusiker jemals hätten vorstellen können.[19]

Architektur im virtuellen Raum: Gegenwelten im 21. Jahrhundert

Auch die zeitgenössische Architekturutopie wird maßgeblich durch neue Technologien und ihre Auswirkungen auf die Lebenswelt der Menschen bestimmt. In Anlehnung an den von dem Science-Fiction-Autor William Gibson geprägten Begriff des „Cyberspace" heißen die neuen Schlagworte „Cyberarchitektur" oder „Programmable Architecture". [20] Der Einsatz von Computern und digitalen Medien hat die Vorstellungen der Architekten stark gewandelt und sie zu neuartigen Experimenten angeregt.

Ein faszinierendes Denkmodell liefert der junge Schweizer Architekt und Künstler Christian Waldvogel. Die preisgekrönte Utopie „Globus Cassus" wurde 2004 auf der Architektur-Biennale in Venedig vorgestellt und seitdem durch eine Planungsgruppe weiterentwickelt. [21] Vor dem Hintergrund von politischen, sozialen und ökologischen Bedrohungen zeichnet Waldvogel eine fiktive ideale Gegenwelt zur Erde und bettet den Umbauprozess in eine Art Schöpfungsmythos ein. Das riesenhaft angelegte Projekt beinhaltet den Bau einer Hohlstruktur, die sich in 36 000 Kilometer Entfernung um die Erde herum legt.

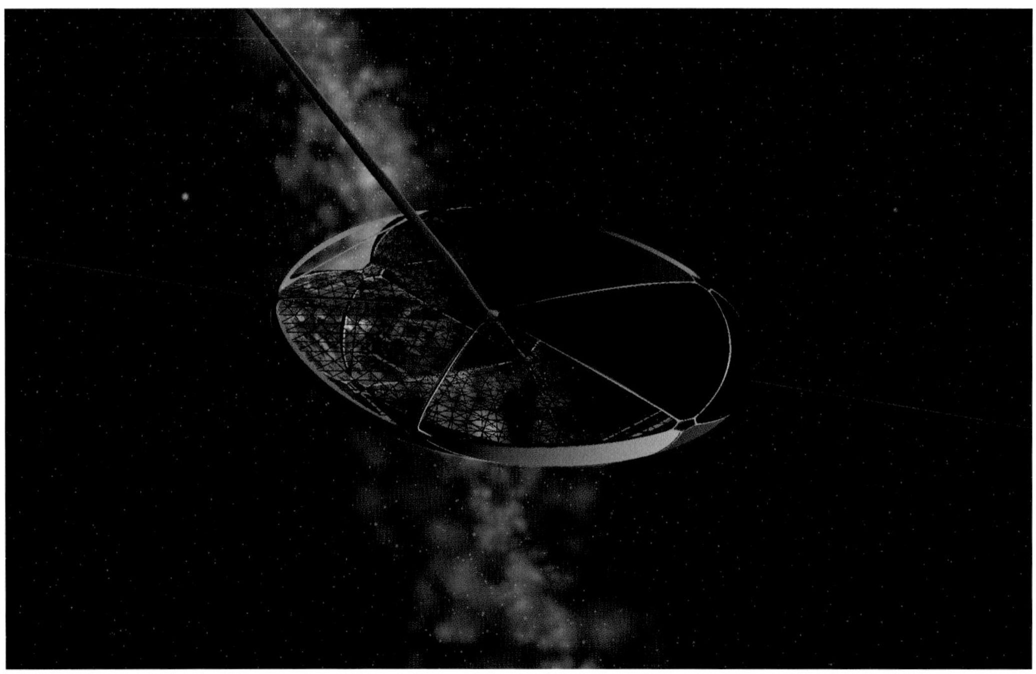

Christian Waldvogel
„Globus Cassus aus einer Distanz von 54'000 km gesehen, Foto vom 19. 6. 8600"
Screenshot von Universum-Simulationsprogramm,
1920 x 1200 pixel.

Da die Schale sich genau an der Stelle befindet, an der sich die durch die Erdrotation erzeugte, nach außen strebende Zentrifugalkraft und die nach innen strebende Gravitation gegenseitig aufheben und wiederum im Inneren einer hohlen Masse keine Gravitation herrscht, können die Menschen auf der Innenseite der Kugel leben, ohne in die Mitte zu stürzen. Die im Vergleich zur Erde 9-fach vergrößerte Oberfläche kann völlig neu gestaltet werden. In Waldvogels Vorstellung stehen einer gigantischen Parklandschaft (mit Meeren, Gletschern, Wüsten und Wäldern sowie landwirtschaftlichen Flächen) phantastische Städte gegenüber, die an Hügeln errichtet werden. [22] Die neue Gestalt bringt auch neue politische und ökonomische Systeme hervor, die *„allen Menschen ein frohes Leben ermöglichen und den schmerzlichen Verlust unseres geliebten Planeten Terra vergessen machen"*. [23] Das Modell beinhaltet klassische Merkmale utopischen Denkens – übersetzt in die heutige Zeit: Die Grundbedürfnisse der Menschen in ökonomischer Hinsicht sind erfüllt, der geregelte Zugang zu Rohstoffen sorgt für Frieden – kurzum: jeder ist frei, sein Leben so zu gestalten, wie er möchte.

In einem weiteren Projekt setzt sich Waldvogel (gemeinsam mit smarch/Beat Mathys und Ursula Stücheli) mit den versprochenen künstlichen Paradiesen zukünftiger technischer Intelligenz auseinander. *„Ein Stück Erde in den Himmel versetzt"* ist die Vision einer Bibliothek der Zukunft, die *„zwischen dem Genussideal eines Garten Eden und dem Angstbild einer Arche Noah des Wissens"* angesiedelt ist.[24] Imaginiert wird ein autonomer Ort, der vor Naturkatastrophen und menschlichen Verfehlungen ebenso abgeschirmt ist wie vor dem viralen Crash vernetzter Welten. Der *„Behälter des Wissens"* ist schwerpunktmäßig zwischen Alpen und Jura verortet und mit einem Kabel in einer geostationären Umlaufbahn verankert. Die sich im Lauf der Zeit zu Landschaften und Geologien des Wissens verdichtenden Strukturen der Bibliothek beherbergen unzerstörbare Aufbewahrungs- und Ausstellungsräume ebenso wie die Infrastruktur für kürzere und längere Aufenthalte (Landeplätze für Flugobjekte und Shuttlezugstationen, Hotels, Restaurants etc.). Die Bibliothek des Wissens sei, so ihre Schöpfer, ein *„zeitloses Gefäß der Erinnerung, das sich im Gleichgewicht zwischen Himmel und Erde"* befinde. Sie bilde eine Architektur, die *„gleichzeitig in die Zukunft und in die Vergangenheit blickt, um sich in diesem Spannungsfeld der Zukunft zu erinnern."*[25]

Christian Waldvogel/smarch
„Ein Stück Erde in den Himmel versetzt".
Projekt für utopische Bibliothek
Digitalprint, 570 x 570 mm.

Vieles spricht dafür, dass auch die Architekturutopie eine neue Renaissance erleben wird.[26] Der britische Physiker Stephen Hawking stellte im Internetportal „yahoo" unlängst die Frage: „Wie kann die Menschheit die nächsten 100 Jahre überleben – in einer Welt, die politisch, sozial und ökologisch im Chaos ist?"[27] – und erhielt darauf bereits innerhalb der ersten zwei Tage 16 000 Antworten. Hawking riet der Menschheit, schleunigst das All zu erobern, da das Leben auf der Erde viel zu gefährlich sei und das Überleben – vielleicht schon in näherer Zukunft – ganz in Frage stünde. Bereits in 20 Jahren könnte es eine ständige Mondbasis geben und in 40 Jahren eine Marskolonie. Und falls wir es schaffen sollten, die nächsten 100 Jahre zu überleben, ohne uns selbst zu vernichten, so Hawking, sollte es möglich sein, Kolonien anzulegen, die ohne Unterstützung der Erde ständig existieren können.

Anmerkungen

[1] Hanno-Walter Kruft, Städte in Utopia. Die Idealstadt vom 15. bis zum 18. Jahrhundert zwischen Staatsutopie und Wirklichkeit, München 1989, S. 112–126.

[2] Vgl. Wolfgang J. Mommsen, Die Urkatastrophe Deutschlands. Der Erste Weltkrieg 1914–1918, Stuttgart 2002.

[3] Vgl. Bruno Taut, Der Weltbaumeister. Architekturschauspiel für symphonische Musik, Hagen 1920.

[4] Wolfgang Voigt, Atlantropa. Weltbauen am Mittelmeer – Ein Architektentraum der Moderne, Hamburg 1998, S. 29.

[5] Bruno Taut, Alpine Architektur, Hagen 1919; vgl.: Matthias Schirren, Alpine Architektur. Eine Utopie, München u. a. 2004.

[6] „Aufruf an die Europäer", in: Taut 1919 (wie Anm. 5), S. 16.

[7] Paul Scheerbart: Glasarchitektur, Repr. d. Ausgabe v. 1914, Berlin 2000.

[8] Lucius Burckhardt, Wert und Sinn städtebaulicher Utopien, in: Reinhard Schmid (Hrsg.), Das Ende der Städte?, Stuttgart 1968, S. 111–119, hier: 112.

[9] Ebd.

[10] Ebd., S. 118f.

[11] Richard Buckminster Fuller, Operating Manual for Spaceship Earth, Carbondale (Ill.) 1969, dt. Übersetzung u. d. T.: Bedienungsanleitung für das Raumschiff Erde und andere Schriften, Reinbek 1973.

[12] Joachim Krausse / Claude Lichtenstein (Hrsg.), Your Private Sky. R. Buckminster Fuller – Design als Kunst einer Wissenschaft, Baden / Schweiz [2]2000, S. 435.

[13] Vgl. Peter Noever / François Perrin, Yves Klein. Air Architecture, Ostfildern-Ruit 2004.

[14] „Pop up into a new world", in: ARCHIGRAM 4 (1964).

[15] Vgl. Heinrich Klotz, Vision der Moderne: das Prinzip Konstruktion, München 1986, S. 100f.

[16] Justus Dahinden, Stadtstrukturen für morgen. Analysen, Thesen, Modelle, Stuttgart 1971, S. 33.

[17] Jacques Rougerie, Habiter la Mer, in: Architecture d'aujourd'hui 175 (1974), S. 113; vgl.: Felix Flesche (Hrsg.), Water House, München u. a. 2005, S. 100f.

[18] Fred Ritzel, Die animierte Utopie: YELLOW SUBMARINE (1967) und die Rettung der Gesellschaft, in: Werner Faulstich / Helmut Korte (Hrsg.), Fischer Filmgeschichte, Bd. 4, Frankfurt a. M. 1992, S. 135–153.

[19] Warren Chalk, Hardware of a New World, in: Architectural Forum 125 (1966), H. 3, S. 47–51.

[20] Vgl. Cyberspace. The World of Digital Architecture, Mulgrave (Vic.) 2001; Kas Oosterhuis, Programmable Architecture. Mission Statement, Mailand 2002.

[21] Globus Cassus: Christian Waldvogel, Ausst.-Kat. Venedig, Baden 2004; www.waldvogel.com.

[22] Diese Aufteilung entspricht dem utopischen Städtebauprojekt des griechischen Städteplaners und UN-Beraters Constantinos Doxiadis „Ecumenopolis" (1967). Vor dem Hintergrund der prognostizierten explosionsartigen Vermehrung der Menschheit sah er die Einrichtung einer „Universalstadt-Zone" mit 15 Milliarden Einwohnern auf fünf Prozent der Erdoberfläche vor.

[23] Zit. nach: Rahel Hartmann Schweizer, Globus cassus: Utopie – Retropie, in: tec21 37 (2004), S. 6–9.

[24] Vgl. Susanne Bieri / Walther Fuchs, Bibliotheken bauen. Tradition und Vision, Basel u. a. 2001; www.waldvogel.com; dort auch die folgenden Zitate.

[25] www.waldvogel.com.

[26] Vgl. Rudolf Maresch, Renaissance der Utopie. Zukunftsfiguren des 21. Jahrhunderts, Frankfurt a. M. 2004.

[27] http://answers.yahoo.com/question/?qid=20060704195516AanrdOD (Zugriff: 23. 8. 2006); Vgl. Die Zeit Nr. 34 v. 17. 8. 2006.

„Consumo ergo sum"
Himmel und Hölle im Waren-Paradies der Industriegesellschaft

Hartmut Roder

Bis ins 18. Jahrhundert diente der Konsum fast ausschließlich der unmittelbaren Existenzsicherung und erstreckte sich hauptsächlich auf selbst erzeugte Güter. Im Verlauf der industriellen Revolution wuchs auch die Nachfrage nach Waren, die zuvor nur dem Adel oder der Oberschicht zugänglich waren. Indem die unteren Schichten sich am Konsum der jeweils höheren Schicht orientierten, beabsichtigten jene selbst einen höheren Status zu erreichen. Nicht nur, dass das Warenangebot im 20. Jahrhundert rasch zunahm, durch die Ablösung der vormals bürgerlichen asketischen Konsummoral durch eine mehr lustbetonte und ästhetisierende Einstellung gelang es auch, mit Hilfe der wachsenden Massenkaufkraft immer größerer Teile der Bevölkerung der Industriestaaten an den Errungenschaften der expandierenden Güterproduktion teilzuhaben. Da die Abschaffung der Not bzw. die Versorgung mit Konsumgütern vor allem im „Kalten Krieg" zwischen Ost und West zum Hauptkriterium für eine erfolgreiche, leistungsfähige und demokratische Gesellschaft avancierte, war eine massenmäßige Durchsetzung und gesellschaftliche Prägekraft nicht von dem sich gleichzeitig entwickelnden Marketing mit riesigen Werbekampagnen zu trennen. So wie Walter Benjamin bereits in den 1920er Jahren in seinem Fragment „Kapitalismus als Religion" ausführte, schreibt der Konsumkapitalismus die Vergebungsbotschaft des Christentums fort, indem die Verheißungen der Religion und das Erleben der Güte Gottes sich nunmehr in der unermesslichen Fülle der angebotenen Güter sinnlich einlösen lassen. Weil seit der Aufklärung zunehmend deutlich wurde, dass der Himmel leer ist, bietet die Opulenz der Waren-Optionen ein Arsenal an Trostpflastern an, die auch die transzendente Obdachlosigkeit der modernen Massengesellschaften zu betäuben und zu kompensieren vermag. Das gesellschaftliche Selbstverständnis erfuhr durch den Konsum von Gütern, der weit über die Befriedigung von Grundbedürfnissen hinausging, eine gewaltige emotionale Aufladung. Diese dehnte sich auf sämtliche gesellschaftlichen Empfindungen, Diskurse und Verhaltensweisen aus, die mit dem Konsum jedweder Güter und Dienstleistungen im Zusammenhang standen. Für den Bürger rückten der Konsum einer unerschöpflich erscheinenden Zahl von Produkten und das Leben in einer durch Konsum geprägten Kultur in den Rang der elementaren Gewinnung und Sicherung seiner eigenen Identität. Erwerb, Besitz und Nutzung von Gütern erlangten in der sich nun durchsetzenden Überflussgesellschaft zunehmend einen Spitzenplatz im Olymp von Status und Sinn, Geschmack und Stilbildung jedes Einzelnen.

Das Elfte Gebot: „Einkaufen bis zum Umfallen" [1]

Musste der Bundesbürger 1952 noch 46 % seines Einkommens für Lebensmittel aufwenden, so hatte sich dieser Betrag bis zum Jahre 2000 auf ca. 10 % reduziert. Damit haben sich bei einer spürbaren

Abnahme von Arbeitszeit und einer gleichzeitigen Steigerung von Lebenszeit, Freizeit und Urlaub die verfügbaren finanziellen Mittel vervielfacht. Gegenüber den Mitbürgern verschaffte das Zurschaustellen von Schlüsselgütern einen Distinktionsgewinn. Werbewirtschaft, Modedesign und Massenmedien steigerten durch umfassende Informationen, Forschungen, Produktentwicklungen und Kampagnen die gesellschaftliche Wertschätzung des Konsums als eigenständigen Wert- und Lebensbereich. Zugleich waren sie bestrebt, den Produkten eine eigene Persönlichkeit zu verleihen, die der Käufer als Zugewinn verbuchen sollte.[2] Ein ganzes Arsenal psychologischer Kriegsführung – von Neid, Potenzgehabe bis zu Sucht – fand gerade in Erwerb und Besitz von Konsumgütern ein ideales Exerzierfeld. Genuss wurde Ziel des Handelns. Hedonistische Lebensentwürfe sorgten für eine Wiederverzauberung der Welt. Indem Arbeit und Produktion zugunsten von Freizeit und Konsum immer unbedeutender wurden, begann die Rolle des Konsumenten in der Gesellschaft das Bild des sich um das Gemeinwohl kümmernden Bürgers abzulösen. Die Freiheit der Wahl wurde zunehmend als Wahlfreiheit bei der Teilhabe an Warenströmen im Megastore, im Supermarkt oder im Versandhauskatalog angesehen, die Selbstverständnis, Lebensstil und Lebensgefühl bestimmten. Die demokratischen Abstimmungen schienen somit bei jedem Einkauf an der Ladenkasse stattzufinden. Entsprechend begann im Konsumentenstaat das politische Wahlverhalten zunehmend von der Entwicklung der persönlichen Kaufkraft abzuhängen. Weil Geld alle Menschen gleich macht, wird der massenhafte Erwerb von Konsumgütern zu einer der mächtigsten Bastionen der Gesellschaft. Indem der Gebrauchsnutzen von Gütern zunehmend in den Hintergrund rückt und ein Großteil der Wünsche, Interessen und Handlungen direkt oder unmittelbar mit dem Kauf oder Verbrauch von Gütern verbunden wird, stehen im Vordergrund jeder Kaufentscheidung die Faktoren Prestige, Individualität, Erlebnisintensität oder Kompensation von innerer Leere, Langeweile oder Überdruss. Waren dienen nunmehr weniger praktisch-nützlichen Zwecken, sondern erfüllen zunehmend symbolhaft persönliche Vorstellungen, Werte und Ideale. In der Annahme, dass individuelles Glück durch entsprechende Konsumgüter erreichbar sei, definieren die Menschen sich weniger durch Leistung, rücksichtsvolles Verhalten oder soziales Engagement als vielmehr über Umfang und Form ihres Konsums bzw. über ihre jeweilige Kaufkraft, die sie dem Konsum-Paradies

Andreas Gursky
99 Cent, 1999
Diasec / C-print, 207 x 336 cm.

immer wieder ein Stück näher bringen kann. Während im Mittelalter das himmlische Paradies noch für einfache Leute erreichbar schien, sofern diese nur intensiv genug glaubten und ein gottgenehmes Leben führten, ist das Konsumparadies der Moderne vorwiegend nur für Vermögende erfahrbar. Alle wahrgenommenen oder entstehenden Wünsche – so lautet das Mantra der Marketingbotschaften – können in Warenwünsche transformiert und erfüllt werden, so dass für viele Menschen, besonders aus sozial schlechter gestellten Schichten, der Konsum zur einzigen Form gesellschaftlicher Teilhabe geworden ist. Doch die ganze Fülle der *„Multioptionsgesellschaft"* [3] richtig wahrnehmen können nur Wenige. Zu denen zu zählen, ist aber das Ziel der Meisten: ob durch Lotterien, Rate- und Gewinnspiele oder waghalsige Geldanlagen.

Werbung für Mineralwasser, 1999.

Die Wiederverzauberung der Menschen

Das Einkaufen oder „Shoppen" ist zu einer eigenständigen und alltäglichen Lebensform geworden. Indem die allgegenwärtige Warenwerbung, für die ein immer größerer Anteil am Endverkaufspreis der Ware aufgewendet werden muss, nicht nur Spaß und Glück verheißt, gezielte Stimmungen und Erwartungen aufbaut, Sehnsüchte weckt und auch vor Schuldgefühlen nicht haltmacht, will sie dem Kunden nicht nur ein bestimmtes Produkt verkaufen. Mit Hilfe von eigens entwickelten Gefühlswelten bietet die Marke zunehmend das Aus- und Erleben großer Gefühle, tiefsitzender Wünsche und verborgener Leidenschaften an. Durch das Erleben und Wiederfinden dieser neuen sozialen Rolle mittels eines käuflichen Produktes wird die Wiederverzauberung unserer trivial erscheinenden Warenwelt angestrebt. Dabei bedarf die Ausbreitung der weltweiten Konsumkultur eines hohen Grades an Infantilisierung. So macht Marketing den Kunden schnell zum Individualisten. Um das „Ich will" und „Gib mir" jeden Kindes befriedigen zu können, wird ein relativ einheitlicher Geschmack mit eigens geschaffenen neuen Bedürfnisvarianten herbeigeführt. So lässt sich zum einen mit Fast Food, Cola und Hollywood-Filmen bereits weltweit eine große Konsumentengruppe her- und zufriedenstellen, während zum anderen z. B. mit den sportlich erscheinenden Jeep-Pkws (*Sports Utility Vehicles* – sog. Geländelimousinen) oder einer Vielzahl von Sportschuhen ein neuer Lifestyle kreiert werden konnte, obwohl diese Jeep-ähnlichen Fahrzeuge mehrheitlich in der Stadt gefahren werden bzw. nur 5 % aller Schuhkäufer Sportler sind. [4] Dass das *Corporate Design* und die *Corporate Identity* keinen Zweifel an der Homogenität des Markenkerns aufkommen lassen, versteht sich von selbst. Unzählige lachende und schöne Menschen verkörpern täglich diese Markenphilosophien, indem sie in unzähligen Werbebildern vorleben, was Glück heißt, wie es erreicht werden kann und vor allem wie Glück aussieht. Unablässig findet eine ästhetische Innovation in der Warenwelt – vor allem mit Hilfe einer ständigen Umgestaltung der verpackenden „Haut der Ware" – statt, um somit eine permanente Umwälzung der Bedürfnisse hervorzurufen. Indem das Bedeutende und Beziehungsvolle jeder Ware immer neu akzentuiert wird und indem in regelmäßigen Abständen eine künstliche Veralterung der Produkte stattfindet, wird immer wieder neue Nachfrage geschaffen. Dabei kann die qualitative und quantitative Reduzierung des individuellen Gebrauchswerts durch immer neue modische Verschönerungen ausgeglichen werden.

Werbung für Zigaretten, 1999.

Konsumismus – eine neue Religion?

Vor allem Aufbau, Pflege und Anpassung eines Produkts zu einer Marke mit einem lebendig erscheinenden, hoch emotionalen Umfeld von unverwechselbaren und glaubwürdigen Gebrauchswertversprechen lässt die Ware nicht nur zu einem Fetisch für den Konsumenten werden, sondern zu eigenen Sinnstiftern, die den Käufern ihrerseits einen angemessenen Götzendienst abverlangen. Die Waren treten die Herrschaft über die sie kaufenden Menschen an. Während die Marke den Unterschied zu anderen gleichartigen Produkten akzentuiert, erhält der Käufer neben dem einmaligen Konsumerlebnis noch eine Bühne in seinem privaten Leben, auf der er sich mit Hilfe der Wertewelt der Marke einen eigenen Lifestyle inszenieren oder projizieren kann. [5] Selbst aus Strom lässt sich – wie die Firma Yello zeigt – ein emotional aufgeladenes Markenprodukt machen; denn *„no name, no gain"*. Walter Benjamins Beobachtung folgend, nach der das zentrale Charakteristikum des Kapitalismus darin besteht, eine *„reine Kultreligion"* zu sein, wird jeder Kaufakt zu einem Gottesdienst aufgewertet, wobei Religion wörtlich als „Rückbindung" an ein Absolutes, Endgültiges zu verstehen ist. Seinen Gipfel findet diese tägliche Säkularreligion in der Sakralisierung von Marken-Produkten. Deren von Marketing und Werbung inszenierte Markenwelt ersetzt den längst verschwundenen Götterhimmel vergangener Zeiten. Ob Coca-Cola, Microsoft, IBM, Disney, McDonalds, Nike, IKEA oder Mercedes – zunehmend hat sich der Markenbegriff von einem bestimmten Qualitätsversprechen entfernt und suggeriert eher ein eigenes Lebensgefühl, vermittelt Images, Kompetenz und einen speziellen Lebensstil. Nicht mehr rationale Verkaufsargumente stehen im Mittelpunkt, sondern die emotionale Verführung des Konsumenten. Anstelle von Informationen orientieren sich die Käufer der Überflussgesellschaft angesichts der wachsenden Medienvielfalt an Marken-Images als Verkaufshilfe. So geht es z. B. bei BMW nicht mehr um den geringen Benzinverbrauch von 7,5 Litern oder eine Spitzengeschwindigkeit von 220 km/h, sondern lediglich um *„Freude am Fahren"*, und Starbuck's verkauft keinen Kaffee, sondern *„vermittelt eine Erfahrung"*. Das Logo vieler Marken, mit religiösen Symbolen gleichgestellt, bekommt eine totemistische Bedeutung. Es wird zum sichtbaren Repräsentanten der sozialen Religion seiner Kunden. Somit wird der Konsument zunehmend selbst zum Produkt, denn die Inszenierung des Konsumaktes als eigenständiges Erlebnis und Bestandteil des täglichen Lebens bietet Erlösungs- und Veränderungsmöglichkeiten für jeden einzelnen Nutzer an. *Shopping-Center* oder *Urban Entertainment Center*, die neuen nichtöffentlichen Lebensorte der Unterschichten, entwickeln sich zu monumentalen Konsumtempeln bzw. Einkaufskathedralen, um für Schlussverkaufsaktionen oder allgegenwärtige Abverkaufskampagnen ein gottesdienstähnliches Ambiente zu bieten. Somit ist es der kapitalistischen Marktdynamik gelungen, traditionelle Sitten, Umgangsformen und Glaubensinhalte zu entsakralisieren. Nur der Triumph des Kommerzes und der sich zur Gestaltung der gesamten menschlichen Gesellschaften anbietende Ökonomismus sind als letzte Form der Spiritualität übriggeblieben.[6]

Werbung für Clubreisen, 1998/1999.

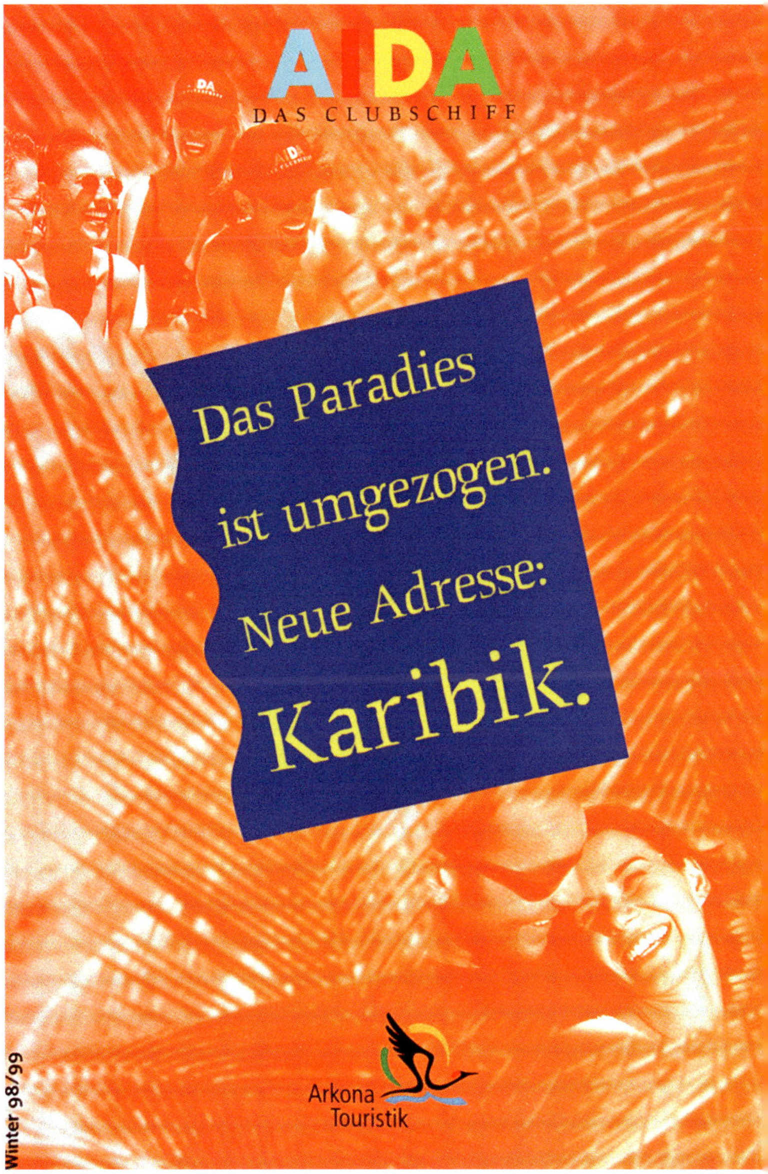

Der flexible Mensch des Konsumismus

Indem Markenprodukte Orientierung, Sicherheit und Halt anbieten, integriert der Konsum große Teile der Gesellschaft durch Animierung zum Kauf. Im Werben um überversorgte Konsumenten, die im Prinzip von allem mehr als genug haben, geben die Rituale des „Shoppens", die Magie des Kaufens und die Verzauberung des Verbrauchs dem Einzelnen ein Mindestmaß an persönlichem Halt und Sinn und machen den Konsumismus der Gegenwart zu einer echten Ersatzreligion. Zugleich entschädigen oder trösten sie für die Vielzahl der alltäglichen persönlichen oder beruflichen Kränkungen, Enttäuschungen und Ungerechtigkeiten. Überraschend ist es daher nicht, dass allein in Europa jährlich die Einführung von 16 000 Markenartikeln versucht wird. Überleben lediglich 5 % davon, so haben deren magische Brandzeichen eine gute Chance, selbst zur Aufwertung des produzierenden Unternehmens beizutragen. Dabei ist der Konsument keineswegs nur das passive Opfer raffinierter Verführungskünste der Werbung. Letztere kann ihre volle Wirkung erst entfalten, wenn sie von den durch ihren Eigennutz gelenkten Konsumenten gebilligt wird. Bereits 1975 hatte der italienische Autor und Filmemacher Pier Paolo Pasolini vor der *„Zerstörung der Kultur des Einzelnen durch die Konsumgesellschaft"* gewarnt. Für Pasolini besitzt der

Konsumismus der westlichen Gesellschaften die Qualität eines neuen Totalitarismus, dessen Trend zur weltumspannenden Ausbreitung zunehmend alle Kulturen gleichschalte.[7] Nichts war jüngst für diesen ruhelosen und ungebremst vorwärtsschreitenden Vorgang bezeichnender als das Triumphgeheul der US-Medien, als Afghanen nach ihrer „Befreiung" endlich Transistorradios hörend, Cola trinkend und Kaugummi kauend den Sieg der westlichen Konsumkultur feierten und ihr Dazugehören demonstrierten. Die Analyse von Hannah Arendt über Elemente totalitärer Herrschaft fortführend, unterstreichen nicht nur die geballte Machtakkumulation, der Aufschwung der dumpfen Massenunterhaltung oder die Liberalisierung aller gesellschaftlichen Regelungen und Kontrollen ein weiteres Vordringen der im Gewande der totalen Freiheit daherkommenden zerstörerischen Tendenzen.[8] Der konsumistischen Gesellschaft entspricht zunehmend die Formung eines flexiblen Menschen. Dieser ist frei von Dauerhaftigkeit, vermehrt losgelöst von seinen inneren und äußeren Sozialbezügen und in seiner scheinbaren inneren Freiheit und Unabhängigkeit extrem anpassungsfähig an die neuen Herausforderungen, Moden oder Zeichensysteme der Konsumgesellschaft. Der von einer ungeheuren Zahl von Reizen bedrängte Mensch im Übergang zum 21. Jahrhundert hat zunehmend weniger Zeit oder Raum, eigene Erfahrungen zu machen und zu verarbeiten bzw. ein Gefühl für die Vergangenheit auszuprägen, um sich eine eigene Seele zu bilden. Durch eine reduzierte Subjektivität des Einzelnen treten an die Stelle des eigenen Seelenlebens die ganze Welt der Konsumartikel und die Kommunikation mit dem Bildschirm oder dem Handy. Indem die Angebote der Konsumgesellschaft die Identität des Einzelnen zutiefst prägen, zersetzen sie immer mehr dessen Selbst.
Der Grenzmensch – nicht selbst, nicht fremd – oder die *Borderline*-Persönlichkeit bringt sowohl die kollektive Beziehungslosigkeit und Verlorenheit als auch die Aggressivität der Gesellschaft zum Ausdruck.[9] In allen Beziehungen und Bestrebungen auf den Moment fixiert, befindet sich dieser postmoderne Charakter in einem Zustand der permanenten Unzufriedenheit. Ohne die Möglichkeit einer kontinuierlichen Berufs- und eigenen Familienbiografie, bereits in frühen Jahren als überflüssiger Schüler, Lehrling, Student oder Arbeitnehmer von der gesellschaftlichen Teilhabe zurückgedrängt oder in prekären Anstellungsverhältnissen geparkt, entwickelt sich eine über wenig Halt und Zukunftsaussichten verfügende Persönlichkeit. Dieser Mensch ist der Idealtypus für die ständigen Rollen- und Veränderungsangebote des Erlebniskonsums und somit geradezu ein prädestinierter Kunde der konsumistischen Gesellschaft. Hin- und hergerissen zwischen seinen Allmachtsphantasien angesichts des Besitzes von besonders angesehenen Konsumartikeln und den Nichtigkeits- und Angstgefühlen im privaten und gesellschaftlichen Umfeld sucht dieser Persönlichkeitstyp ständig nach Ersatzbefriedigungen. So prägen die Vertreter der *Borderline*-Population, die in unseren Gesellschaften Anfang des 21. Jahrhunderts ca. 20 % der Gesamtbevölkerung ausmachen, ein eigenes Suchtverhalten aus: Auf einem ansteigenden Niveau setzt sich eine Jagd nach Konsumartikeln und Surrogaten durch.

Konsumismus – fragiler Motor der Weltökonomie

Aber nicht nur für den Einzelnen in den Industriegesellschaften soll der Konsum alle Befriedigungsprobleme lösen, auch die westliche Ökonomie ist elementar vom steten Laufen des Konsummotors abhängig. Während in Deutschland das Volumen des privaten Konsums sich im Jahre 2003 mit abnehmender Tendenz auf 60 % des Bruttoinlandsproduktes belief, hat dieser Wert im „Land der unbegrenzten

Möglichkeiten", in den USA, bereits die 70 %-Marke überschritten. Ohne das dadurch hervorgerufene Wirtschaftswachstum sähe es düster für die Weltkonjunktur aus. Seit über zehn Jahren geht die Hälfte des weltweiten Wirtschaftswachstums auf den Kaufrausch der US-amerikanischen Verbraucher zurück. Davon hängt das wirtschaftliche Wohl der ganzen Welt ab. Als ultimative Einkaufsmaschine trotzen die Bürger der USA allen Widrigkeiten. Als der New Yorker Bürgermeister Rudy Giuliani kurz nach den Anschlägen auf das World Trade Center am 11. September 2001 die Bürger zur Hilfe aufrief, tat er dies auf eine sehr ungewöhnliche, aber für die USA typische Art. Während – so Andy Warhol bereits in den 1960er Jahren – die Europäer versuchten, ihre Probleme diskutierend zu lösen, würden die Amerikaner einkaufen gehen. So lag es nicht fern, dass Giuliani die Bürger nicht zu Spenden oder tatkräftiger Mithilfe aufforderte, sondern die Parole ausgab: *„Shop New York"*. „Shopping" wurde so zur patriotischen Geste und erhielt den Rang eines identitätsstiftenden Ideals. Einkaufen und Konsumismus wurden zur Staatsräson erklärt. Verbunden mit einer Inflation von *Stars-and-Stripes*-Flaggen befreiten sich die US-Bürger durch Erfüllung ihrer Konsumentenpflicht vom Trauma des 11. September und legten die Grundlage für eine Reihe kriegerischer Auseinandersetzungen. Massiv unterstützt von der US-Notenbank und von der eigenen Regierung, die durch demonstrativ geringe Zinsen bzw. kräftige Steuersenkungen die Konsumkonjunktur stützten, ließen sich die US-Amerikaner allerdings nicht zurückhalten, ihrer patriotischen und mittlerweile weltweiten Kaufpflicht Genüge zu tun. Auch mit Hilfe ihrer durchschnittlich zehn Kreditkarten wuchs die Verschuldung der US-amerikanischen Haushalte auf jeweils ca. 9000 USD an. Somit finanzieren chinesische Kredite nicht nur den Irakkrieg, sondern ermöglichen auch die erhebliche Steigerung der Ansprüche amerikanischer Konsumenten. Wollten sie früher wenigstens den Besitzstand der Nachbarn neidisch überflügeln, so brachte längeres Fernsehen eine neue Referenzgröße ins Spiel. Indem die dort gezeigten *Soap-Operas* nunmehr die oberen Zehntausend mit Tennisplätzen, Privatflugzeug und Schwimmbädern ins Bild rückten, begann eine größere Zahl von US-Bürgern anzunehmen, dass dies die Standardausrüstung eines normalen Haushaltes in den Vereinigten Staaten darstelle, so dass der Nachschubkonsum gewaltig ins Kraut schoss.[10] Eingedenk dessen, dass ein Großteil dieses Konsumbooms auf Kredit erfolgte, und eingedenk der Tatsache, dass die Regierung der USA sich wegen ihrer gewaltigen Leistungsbilanzdefizite

Schlange stehen für das Paradies.

permanent mit Unsummen bei ihren chinesischen und japanischen Hauptlieferanten verschulden muss, wird deutlich, welche imminente Bedeutung der ungebremste Konsum für unser Wirtschaftssystem hat, aber auch, auf welch fragilen Grundlagen das System des Konsumismus steht. Während ohnehin zwei Milliarden Menschen auf der Erde nicht einmal einen Euro am Tag ausgeben können, basiert das System des westlichen Konsumismus auf einer horrenden, machtgeschützten Leihökonomie. Während Norbert Bolz in seinem „Konsumistischen Manifest" feststellt, dass die westliche Gesellschaft angesichts der Auflösung ihrer verbindenden Elemente wie Familie, Schule oder Nation nur durch den Konsum zusammengehalten wird, so mag er damit eine pointierte Beschreibung der Gegenwart geliefert haben. Den Konsumismus jedoch als Allheilmittel für eine friedliche Weltgesellschaft auszugeben, der allein in der Lage wäre, die Viren des Fanatismus auszutrocknen, scheint vor allem an den wirtschaftlichen Realitäten und politischen Absichten der beteiligten Akteure vorbeizugehen – ganz abgesehen von den kulturellen „Kollateralschäden" dieser Vision.[11] Zumindest für Europa und vor allem für Deutschland sollte ein „konsumistisches Manifest" jedoch kurzfristig zur politischen Rezeptur der Regierungen werden, denn die neoliberale Angebotspolitik der vergangenen Jahrzehnte hat die Binnenkonjunktur und damit den niedrigen Konsum fest im Griff. Die Reallöhne fallen ständig, Preissteigerungen und Konsumsteuererhöhungen sind horrend. Dabei könnte nur eine erhebliche Steigerung des Konsums gerade in Deutschland die Stagnation von Wirtschaftswachstum, Ansteigen der Massenarbeitslosigkeit und auch den Niedergang der Sozialsysteme beenden.

Anmerkungen

[1] So der amerikanische Verbraucheranwalt Ralph Nader, zit. bei Thomas Fischermann, United Shoppers of America, in: Die Zeit Nr. 15 (2004).

[2] Norbert F. Schneider, Konsum und Gesellschaft, in: Doris Rosenkranz/Norbert F. Schneider (Hrsg.), Konsum. Soziologische, ökonomische und psychologische Perspektiven, Opladen 2000, S. 11 ff.

[3] Peter Gross, Die Multioptionsgesellschaft, Frankfurt a. M. 1994, S. 25 ff.

[4] Benjamin Barber, Die Perversion der Freiheit, in: Die Zeit Nr. 28 (2000).

[5] Alexander Meschnig/Mathias Stuhr, Wunschlos unglücklich. Alles über Konsum, Hamburg 2005, S. 43 ff.

[6] Pascal Bruckner, Ich kaufe, also bin ich. Mythos und Wirklichkeit der globalen Welt, Berlin 2004, S.126. Auch Alexander Meschnig Mathias Stuhr, S. 57 f. und Arno Schilson, Säkulare Rituale. Theologische Entdeckungen in der Konsumwelt, in: Wolfgang Isenberg/Matthias Sellmann (Hrsg.), Konsum als Religion? Über die Wiederverzauberung der Welt, Mönchengladbach 2000, S. 75 ff.

[7] Pier Paolo Pasolini, Freibeuterschriften. Die Zerstörung der Kultur des Einzelnen durch die Konsumgesellschaft, Berlin 1975. Auch Richard Sennet, Die Kultur des Neuen Kapitalismus, Berlin 2005, S.126 ff.

[8] Jens Jessen, Fegefeuer des Marktes, in: Die Zeit Nr. 35 (2005).

[9] Evelyn Hanzig-Bätzing/Werner Bätzing, Entgrenzte Welten. Die Verdrängung des Menschen, Zürich 2005, S. 240 ff.

[10] Fischermann 2004 (wie Anm. 1).

[11] Norbert Bolz, Das konsumistische Manifest, München 2002, S. 14 ff. sowie ders.: Über Konsumismus, in: Merkur Nr. 653/654 (2003), S. 966 ff.

„Körperutopia“ – der Körper in der Postmoderne

Verena Paulus

„Heute, nur heute bin ich so schön, morgen, ach morgen muß alles vergehn...“
(Theodor Storm, Lied des Harfenmädchens, 1851)[1]

Als der Künstler Zeuxis in der Stadt Kroton, im Tempel der Hera, ein Bild der Helena malen sollte, wurde er vor gleich zwei große Herausforderungen gestellt: Zum einen galt die Helena den Griechen als eine der schönsten Frauen, zum anderen wollte er in dem Gemälde zugleich die Vollkommenheit weiblicher Schönheit darstellen. Obendrein setzten die Bürger der Stadt hohe Erwartungen in den Künstler und führten Zeuxis, als seine Suche nach einem weiblichen Modell begann, unzählige junge Frauen vor. Aus diesen wählte er schließlich die fünf schönsten aus, eine jede besaß aber nur einen Körperteil, der dem Künstler ideal erschien. In seinem Bild kombinierte er die verschiedenen Körperteile seiner Modelle und es gelang ihm tatsächlich, in seinem Gemälde einen wunderschönen, idealen Körper zu erschaffen ...
Als Cicero diese Anekdote aus dem antiken Griechenland überlieferte, war das Ideal des schönen Körpers allein der Kunst vorbehalten. Was die Realität nicht erfüllen konnte, blieb über Jahrtausende hinweg Aufgabe des Künstlers. Der Kunstkörper leistete für den Menschen, was ihm selbst versagt blieb: Den Traum von makelloser und unvergänglicher Schönheit zu verwirklichen. Heute träumen wir gemeinsam mit den Kandidatinnen der Fernsehshows „The Swan“ oder „I want a famous face“ und diverser Lifestyle-Magazine den Wandel zu einer neuen Erfüllbarkeit von Körperutopien.

Johann J. von Sandrart, nach Joachim von Sandrart
Zeuxis malt die Jungfrauen von Kroton, 1675
Radierung,
(Ausschnitt obere Platte)
13,5 x 19,1 cm.

Vom Ideal der Kunst zur Schönheitschirurgie

Ein Proportionskanon, wie ihn die Bildhauer Polyklet und Praxiteles in der Antike entwickelten und damit eine erste Normierung von Körperproportionen fertigten, wirkt bis heute fort, nicht nur in Konfektionsgrößen, sondern auch in dem Wunsch Schönheit zu konzipieren. Zwar sind die Konzepte beider Künstler nicht erhalten, aber ihre Skulpturen zeugen noch heute von einer Suche nach Schönheit und Harmonie.
Utopische Vorstellungen der Kunst und des Körpers sind auf interessante Weise miteinander verknüpft, beide stehen in ständigem Austausch und sind eng mit unseren Welt- und Paradiesvorstellungen verbunden. Diese Dialektik von Artifiziellem und „Natürlichem“ zieht sich durch die Geschichte, die Körperutopien verweisen auf die Kunst und diese wirkt auf die Gesellschaft zurück.

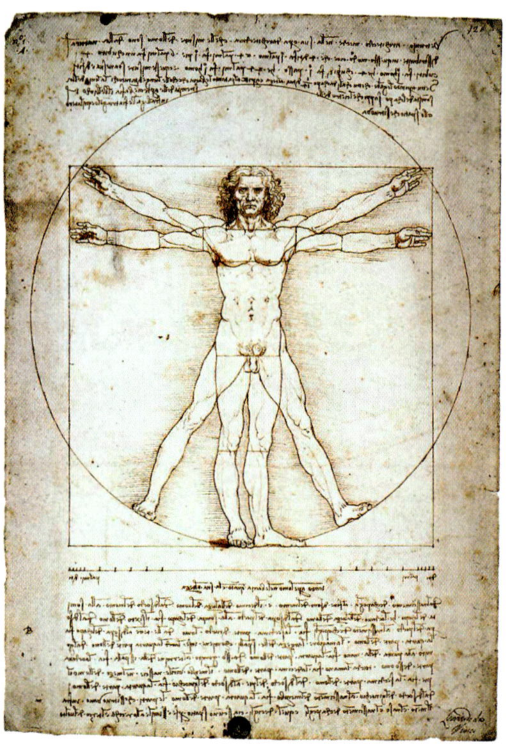

In der Renaissance wurde die Harmonie der Proportionen aus der Antike wieder aufgegriffen und weiterentwickelt – der „vitruvianische Mensch" (ca. 1492) des Malers Leonardo da Vinci wird bis heute als Symbol für den ordnenden Menschen in einem geordneten Körper begriffen. Dass seine mathematisch berechnete Proportionsstudie nach wie vor im Zusammenhang mit Gesundheit und Fitness gerne zitiert wird, beweist zugleich die zeitlose Verwertbarkeit dieses Gedankens. Der *uomo universale* nahm damit gleich zwei Strategien zeitgenössischer Körperprojekte vorweg: Er fragmentierte in seinen anatomischen Studien und Proportionszeichnungen die einzelnen Körperteile und fügte diese hernach zu einem idealen Kunstkörper zusammen. Dies war mit dem Wunsch verbunden, dass der in der Kunst erschaffene Körper die Natur herausfordern konnte und damit die Hybris des Malers als gottähnlichem Schöpfer rechtfertigte. Bis heute lässt sich der Gestus des Fragmentierens und Neuzusammenfügens beobachten – so soll sich idealerweise im Ergebnis einer Schönheitsoperation die Künstlichkeit als Natürlichkeit tarnen.

In den westlichen Kulturkreisen lässt sich auch heute noch das Ideal harmonischer Proportionen feststellen, deren Maßstab wie das weibliche „Idealmaß" 90–60–90 der Gesellschaft als Orientierung dient. Die Anziehungskraft idealer männlicher und weiblicher Körperproportionen in den westlichen Gesellschaften weiß die Attraktivitätsforschung inzwischen wissenschaftlich zu belegen. Diese hat sich vom utopischen Kunstkörper wegbewegt und den realen Körper gefunden. Wurde in der Antike der Proportionskanon noch als Vorlage des Künstlers für sein lebloses Artefakt benutzt, so kann er dem zeitgenössischen Menschen inzwischen als Blaupause durch den Schönheitschirurgen auf die Haut gestrichelt werden.

Gleichwohl lassen sich noch keine globalen Aussagen über Schönheitsideale anstellen, das Schönheitsideal des weiblichen Körpers war und ist im Gegensatz zu seinem männlichen Pendant einem steten Wandel unterworfen. So stellt etwa der Lotus-Fuß, der ebenfalls einen Eingriff des Menschen in den natürlichen Körper voraussetzt, ein auf die asiatische Kultur bezogenes Ideal dar. Dass die europäisierende Lidkorrektur aber mittlerweile zu den beliebtesten Schönheitsoperationen in Asien zählt, zeigt die Macht expansiver Medialisierungsvorgänge, die im Begriff der Globalisierung anklingen.

Schon deutlich früher in der Geschichte finden sich erste Überlieferungen über Operationen zum Zwecke der Verschönerung des Menschen; so beschrieb bereits 1597 eine Publikation von Gaspare Tagliacozzi (1546 – 1599), der als Vater der plastischen Chirurgie in Europa gilt, Methoden der Nasenkorrektur. War die ästhetisch-plastische Chirurgie in der Moderne noch eher als Wiederherstellungschirurgie angedacht und dazu berufen, den passiven Patienten zu „reparieren", so bewegt sie sich heute mit dem aktiven Klienten, der kosmetische Verschönerungen wünscht, in einer Grauzone medizinischer Notwendigkeiten: Wann muss der Nutzen einer Operation in Frage gestellt werden, wann nicht? Niemals zuvor waren die Mittel und Methoden der ästhetisch-plastischen Medizin so ausgereift: Von der Körpergröße bis hin zu Veränderungen des Geschlechts scheinen beinahe alle Veränderungen denk- und machbar – die Chirurgie ermöglicht es, dem Körper gesetzte Grenzen in vielerlei Hinsicht zu überwinden.

Orlan
African Self-Hybridisation.

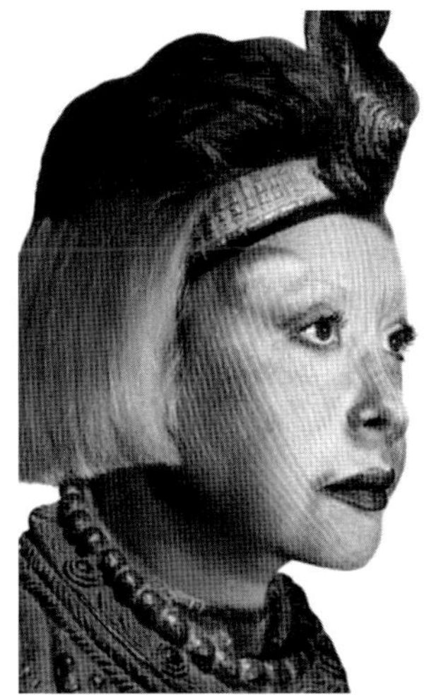

Auch auf den Körper in der Kunst wirkt dieses neue Machbarkeitscredo durch die Chirurgie zwangsläufig zurück. Die Körperverfremdungen der Künstlerin Orlan, die sich mehrfach im Dienste der Kunst operieren ließ, sind in weitreichender Hinsicht entgrenzend – ihre *„Art Charnel"*, die „fleischliche Kunst", rückt den Kunstkörper auf neuartige Weise in das Zentrum des Geschehens. Dabei ist die französische Künstlerin weniger an den Ergebnissen denn am chirurgischen Eingriff als solchem interessiert. Bei einer Performance ließ sie sich unter anderem Wülste in die Schläfen einsetzen und entgrenzt damit gängige gesellschaftliche Schönheitsideale. Orlan führt die Sehnsucht nach der Erfüllbarkeit von Körperidealen mittels chirurgischer Eingriffe ad absurdum. Ihre Schönheitsoperationen, bei denen sie zwar mit Morphium betäubt, aber wach ist, erwirken neue Körperformen. Zugleich kommentieren sie die gesellschaftlichen Zwänge eines stark über das Äußerliche definierten weiblichen Geschlechts. Der Körper dient ihr nicht nur in Operationen als Material, auch digitale Techniken der Bildbearbeitung verfremden und entgrenzen ihren Körper zu einem „modifizierten *Readymade*". Orlan führt das Prinzip des Einwanderns des Kunstkörpers in den empirischen Körper und umgekehrt beispielhaft vor Augen. Die Künstlerin bezeichnet ihre *„Art Charnel"* als feministisch – tatsächlich nimmt sie als Frau erstmals die Rolle des männlichen Pygmalion ein. Sie agiert letztlich in der Doppelfigur einer Skulpteurin und einer Skulptur, einem Handeln, das auch auf den zeitgenössischen Menschen zutrifft, dessen Rolle zwischen dem eines Klienten und dem des Patienten, zwischen Subjekt und Objekt oszilliert.

linke Seite:
oben:
Praxiteles
sog. Hermes von Olympia
ca. 340 v. Chr., Marmor
Olympia, Archäologisches Museum.

unten:
Leonardo da Vinci
Proportionsschema der menschlichen Gestalt nach Vitruv, ca. 1492
Feder, Tinte und Silberstift, 33,4 x 24,5 cm.

Der Jungbrunnen postmodern: Fitness und Anti-Aging

Silikonkissen verkörpern die neue Denkweise des Machbaren und tragen so das Signum der Verbesserung einer zum Selbstzweck geratenen Schönheitsideologie. Sie sind Indikation und Heilmittel zugleich. Wir alle werden zu potentiellen Zielobjekten einer statischen körperlichen Unzulänglichkeit – auf der anderen Seite können wir erstmals fast alle Mängel beheben. Die postmodernen Körperprojekte sind dem Individuum zugleich Fluch und Chance. Das schon im Märchen beschriebene *„Spieglein, Spieglein an der Wand, wer ist die Schönste im ganzen Land?"* führt das menschliche Urszenario der Schönheitswahrnehmung exemplarisch vor Augen. Der obligatorische Blick in den Spiegel als mitunter narzisstisches Moment ist zugleich mit dem Vanitas-Gedanken, einer Erkenntnis der Vergänglichkeit der Jugend verbunden, und dem unweigerlichen Vergleich mit dem Anderen.

Dabei zeigt fast jede Diagnose der eigenen Erscheinung, die der Mensch vornimmt, ihn als gesellschaftliches Wesen und weist zugleich über die reine Körperlichkeit des ‚Somas' hinaus. Jeder menschliche Körper ist auch sozial strukturiert, seine Konzeption und Konstruktion werden in gesellschaftlichen Diskursen, Orten der Wissensproduktion, verhandelt.

Hinter allen Körperprojekten, die der Mensch im Laufe der Zeit entwickeln konnte, stehen zwei elementare Konstanten: zum einen der Wunsch nach Attraktivität, der bestmöglichen Auswahl zur Fortpflanzung, der im Begriff der Schönheit sublimiert wurde, zum anderen der Traum von Jugendlichkeit, einem ewigen Leben. Beide Anziehungsmechanismen von Körperutopien wurden in dem Bild des „Jungbrunnen" zusammengeführt, einem Gemälde, das Lucas Cranach d. Ä. 1546 malte. Keine Paradiesvorstellung oder Utopie, die der Mensch im Laufe der Zeit erdachte, kommt ohne eigens entwickelte Körperkonzeptionen als Verheißungen aus; der Körper des Menschen ist fest in sein Planen von Glückseligkeit eingebunden. So kann die postmoderne Variante des Jungbrunnenkonzepts in Begriffen wie Anti-Aging, Fitness und Wellness wiedererkannt werden. Diese Konzepte entziehen sich einer genauen Definition und zeigen sich bei näherer Betrachtung als äußerst flüchtig und niemals abgeschlossen.

Lucas Cranach d. Ä.
Der Jungbrunnen, 1546
Öl auf Holz, 122 x 186,5 cm
Staatliche Museen zu Berlin – Gemäldegalerie.

Der gesellschaftliche Konsens über Schönheitsempfinden und die gängigen Vorstellungen von Fitness und Wellness werden vermittels der allgegenwärtigen Medialisierung hervorgerufen und zeigen sich in öffentlichen Körpermodellen wie denen von Stars als Orientierungen. Der Druck, dem gängigen Körperideal zu entsprechen, ist immens – eine Abweichung wird heute mit persönlichem Versagen gleichgesetzt, die viel beschworene Individualisierung der Gesellschaft bringt zugleich eine neuartige Fürsorgepflicht für den eigenen Körper mit sich, die nun nicht mehr nur von gesellschaftlichen Agenturen übernommen wird. Der gewählte Lifestyle bezieht damit auch das passende Körperstyling mit ein. Postmoderne Körperprojekte, so ließe sich resümieren, changieren zwischen privaten und kollektiv vermittelten Kompetenzen. Es stellt sich also die Frage, warum dem Körper eine so zentrale Rolle in der heutigen Gesellschaft zugewiesen wird. Fitness, Wellness und andere Konzepte lassen sich auf eine Formel bringen: die des Körperkults. Dieser weist den Körper in der Gegenwart als quasireligiösen Knotenpunkt aus, als Tempel des postmodernen Menschen. Viel bedeutender ist jedoch, dass er heute schlicht das Zentrum jedes Erlebens bildet. Die Seinsverfasstheit als *homo aestheticus* wird durch die allgegenwärtigen Medien und den zunehmenden Eventcharakter gesellschaftlicher Räume und Gemeinschaften geprägt. Je mehr sich die Umwelt „ästhetisiert“ und auf Wahrnehmungen und Erleben getrimmt wird, desto größer wird auch das Genuss- und Problematisierungspotential eines *homo aestheticus* und seiner Körperrolle.

Der Soziologe Zygmunt Bauman hat den postmodernen Menschen als „Gefühlesammler“ beschrieben und ihm ein umfassendes Konzept einer Fitness zugeordnet, die über die reine Sportlichkeit des Körpers weit hinaus geht. Ein solcher Körper sei *„vor allem ein Empfänger von Empfindungen; die Fähigkeit stimuliert zu werden, macht ihn zu einem Werkzeug der Lust. Diese Fähigkeit heißt Fitness* [...]. *Den Körper fit zu halten bedeutet, ihn in Aufnahme- und Reizbereitschaft zu halten.“* [2]
Genau diese *conditio humana* unserer Zeit wird getragen und reproduziert von einer allgegenwärtigen Schönheits- und Kulturindustrie. Seit die Wünsche und Träume der Menschen von der Wirtschaft *en détail* messbar sind und zu Vermarktungszwecken erfasst werden können, wird jedwede Glückshoffnung des postmodernen Menschen mit einer potentiellen Kaufentscheidung gleichgesetzt. Je wandelbarer und unerreichbarer das Prinzip des zu verkaufenden Glücksversprechens, desto größer sind auch die zu erwartenden Verkaufsoptionen. Das Einkaufsparadies ist insofern das einzige „Paradies“, das der Mensch unmittelbar betreten kann, sei es auch zeitlich begrenzt. Der postmoderne Mensch ist in mehrfacher Hinsicht als ein *homo consumens* angelegt, dessen Maxime der „Lebensqualität“ wie die ihr untergeordnete Fitness ebenso unbestimmt bleiben muss. Die Unabgeschlossenheit postmoderner Körperkonzepte mag als Garant neuer Erlebnisse gelten, zugleich kann mit ebendiesen Phantombegriffen und dem insofern unumgänglichen Expertenwissen ein riesiger Markt erschlossen werden.
War die Losung der Moderne die des „Überlebens“ als einem durchaus erreichbaren Ziel, so weist Bauman die Lebensqualität für die Gesellschaft des 21. Jahrhunderts als Eldorado aus. Das Streben nach Lebensqualität, das niemals abgeschlossen ist, vermag das Wirken und Wollen der Menschen zu konzentrieren und tarnt sich damit paradoxerweise als „greifbare Utopie“.

Der achte Tag der Schöpfung – Körper als Code

Die Schönheitschirurgie als machbare Entgrenzung des Körpers wird angesichts des ultimativen und ehrgeizigsten Körperprojektes der Menschen auf den Status einer Übergangslösung verwiesen. Am achten Tag der Schöpfung wird es wohl der Mensch als Demiurg sein, der den Universalcode des Lebens in seinen Händen hält. An ebendiesem Tag wird auch das Prinzip von Körper und Geist sich umgekehrt haben – der Körper ist dann nicht mehr die Grundbedingung unseres Geistes, sondern er entmaterialisiert sich zusehends, der Geist wird zum *Apriori* unseres Körpers.

Der Körper als Code.

In unserer zeitgenössischen Welt, deren Erscheinungsformen und Charakteristika gerne mit dem Präfix „post" umschrieben werden, hat der menschliche Körper eine neue Rolle zugewiesen bekommen, er erscheint „posthuman". Das Posthumane beschreitet zur Entmaterialisierung des Menschen zwei Pfade zugleich, namentlich den der Biotechnologie und der Informationstechnologie: ihnen gemeinsam ist das *Agens* des Decodierens und des Re- oder Neucodierens.

Der eine Pfad der neuen Körperutopien führt über die Gentechnologie und hat mit der Humangenetik den Menschen ins Visier genommen. Das eifrige Dechiffrieren der DNS, der Datenbasis allen lebenden Seins, führte zu den Basensequenzen – alle utopischen Dikta der Gentechnologie (vom Klonen bis zum Designerbaby) leiten sich aus dem Wissen um den ultimativen Code allen Lebens ab: A, C, G, T, den vier Nukleinbasen, deren Reihenfolge in der Doppelhelix diesen Code bildet. In der Gen-Utopie bahnen sich ungeheure Körperoptimierungen an, die Idee der Zelle, die sich selbst verjüngt, dem unverletzlichen Körper, bis hin zur Wahl von Haar- und Augenfarbe, Modifikationen, die wir uns dereinst vielleicht in den Einkaufswagen legen können.
Die revolutionärsten Ideen, die sich im Zuge des *natural turn* entwickeln werden, sind noch nicht einmal abzusehen. Erneut taucht der Gedanke des Fragmentierens auf, wenn dieses auch mit der Auswahl und Zusammenstellung geeigneter Erbanlagen aus dem Genpool auf die Ebene des Nukleus geführt wird. Die Kehrseite dieses Körperprojektes ruft Begriffe wie den der Eugenik und des „Übermenschen" auf den Plan, die einen bitteren Beigeschmack haben und nachdenklich stimmen.

Als zweiter Pfad hat die Informationstechnologie mit dem Binärcode aus 1 und 0 die Formel für eine räumliche und zeitliche Entgrenzung des Körpers geschaffen. Dies ermöglicht eine bis dato einzigartige Entmaterialisierung des Körpers, den „Super"- oder „Übermenschen" können wir bereits in der virtuellen Realität antreffen. Lara Croft als „Tomb Raider" kann als Paradebeispiel eines „super"-schönen und „super"-leistungsfähigen Körpers gelten, der zudem im gleichnamigen Computerspiel unzerstörbar ist, ja reanimiert werden kann. Die virtuelle Realität kommt auf Wunsch ohne ein *memento mori* aus. Die alte Idee des Homunkulus, des künstlich erzeugten Menschen, wurde anfänglich zunächst im Topos des *Cyborgs* verwirklicht, eines mittels Hardware-Modifikationen wie dem Schaltkreis optimierten Körpers. Dies ist jedoch nur eine Variante des Schöpfertums der Technikutopie – die Software-Entgrenzung durch den Binärcode etabliert einen digitalen Homunkulus, der bereits auf Lernen programmiert werden kann und mit künstlicher Intelligenz assoziiert wird. Auch als entgrenzte oder gar alternative Persönlichkeit im Cyberspace wird er heute vorstellig, der Rückgriff auf einen anderen Charakter ist ein Vorgang, wie er bereits von unzähligen Usern in Online-Rollenspielen eingeübt wird. Jeremy Rifkin nennt den zukünftigen Menschen eine multiple, weil theatrale Persönlichkeit, die sich digital in verschiedene Rollen fragmentieren kann.

Der virtuelle Supermensch:
Tomb Raider Lara Croft.

Die Rede von „virtuellen" Gemeinschaften als Netzwerke, die vielleicht bald dieselbe Bedeutung haben werden wie reale, und die Beschreibung des Menschen als Knotenpunkt zeigen den Paradigmenwechsel zu einer sich digitalisierenden Gesellschaft.

Der Umgang mit dem Körper wird die vielleicht größte Herausforderung der Menschheit im 21. Jahrhundert. Die Frage nach dem *tertium comparationis*, dem Verbindenden von menschlichem Körper und Geist, als einem *Surplus* stellt sich neu. Die schon im Humanismus-Ideal anklingende Rede von der Würde des Menschen und ihrem Gegensatz, dem von Giorgio Agamben beschriebenen „nackten Leben" des *homo sacer*, muss angesichts des Körpers als Code neu ausgehandelt werden. Das Leben

selbst bedarf einer neuen Definition: Ab wann darf einem „Zellhaufen" oder „Genentwurf" Menschenwürde zugeschrieben werden, welche Rechte besitzt eine Online-Persönlichkeit?
Die Vorstellung vom Körper als einem begrenzten Gefäß ist längst hinfällig – das zeitgenössische Formen, Verändern und Entgrenzen des Körpers steht ohne Zweifel im Zusammenhang mit neuen Prozessen der Identitäts- und Gesellschaftsgestaltung, in welche bio- und informationstechnologische Erwägungen mit einfließen werden. Wie der künstliche, digitale Körper auf die Realität zurückwirkt, zeigt nicht zuletzt die Verfilmung des Computerspiels „Tomb Raider" mit einer realen Hauptdarstellerin als Lara Croft.

Anmerkungen

[1] Dieter Lohmeier, Theodor Storm. Sämtliche Werke in vier Bänden, Bd. 1, Frankfurt a. M. 1987, S. 16.

[2] Bauman 1997, S. 188.

Literatur

Zygmunt Bauman, Flaneure, Spieler und Touristen: Essays zu postmodernen Lebensformen, Hamburg 1997

Kristiane Hasselmann / Sandra Schmidt / Cornelia Zumbusch (Hrsg.): Utopische Körper. Visionen künftiger Körper in Geschichte, Kunst und Gesellschaft, München 2004

Jeremy Rifkin, Access. Das Verschwinden des Eigentums, Frankfurt a. M. 2002

Thomas Weidenbach / Beatrix Pappeser, Der achte Tag der Schöpfung. Die Gentechnik manipuliert unsere Zukunft, Köln 1989

Wolfgang Welsch, Das Ästhetische – Eine Schlüsselkategorie unserer Zeit?, in: Wolfgang Welsch (Hrsg.), Die Aktualität des Ästhetischen, München 1993

Mensch und Natur

Der Garten – ein Paradies zwischen Himmel und Erde

Andrea Müller

Garten und Paradies

Der Garten und das Paradies – diese Begriffe sind unmittelbar miteinander verknüpft. Die Wortbedeutung scheint fast synonym; der Paradiesgarten oder das Gartenparadies? Eine Trennung der Begriffe nach himmlischer oder irdischer Auslegung ist in vielen Fällen fast unmöglich.

Woher kommt die Kombination der Vorstellung vom himmlischen Paradies als Garten und vom irdischen Garten als Paradies? Die etymologische Erklärung des Wortes Paradies gibt den ersten Verweis auf den Garten, denn ursprünglich bedeutete der altpersische Begriff *Pari-daeza* „Umwallung". Daraus wurde in vielen Sprachen die Bezeichnung für einen eingefriedeten Park oder eine Gartenanlage, die auch Xenophon als Bezeichnung für die Parks persischer Adeliger benutzte. In der griechischen Bibel wurde das Wort dann für den Garten Eden verwendet. Dieser biblische Garten Eden ist wohl das bekannteste Gleichnis von Garten und Paradies:

„Und Gott der Herr pflanzte einen Garten in Eden gegen Morgen und setzte den Menschen hinein, den er gemacht hatte. Und Gott der Herr ließ aufwachsen aus der Erde allerlei Bäume, lustig anzusehen und gut zu essen, und den Baum des Lebens mitten im Garten [...] *Und Gott der Herr nahm den Menschen und setzte ihn in den Garten Eden, dass er ihn baute und bewahrte."* (1. Mose, Kapitel 2,8,9,15)

In zahlreichen Überlieferungen und Religionen wird der Garten als ideale und ursprüngliche Welt, als eine von Gott geschaffene Landschaft beschrieben. Hier lebt der Mensch mit seinesgleichen und der Natur im Einklang. Aber auch das jenseitige Paradies, der Ort an dem der Mensch nach seinem Tod verweilt, trägt häufig die Züge einer Gartenlandschaft. Im Christentum, aber mehr noch im Islam wird das zukünftige Paradies als Garten beschrieben. Auch der Buddhismus kennt den Garten als eine Paradiesvorstellung; bei den Anhängern des Amitabha Buddha trägt das Paradies des Reinen

Seite 125:
Lucas Cranach
Sündenfall
Holzschnitt, 23,4 x 34,4 cm
Kunsthalle Bremen.

Landes „Sukhavati“ Züge einer Gartenlandschaft mit edelsteinbesetzten Bäumen, Lotusteichen und Terrassen, mit sanften Melodien von Vogelstimmen und Musikanten.
Neben diesen transzendenten paradiesischen Gartenvorstellungen trägt der profane Garten eine Fülle an Elementen und Facetten, die ihn zu einem Refugium vielfältiger Visionen und gesellschaftlicher Projektionen werden ließen. Der Garten ist Sinnbild für Fruchtbarkeit, er ist eine Metapher für das Werden und Vergehen, aber gleichzeitig ein Ort beständigen Wachstums. Er gilt sowohl als Stätte der Muße und Entspannung, als auch der Strapazen durch die fortwährende und anstrengende Gartenarbeit. Er ist mit erotischen und philosophischen Vorstellungen belegt und bietet darüber hinaus vielfältige Möglichkeiten der künstlerischen und kreativen Gestaltung. Neben dem praktischen Nutzen der Nahrungsversorgung können die geschützten Anlagen sowohl ein Platz der Meditation als auch der Geselligkeit sein.

Der irdische Garten – Wasser, Vegetation und Mauern

Prägende Strukturen der Gärten sind Wasser, Mauern und geordnete Vegetation. Im sumerischen Epos „Enki, Ninsikila und Ninchursaga“ wird das Land Dilmun erst dann zu einem grünen Paradies, nachdem der Gott Enki mit Hilfe des Sonnengottes Utu dem Land Wasser schenkte. Wasser steht am Anfang eines jeden Gartens, ohne dieses Elixier gibt es kein Aufgehen der Saat, kein Wachstum und folglich keine Ernte. Die ersten Gärten waren Wüstenoasen, deren üppige Vegetation in den kargen Sandwüsten als Gottes Werk angesehen und als Paradies interpretiert wurde.
Insbesondere im Orient war die Anlage von Bewässerungssystemen Voraussetzung für eine kontinuierliche Bepflanzung. Die Wasserversorgung durch Kanäle ließ eine geometrische Anlage der Beete mit rechteckigen und rechtwinkeligen Einfassungen zweckmäßig erscheinen.
Ebenso besaß die Umzäunung der gesamten Gartenanlage eine wichtige Funktion. Mauern boten Schutz vor wilden Tieren, feindlichen Menschen oder vor dem als bedrohlich empfundenen Wildwuchs der Natur. Das deutsche Wort „Garten“ stammt von dem althochdeutschen „garto“ und in seiner ursprünglichen Bedeutung meinte es „das Umzäunte“. Eine zentrale Rolle kommt dem Gärtner zu, der die Anlage pflegen und bewahren soll. Ohne seine Tätigkeit würde der Garten schnell wieder veröden und zur Wildnis werden, außerdem obliegt es seinen gestaltenden Händen den Garten zum ästhetischen Genuss werden zu lassen. Jeder Garten ist Ausdruck einer vom Menschen gebändigten Natur, sein Eingreifen ist je nach Kulturepoche mehr oder weniger sichtbar.
Die Ursprünge des Gartenbaus liegen im Vorderen Orient. Die Sumerer legten die ersten Jagdparks an, die das Fundament für die späteren Parkanlagen und Landschaftsgärten bildeten. Die einige Jahrhunderte später in Ägypten entstandenen Gärten mit Teichen, Bewässerungsanlagen, Blumenwiesen und Baumalleen hatten einen prägenden Einfluss auf die Ziergärten späterer Kulturepochen.

Gärten des Orients

Die berühmten Gärten von Babylon hinterließen noch in der Antike großen Eindruck und sind als eines der Sieben Weltwunder in die Geschichte eingegangen. Ihre Lage ist bis heute nicht definitiv lokalisiert worden und ihr Bau wird dem neubabylonischen König Nebukadnezar II. (605 – 562 v. Chr.) zugeschrieben. Um die Sehnsucht seiner medischen Gemahlin Amytis nach den bewaldeten Bergen ihrer Heimat zu stillen, ließ der König eine künstliche Nachbildung dieser Landschaft bauen.[1] Spätere Beschreibungen berichten von einem 120 Meter langen Gewölbe, auf dem sich terrassenförmig mehrere Ebenen aufbauten, die mit großen Bäumen und exotischen Gewächsen bepflanzt waren. Das Ausmaß dieser Anlage und die Imagination eines mit riesigen Bäumen besetzten Berges ließen diesen Garten zu einem von Menschenhand geschaffenen Wunderwerk werden.

Die Perser schufen die ersten ummauerten Formalgärten. Der Garten in Pasagardae von Kyros dem Großen (601 – 530 v. Chr.), Gründer des Achämenidenreichs, gilt als der älteste Beleg der *Tschahâr Bâgh* genannten Gartenform (*Tschahâr* bedeutet vier und *Bâgh* heißt übersetzt Garten). Ein System von Wasserrinnen teilte den inneren Garten des Palastkomplexes in vier Rechtecke. Bestimmende Elemente des persischen Gartens waren Schatten spendende Bäume, fließendes Wasser, eine Einfassung des Gartens und eine geometrische Gliederung. Die Gesamtanlage und die Elemente dieses Formalgartens aus Pasagardae waren von entscheidender Bedeutung für die weitere Gartenentwickelung des spirituellen islamischen Gartens.

In Anlehnung an den verlorenen Garten Eden verspricht der Koran den Seligen nach dem Jüngsten Gericht in prächtigen Bildern den Aufenthalt in mehreren Gärten. In über hundert Textstellen wird dieser Paradiesgarten erwähnt und beschrieben. *„Das Bild des Paradieses, das den Gottesfürchtigen verheißen ward: In ihm sind Bäche von Wasser, das nicht verdirbt, und Bäche von Milch, deren Geschmack sich nicht verändert, und Bäche von Wein, köstlich für den Trinkenden; und Bäche von geklärtem Honig; und in ihnen allerlei Früchte und Verzeihung vor ihrem Herrn"* (Sure 47, 15). Dieser Garten der Ewigkeit fand seine irdische Entsprechung in der bereits bestehenden Gartenidee des persischen Gartens. Die vier Wasserläufe des *Tschahâr Bâgh* repräsentierten die Flüsse des Lebens, gleichzeitig spiegelte sich in ihnen der Himmel als Abbild des Paradiesgartens. Der Gläubige konnte sich während des Aufenthalts im Garten der inneren Einkehr widmen, wobei möglichst alle Sinne angesprochen wurden. Dazu dienten sowohl das Grün der Gewächse, das als heilige Farbe an den Propheten Mohammed erinnern sollte, als auch die Verwendung von Pflanzen mit symbolischer Bedeutung (z. B. die immergrüne Zypresse als Sinnbild für die Unsterblichkeit). Wohlriechende Blumen, das leise Geräusch von plätscherndem Wasser und die Abgeschiedenheit durch schützende Gartenmauern ließen eine Ahnung vom zukünftigen Paradies entstehen.

Kerman-Garten-Teppich,
Südpersien, Kerman,
1. Hälfte 17. Jahrhundert
Baumwolle, Wolle,
Metallfäden, 191 x 156 cm
Wien, Österreichisches
Museum für angewandte
Kunst/Gegenwartskunst
Inv.-Nr. T 8542-1930.

Im Nahen Osten entwickelt und zu größter Kunstfertigkeit geführt, wanderte diese Gartenidee parallel mit der Ausbreitung des Glaubens über Nordafrika nach Spanien und von dort nach Südamerika, im Osten bis in das indische Mogulreich, und vermischte sich mit den jeweiligen lokalen Eigenheiten. Der Begründer des Mogulreiches, Zahiruddin Muhammad Babur (1483 – 1530), brachte die islamische

Gartenkultur nach Indien. Baburs Liebe zur Natur drückte sich nicht nur in der Anlage formvollendeter Gärten aus, er erweiterte auch das Arteninventar durch die zahlreichen Pflanzen, die er von seinen Reisen mitbrachte. Außerdem beschäftigte er sich mit der Kultivierung der Gewächse, insbesondere dem Anbau der Wildpflanzen. Ein Beispiel für die Verschmelzung der indischen und der islamischen Baukunst ist das Taj Mahal im indischen Aghra. Der damalige Fürst Shah Jahan baute ein Mausoleum in einer prächtigen Gartenanlage in den Jahren zwischen 1632 und 1654 für seine verstorbene Lieblingsgattin Mumtaz Mahal. Mauern mit Intarsienarbeiten aus Halbedelsteinen, Koranversen und florale Elemente am Gebäude, das aus glänzendem weißen Marmor gefertigt wurde, und ein ausgedehnter, prächtiger Garten in *Tschahâr-Bâgh*-Form ließen die Anlage als eine irdische Verheißung des kommenden Paradiesgartens erscheinen.

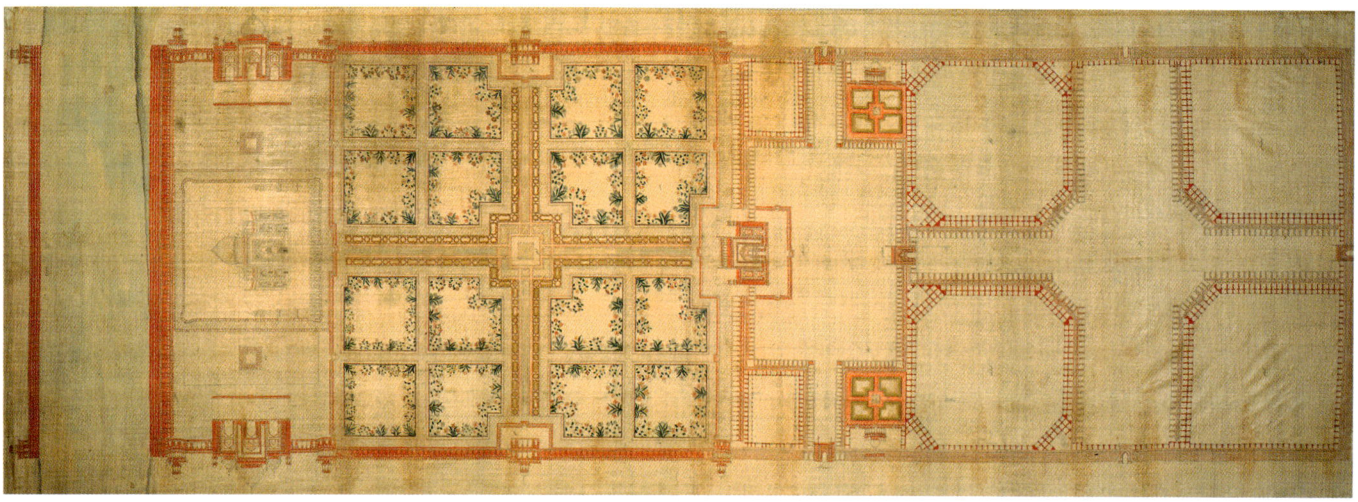

Grundrisszeichnung des
Taj Mahal in Agra
um 1800
Wasserfarben auf Stoff
80 x 280 cm
Museum für Indische Kunst/
Staatliche Museen zu Berlin
Inv.-Nr. MIK I 10060.

Religiöse und profane Gärten im Mittelalter

Im frühen Mittelalter leisteten die Klöster Pionierarbeit bei der Urbarmachung des Landes. In den vorhergehenden Jahrhunderten der Völkerwanderung fehlte die Sesshaftigkeit als Grundprämisse für einen intensiven Gartenbau. Erst die aus dauerhaften Wohnanlagen bestehenden klösterlichen Gemeinschaften waren dazu in der Lage. Ferner begünstigte das in den Benediktinerklöstern herrschende Gebot der täglichen Arbeit die Verbreitung der Gartenkultur. Außerdem befanden sich in ihren Bibliotheken die überlieferten antiken naturwissenschaftlichen Schriften, darunter das Wissen um Gartenbau, Pflanzenkultivierung und die medizinische Wirkung verschiedener Heilkräuter.

Aufschlussreich ist der Idealplan des Klosters St. Gallen, der im 9. Jahrhundert auf der Insel Reichenau entstand. Bei den dort verzeichneten Gartentypen lassen sich zwischen den Nutzgärten, dazu zählen der Gemüsegarten, der Heilkräutergarten und der Baumgarten einschließlich Friedhof, und den gestalteten Grünflächen, die als Kreuzgang in der Klausur, im Hospital und im Noviziat eingezeichnet sind, unterscheiden. Die innere Fläche des Kreuzganges in der Klausur ist in vier Rechtecke geteilt, im Zentrum steht ein ornamentales Symbol mit der Aufschrift *savina*. Dieser immergrüne Wacholder (Sadebaum) legt die Erinnerung an den Lebensbaum aus dem Paradies nahe. Statt eines Baumes konnte auch ein Brunnen im Wegekreuz des Kreuzganges stehen. Dieser Innenhof besaß keinen substanziellen Nutzen, sondern diente der Kontemplation und sollte die Mönche an das verlorene oder zukünftige Paradies erinnern.

Oberrheinischer Meister
Das Paradiesgärtlein, ca. 1414
Mischtechnik auf Holz,
26,3 x 33,4 cm
Städelsches Kunstinstitut,
Frankfurt a. M.

Aufgrund der schlechten Quellenlage ist das Wissen um die mittelalterlichen Gärten gering, insbesondere für die Zeit zwischen dem 9. und dem 15. Jahrhundert sind die wissenschaftlichen Erkenntnisse recht spärlich. Eine Quelle schließt diese Lücke und zeigt eine neue Auffassung in der Gartenwahrnehmung. Der Dominikaner und Bischof Albertus Magnus entwarf in seinem Buch *„De vegetabilibus libri VII"* die Anleitung zur Anlage eines Lustgartens. Der Universalgelehrte ersann auf der Grundlage antiker Schriften einen Garten zur Erholung; mit Rasenbänken, duftenden Kräutern und bunten Blumen, einem zentralen Springbrunnen sowie Obstbäumen. Dieser Ziergarten war eine Oase für die Sinne; die Schönheit der Pflanzen, olfaktorische Erlebnisse und die Annehmlichkeit, unter Schatten spendenden Bäumen zu sitzen und dem Klang plätschernden Wassers zu lauschen, versprachen hohen Erholungswert.

Lesepulttuch mit Einhorn und *Hortus conclusus*
Niedersachsen,
Ende 15. Jahrhundert
Seiden-, Gold- und Silberstickereien, 32,5 x 44 cm
Kloster Ebstorf.

Im Hochmittelalter stand der Garten im Zeichen der Gottesmutter Maria. Als eine Interpretation des Hohen Liedes aus dem Alten Testament wurde der *Hortus conclusus* ein beliebtes Bildsujet und Gedichtmotiv. Im 15. Jahrhundert entstanden Bilder wie „Maria im Rosenhag" von Stefan Lochner oder „Madonna in den Erdbeeren" des Oberrheinischen Meisters. Im „Paradiesgärtlein" – ebenfalls vom Oberrheinischen Meister – geht es bei der Bildaussage weniger um die Darstellung einer Gartenanlage, sondern der Garten dient als Synonym für das Paradies. Maria sitzt auf einer Rasenbank in einem geschlossenen Garten, umgeben von einigen Heiligen. Christliche Metaphorik drückt sich in den verschiedenen Tieren und Pflanzen aus; die Schwertlilie diente ebenso als Marienattribut wie die Pfingstrose und das Maiglöckchen.

Vom repräsentativen zum demokratischen Garten

In der Renaissance wurden die Gärten Bestandteil des künstlerisch gestalteten Anblicks der Städte. Architektonische Elemente wie Treppen, Mauern, Terrassen, Wasserspiele und beschnittene Buchsbaumhecken verbreiteten sich vom tonangebenden Italien in die europäischen Gärten.
Als Metapher für die Naturbeherrschung und als Synonym für eine absolutistische Gesellschaftsordnung steht der Barockgarten des Sonnenkönigs Ludwig XIV. Die Beherrschung der Natur wurde dem Besucher durch die geometrische Aufteilung, die Symmetrie in der Architektur und in der ungeheuren Dimension der Anlage vorgeführt. Die Parkstadt Versailles wurde aus Sumpfland von dem Gartenarchitekten André Le Nôtre geschaffen, der als Begründer des formalen französischen Gartens gilt. Er plante ein rasterförmiges Gartenareal, das er axial auf das Schloss ausrichtete. Der Garten war als Erweiterung des Gebäudes gedacht und diente u. a. als Ort für glänzende Feste, luxuriöse Empfänge und Gesellschaftsspiele. Zahlreiche Brunnen, Skulpturengruppen, Wasserspiele, Bosketten[2] und Parterres[3] belebten die Anlage, außerdem dienten Labyrinth und Bühnenkulisse der gesellschaftlichen Unterhaltung.

Galt den Menschen im Barock eine geometrisch-axiale Ausrichtung als vollkommener Garten, folgten die Verfechter des Landschaftsgartens eher dem Ideal einer natürlichen Landschaft als ihrem Arkadien. Von England ausgehend setzte Mitte des 18. Jahrhunderts eine Bewegung unter dem Einfluss von Rousseau ein, die die Natur wiederentdeckte. Der „Englische Stil" fand auch auf dem Kontinent begeisterte Anhänger, und die formale Gestaltung der französischen Gärten wurde heftig kritisiert. *„In den Französischen Gärten hingegen spiegelt sich nur der Willen des Besitzers, welcher die Natur unterjocht hat, so daß sie, statt ihrer Ideen, die ihm entsprechenden, ihr aufgezwungenen Formen als Abzeichen ihrer Sklaverei trägt: geschorene Hecken, in allerhand Gestalten geschnittene Bäumen, gerade Alleen, Bogengänge u.s.w."*[4] So gibt Schopenhauer seine Abneigung gegenüber dem Barockgarten Ausdruck.

rechte Seite:
oben:
Pierre Patel
Blick auf das Schloss Versailles, 1668
Öl auf Leinwand, 115 x 161 cm
Versailles, Musée National des Châteaux de Versailles et de Trianon.

unten:
Karl Kuntz
Venustempel zu Wörlitz aus dem Tal des Elysiums, 1797
Zeichnung, 51 x 68 cm
Kulturstiftung DessauWörlitz.

Das Prinzip der englischen Gärten bestand in der Idealisierung der Natur, d. h. der Garten sollte nicht mehr Schutz vor der Natur bieten, sondern das Ideal lag jetzt in der Natur selbst. Die Natur blieb jedoch nicht sich selbst überlassen, sondern wurde durch Menschenhand möglichst unsichtbar verschönt, bzw. perfektioniert. Neue Elemente des Englischen Gartens waren die Asymmetrie und die Verbannung der geraden Linie. Der Garten wurde durch geschwungene Linien in Form von Hügeln, Wegen oder Flüssen, die sich durch die Landschaft schlängelten, belebt. Zu den neuen Errungenschaften zählten überraschende Momente durch unvermutete Tempelchen oder Grotten sowie Kontrastreichtum, hervorgerufen durch das Spiel von Licht und Schatten und durch den Wechsel von Rasenflächen und malerischen Baumgruppen. Eine Vielzahl unterschiedlicher Perspektiven ermöglichte dem Besucher, immer neue Blickwinkel auf die Landschaft zu erfahren. Waren schützende Mauern für die früheren Gärten ein Muss, so sollte jetzt die Umzäunung unsichtbar gemacht und ein rundum freier Blick in die Weite der Natur gewährleistet werden. Um dennoch Tieren den Zugang unmöglich zu machen, wurde ein Graben um die Anlage angelegt, der „Aha“ [5] genannt wurde.

Das Paradebeispiel des Landschaftsgartens ist Stowe in Buckinghamshire, gestaltet von dem Landschaftsmaler und Gartenarchitekten William Kent. Diese Berufskombination ermöglichte es ihm, begehbare Bilder aus verschiedenen Ideallandschaften zu komponieren, die sich dem Besucher entfalten, wenn er durch den Garten wandert. Dabei waren es die romantischen Ideallandschaften, wie sie z. B. Claude Lorrain oder Nicolas Poussin in der Mitte des 17. Jahrhunderts schufen, die als Inspirationsquellen bei der Gestaltung der Gärten dienten.

In Deutschland fand diese Art der Garten- bzw. Parkgestaltung eine unvergleichliche Ausführung im Wörlitzer Park bei Dessau. Fürst Leopold Friedrich Franz von Anhalt-Dessau ließ einen Park nach englischem Vorbild anlegen. Waren die Barockgärten den Angehörigen der fürstlichen Familien vorbehalten, so sollte dieser großzügig gestaltete Park zum Ende des 18. Jahrhunderts einer breiten Öffentlichkeit Erholung bieten. Zum pädagogischen Gesamtkunstwerk der Gartenanlage zählten allegorische Anspielungen auf die Geschichte, so unter anderem ein zentraler Platz, „Elysium“ genannt, das „Gotische Haus“ oder der „Betplatz des Eremiten“. Auch dem Mythos von Arkadien, ursprünglich die Bezeichnung einer Landschaft auf dem Peloponnes und seit

Vergils Hirtendichtung Ausdruck einer paradiesischen Landschaft, versuchte man ein Stück näher zu kommen. Neben der perfekten Landschaftsinszenierung erinnerten weidende Schafherden an das Schäferidyll.

Der Garten – das wiedergefundene Paradies

Mit dem Wachstum der Städte im 19. und 20. Jahrhundert ging die Sehnsucht nach grüner Natur und einer Zufluchtsstätte abseits der Großstadthektik einher. Neben großen Stadtparks, die als grüne Lunge fungierten, waren es die Schrebergärten, die den Stadtbewohnern neben der Nahrungsversorgung Erholung im Grünen verschaffen sollten.

Die „Paradiesgärten" der heutigen Gesellschaft bedienen sich aus dem großen Repertoire der Gartenbaugeschichte. Neben dem traditionellen Bauerngarten sind weitläufige Parklandschaften genauso beliebt wie fernöstliche Gartenideen. Ob liebevoll gestalteter grüner Balkon oder Gemüsegarten in der Laubenkolonie – in jedem Garten schimmert ein Abglanz des göttlichen Urgartens. Doch auch die ursprüngliche Wildnis hat ihren Schrecken längst verloren und der fernab von jeder Zivilisation gelegene tropische Regenwald scheint heute mehr denn je ein Stück des verlorenen Garten Eden zu sein.

Anmerkungen

[1] Die Hängenden Gärten wurden auch als die „Gärten der Semiramis" bezeichnet. Semiramis, eine assyrische Königin, lebte jedoch vor der Entstehungszeit der Gärten, was bedeutet, dass sie von einem späteren Herrscher erbaut worden sein müssen.

[2] Boskett ist eine Bezeichnung für Flächen mit dichtem Baumbestand.

[3] Mit Parterres bezeichnet man kunstvoll angelegte Beete in Schlossnähe, die am besten von einem erhöhten Standpunkt aus zu überblicken sind.

[4] Arthur Schopenhauer, Die Welt als Wille und Vorstellung, Bd. 2, Wiesbaden 1949, S. 462–463.

[5] Diese unsichtbare Parkbegrenzung wurde auch „Ha Ha" genannt und ist vom Ausruf des Erstaunens der Spaziergänger abgeleitet.

Literatur

Maureen Caroll-Spillecke (Hrsg.), Der Garten von der Antike bis zum Mittelalter, Mainz 1992

Stephanie Hauschild, Die sinnlichen Gärten des Albertus Magnus, Ostfildern 2005

Dieter Hennebo/Alfred Hoffmann, Geschichte der deutschen Gartenkunst, 3 Bd., Hamburg 1963

Penelope Hobhouse, Der Garten. Eine Kulturgeschichte, Starnberg 2003

Penelope Hobhouse, Persische Gärten. Paradiese des Orients, München 2005

Die Suche nach dem verlorenen Paradies – Bedeutungswandel der Paradies- und Wildnisvorstellungen

Frank D. Steinheimer

Das Paradies – täglich hören und lesen wir davon. Und doch scheint es so fern. Wenn es zum Greifen nahe ist, zerfällt es häufig in Nichts. Oft steckt es nur in unseren Träumen, äußerst selten glaubt mancher es für sich entdeckt zu haben. Zuweilen ist das Paradies etwas ganz Kleines, manchmal alles. Wortwörtlich ist das Paradies schlichtweg ein umzäunter Garten. Diesen idealen Garten jedoch haben wir Menschen als prägende Landschaft verinnerlicht. Und umgekehrt haben wir uns die Ideallandschaft in den Garten geholt. Die Paradiesvorstellungen von gestern sind den heutigen nicht immer gleich, teils sogar konträr, aber eines ist geblieben: Die Liebe zu einem Landschaftstypus, der sich in den Südseeinseln genauso widerspiegelt wie in den Flächenschutzbemühungen der jüngsten Naturschutzbewegung.

Von der Wildnis zum Paradies

Alle Begrifflichkeiten des Paradieses, ursprünglich gleichbedeutend mit der Umzäunung der Parks persischer Adeliger, haben den Ausschluss der wilden, ungezähmten Natur gemeinsam, ja wollen diese durch Mauern und Umwallungen abgrenzen. Die Bedeutung von „Wildnis" leitet sich wahrscheinlich vom lateinischen *vellere* ab, was so viel wie „rupfen" bedeutet. Der Wortstamm für Wald hat die gleichen Wurzeln. Wildnis und Wald stellen somit einen alten Wortschatz von Ackerbauern dar, die die Wildnis rupften und rodeten, ein Gebiet urbar machten, besiedelten und nutzten. Das Resultat war oft eine geordnete, harmonische Gartenlandschaft. Die Menschen schafften sich eine Landschaft dem Paradiese gleich, die, wie auch etymologisch abgeleitet, die Wildnis ausschloss. Man sah im Paradies das Pendant zur Wildnis. Der Begriff „Natur", vom lateinischen Wort für „Geburt" abgeleitet, vereint hingegen wilde Ur- mit geschaffener Gartenlandschaft. Die „Natur" ist von geistigem Ursprung und versinnbildlicht den Anfang allen Lebens: die Gestalt, den Charakter, Naturgesetz, Weltordnung, Naturkraft, Weltall, Schöpfung, Grundstoff und das Wesen der Dinge (Pertsch 1987, Seebold 1999). Es ist schwer zu sagen, wann der Mensch in seinem Zeitenlauf alles um sich und sich selbst mit einem Begriff belegte – zumindest für das Altertum ist eine solche Terminologie durch das griechische *physis* nachgewiesen (Seebold 1999). Der Inhalt des Wildnis- und Naturbegriffs hingegen bleibt zu einem hohen Grade auch heute noch unbestimmt. Natur ist, nach dem Neuen Brockhaus-Lexikon, *„allgemein der Kosmos mit seiner Materie und seinen Kräften, Veränderungen und Gesetzlichkeiten"* (Brockhaus 1971: 848). Im Volksgebrauch wird der Natur- und Wildnisbegriff eingeschränkt auf *„das von menschlichen Tätigkeiten Unveränderte"* bezogen, in Opposition zu Kultur und Technik (Heiland 1992). Ersterer Wildnis- und Naturbegriff würde alles, auch den Menschen mit all seinen Aktivitäten einschließen: uns, unser Haus, unsere Straße, unsere Stadt als Teil der Natur. Diese Definition gäbe allem, was wir kennen, Naturstatus. Natur im Sinne des ganzen innerweltlich Seienden schließt zerstörerische Natureingriffe als Teil dieser Natur ein; des Menschen Motive und Handlungen werden zur natürlichen Natur (Birnbacher 1994: 288). Natur und Wildnis als vom Menschen unberührte Landschaften und Gegebenheiten zu werten, schlösse hingegen, auch wenn wir die Natur lange als eine unbegrenzte und folgenlos belastbare Ressource betrachteten, alles auf unserer Erde aus, da der Mensch durch globale Phänomene wie Klimawandel, Stickstoffanreicherung und sauren Regen das gesamte Ökosystem „Welt" beeinflusst hat. Dem postreligiösen Menschen bleibt daher nur, den Natur- und Wildnisbegriff auch weiterhin in Komplementärpaaren zu deuten. Zu dem Begriffspaar Paradies und Wildnis kommen heute Zivilisation und Vernunft in Opposition zur Wildnis, Technik, Kultur und Kunst als Pendant zur Natur und menschliches Sein versus tierische Natur hinzu. Dennoch bietet der Naturbegriff eine gefühlte Definition. Natur wird im landläufigen Sinne der Umgangssprache als grüne Umwelt des Menschen mit Pflanzen und Tieren gesehen, aber ebenso als kulturell geprägte Landschaften wie etwa Wiesen und angelegte Seen. Der objektive, reale Landschaftszustand wird zusätzlich mit eigenen Erfahrungswerten aus Kindheit, Märchen, Filmen, negativen und positiven Erlebnissen gekoppelt und nimmt oft eine subjektive, alternative Identität an. *„Der Wald im Kopf"* nannte dies Hans Magnus Enzensberger, auf eines der Landschaftselemente bezogen, einmal treffend (Enzensberger 1991). Dementsprechend entsteht die Natur, ja sogar das Paradies im Kopf – der Schritt zu rein geistigen Paradiesen ist nicht mehr weit. Die Ambivalenz bleibt jedoch ungelöst. Wildnis wird gewünscht und vernichtet, wird für Erholung gesucht und ausgebeutet. Natur als wildes, gefährliches, unzivilisiertes Element wird selten so gewollt, wie sie ist, noch so erfahren (Heiland 1992). Kein normal agierender Mitbürger wird sich ernsthaft neben gefährlichen Tieren erholen wollen oder seinen Körper der natürlichen Entwicklung von Parasiten zur Verfügung stellen.

Das prähistorische Landschaftsideal

Die Wiege der Menschheit steht in Afrika. Dort richtete der Mensch sich auf, wurde zum Zweibeiner und hatte damit seine Hände zur freien Verfügung, schuf Werkzeuge und Waffen und entdeckte das Feuer für sich. Die Landschaft der Menschwerdung hätte keine andere sein können. Nicht in dem Gewirr und Geäst eines dicht geschlossenen, tropischen Regenwaldes war es sinvoll, von den Bäumen zu steigen und auf zwei Beinen zu laufen, sondern in den offenen Au- und Sumpflandschaften mit integrierten Trockeninseln auf dem Gebiet des heutigen Tschad-Sees, in der Savanne des östlichen Afrika. Nicht das konstante, aber schwer auffindbare Nahrungsangebot des Urwalds belohnte die Entstehung der Fähigkeit zur Vorausplanung, zu Werkzeuggebrauch und Kooperation, sondern der Reichtum der Seenlandschaft an essbaren Fischen, Weich- und Gliedertieren und, in geringerem Maße, jagdbaren Großsäugern der waldfreien Savannengebiete sowie die ausgeprägte Saisonalität der Regenzeiten und das Empfinden, den Elementen ausgesetzt zu sein. Die eigene Art war noch rar, innerartliche Konflikte daher selten. Dazu herrschte ein Klima, das während der Trockenzeiten meist kontinental beeinflusst war, mit meist blauem Himmel und wenigen Wolken. Doch noch während seiner Zeit in Afrika, vielleicht als die ersten Werkzeuge entstanden (vor mehr als 1,5 Millionen Jahren), muss wohl der Zwiespalt des frühen Menschen der Gattung *Homo* begonnen haben, dem bewusst wurde, dass er nicht nur ein Teil der Natur war, sondern auch andauernd gegen diese ankämpfte. Ein

Konflikt, der bis heute ungelöst ist. Die wilde Natur war Heimat und vertraut, sie war Lebensgrundlage und bedeutete Schutz. Sie wurde vergöttert, in gute und in böse Geister eingeteilt und stellte eine mystische Welt dar, in der der Mensch einen integralen Bestandteil bildete. Gleichzeitig wurde sie aber auch ausgebeutet, abgebrannt, wurden Pflanzen vernichtet und Tiere getötet.

Die Ideallandschaft

Immer wieder stoßen wir in der Menschheitsgeschichte auf die Ideallandschaft, den Garten Eden, das Paradies. Von den als eines der sieben Weltwunder verehrten mesopotamischen Königsgärten der Semiramis über die polynesische Hochkultur und tropischen Waldackerbau bis hin zur arkadischen Hirtenlandschaft und dem japanischen Park zeigen sich ähnliche Strukturelemente der Landschaft, wie wir sie schon aus Afrika kennen. Als der Mensch in Kleinasien begonnen hatte, vor ca. 12000 Jahren die Landschaft urbar zu machen und Ackerbau und Viehzucht zu betreiben, wurde die ursprüngliche Landschaft maßgeblich geprägt: Dichte Wälder schwanden, Sumpfgebiete wurden kanalisiert und entwässert, Wildtiere wurden zu Viehherden domestiziert, Weideflächen wurden offen gehalten und Steppengebiete als Felder eingezäunt (Schulz 2006: 163). Die Landschaft erlebte ihren ersten Raubbau, der wiederum Innovationen im agrarischen Bereich einforderte, und somit die Intensivierung der Landwirtschaft hin zu kultivierten Gärten förderte. Oder, wie der Philosoph Egon Friedell (1878–1938) formulierte, *„Rauheit, Kargheit und Feindseligkeit der Natur* [...] *schärft den Verstand"* (Friedell 1986: 79) – und brachte die erste agrarische Revolution. Der innere Zwiespalt hingegen wurde verhärtet; man entfremdete sich von der Wildnis, dämonisierte die wilde Natur. Gärten waren paradiesisch, die freie Natur gefährlich und zu meiden, wurde bekämpft und zurückgedrängt. Das frühe Christentum griff die persische und altjüdische Wertvorstellung von kultivierter Landschaft auf, sah darin das rechte Beispiel eines *„Guten Hirten"*. Das Christentum beschrieb das Paradies wie einen gemanagten Garten, die wilde Natur dagegen als zu bekämpfendes Unheil und als den Wohnort des Teufels. Natürliche Ereignisse wie Krankheiten, Gewitter und Erdbeben, die man durch Menschenhand nicht in den Griff zu bekommen schien und deren Attribute nicht diejenigen eines guten Gottes sein durften, wurden dem Bösen zugestellt. Man löste diese Kontradiktion der christlichen Wertvorstellung, indem man dem irdischen Jammertal eine paradiesische Befreiung nach dem Tod ausgleichend gegenüberstellte. Das Paradies war hier geordnete, liebevolle, beherbergende und behütende Natur eines Gottesgartens, in dem der Wolf Gras fraß, der Mensch in Frieden lebte und alle Tiere und Pflanzen, die man kannte, integraler, nicht miteinander konkurrierender Bestandteil dieses Gartens wurden. Die Natur war ein göttlicher Plan (Friedell 1986: 84). Die Kenntnis der Natur war somit der ultimative Weg, den Werken Gottes näher zu kommen, und hatte daher *„das Glück, dass sie fast den meisten Menschen gefällt"* (Sander 1784).

Tropische Kulturlandschaft zwischen Kumba und Nguti, Südwest-Kamerun, April 2006.

Die Suche nach dem verlorenen Paradies

Die Sehnsucht nach mehr Natur im Gegensatz zur Realität des in der Stadt eingeengten Lebens erfasste seit der Renaissance das Bürgertum und den Adel. Verherrlicht und idealisiert wurde dabei die kultivierte Natur einer arkadischen Landschaft. Arkadien, ein heute ärmlicher Teil des Peloponnes in Griechenland, ist eine durch Beweidung und vor allem durch Holzraubbau seit der Antike geprägte Naturlandschaft, die immer wieder ideell Pate stand für ein müßiges Leben im Einklang mit der Natur, so schon bei dem antiken Dichter Vergil (70 – 19 v. Chr.) in seinen Hirtengedichten bis hin zu den Sujets der „Arkadischen Landschaft" von Künstlern wie Johann Christian Klengel (1751 – 1824) und Joseph Anton Koch (1768 – 1839). Nach dem Erscheinen des Buchs *New Principles of Gardening* von Batty Langley (1696 – 1751) wurde nicht nur auf Papier und Leinwand, sondern auch in der Realität des englischen Landschaftsgartens Arkadien nachmodelliert (Langley 1728). Das Schäferleben wurde mit dem Verlust des eigenen Landlebens idyllisiert und in eine Erlebniswelt umgestaltet, die aus der Distanz des städtischen Alltags den realen Charakter eines mühevollen Hirtendaseins verlor und zur Wunschwelt stilisiert wurde, mit der Hoffnung, den eigenen kulturellen Wertmaßstäben des Alltags zu entweichen (Köck 1990: 23). Ja, es gingen in Frankreich aus diesem Lebensgefühl sogar die so genannten *bals champêtres* hervor, eine Art Wirtschaften, in denen vornehme Damen und Herren als Bauern, Jäger und Hirten verkleidet das einfache Landleben nachspielten (Friedell 1986: 622). Auch in Deutschland waren bis ins 19. Jahrhundert hinein weite Teile der Landschaft als Allmenden, von der Dorfbevölkerung gemeinschaftlich genutztes Land, durch Waldarmut und Hirtenbeweidung geprägt (Schulze-Hagen 2005). In dem Maße, wie der Anteil der in diesen Landschaften beruflich tätigen Menschen schrumpfte, wuchs der Wunsch der restlichen Bevölkerung nach einem Leben gerade in dieser Landschaft. Das prägte wiederum die Wertvorstellung und die Sehnsucht nach „idealen" arkadischen Landstrichen, die denen des afrikanischen Grabenbruchs, dem urbar gemachten, fruchtbaren Halbmond Mesopotamiens, dem Ackerbau der neu entdeckten polynesischen Inselvölker und den christlichen Paradiesvorstellungen nicht unähnlich waren.

Konrad Gessner
Abbildung des
Großen Paradiesvogels
Paradisaea apoda.
Aus Gessner 1582.

Jean-Jacques Rousseau (1712 – 1778) beschrieb in seinem *Discours sur les arts et les sciences* einen naturhaften Urzustand der Menschheit, welcher erst durch Vergesellschaftung und Wissenschaft verdorben wurde, und mahnte zu Freiheit, Unschuld und Tugend (Rousseau 1750, zit. in Friedell 1986). Der Amerikaner Henry David Thoreau (1817 – 1862), Vorreiter beim Schutz der Stammesgebiete amerikanischer Ureinwohner, formulierte dieses absolute Naturempfinden noch schärfer, völlig frei von vorgegebenen Normen: *„Ich möchte zugunsten der Natur sprechen, zugunsten absoluter Freiheit und Wildheit – im Gegensatz zur Freiheit und Kultur im bürgerlichen Sinne – und ich möchte den Menschen als untrennbaren Teil der Natur und nicht als Mitglied der Gesellschaft betrachten"* (Thoreau 2001 [um 1845]: 5). Im engeren Sinne war Natur das Wesen der Dinge mit ihren vom Menschen unveränderten Eigentümlichkeiten im Gegensatz zu den von außen herangetragenen Bestimmtheiten wie Kultur, Kunst, Religion und Satzung. Der Reaktion gegen Überkultur entsprang der Ruf *„zurück zur Natur"* von Rousseau, und Natur *„im Gegensatz zur Übernatur"*, wie der heilig machenden Gnade Gottes. *„Wenn die Natur uns dazu bestimmt hat, gesund zu sein, so wage ich fast zu behaupten, daß der Zustand der Reflexion ein widernatürlicher Zustand ist und dass ein Mensch, der denkt, ein entartetes Tier ist.* [...] *Der erste, der ein Stück Land einzäunte und sich vermaß zu sagen: das gehört mir, und Leute fand, die einfältig genug waren, es zu glauben, war der wahre Gründer der bürgerlichen Gesellschaft"* (Rousseau 1750, zit. in Friedell 1986: 724).

Der Naturbegriff pendelte sich in der Zeit der Aufklärung zwischen dem Idyll einer religiösen Weltvorstellung und dem naturwissenschaftlichen Wissen ein, dem Drang zu exotischen Welten mit ebenso exotischen Tieren und dem Ausbrechen aus den gewohnten Normen von zuhause. Dabei rückte unberührte Natur immer mehr in den Blickpunkt, wurde die Mauer um den Garten Eden Stück für Stück niedergerissen. Wo noch hundert Jahre zuvor ein Samuel Johnson (1709–1784) in seinem *Dictionary of the English Language* die Berge als krankhafte Auswüchse und unnatürliche Geschwülste der Erdoberfläche (Johnson 1755, zit. in Friedell 1986: 622–623) bezeichnete, schrieb der irische Mathematiker und Poet George Darley (1795–1846) in seinem Todesjahr treffend *„Gib mir wilde, karge, ausgezehrte Bergszenerien anstatt all diese eingeschlossenen, wohl kultivierten Weiden und Landgüter – und vor allem eine Fülle an grauem Fels!"* (Darley 1846, zit. in Thomas 1983: 263).

Frederic Edwin Church
The Heart of the Andes, 1859
New York, The Metropolitan
Museum of Art.

Quo vadis natura?

Mit der Industrialisierung und zunehmenden Verstädterung im 18. und 19. Jahrhundert erkannte man in Europa, dass die an ein Paradies erinnernde, vielfältig strukturierte Acker- und Weidelandschaft des eigenen Landes zu schwinden begann. Nicht mehr gepflegte Gärten oder exotische Inseln im Pazifik, sondern die heimischen Naturschönheiten rückten in den Mittelpunkt des Interesses. Je schneller solch prägende Landschaftselemente wie die alten, knorrigen Eichen verschwanden, desto mehr bemühten sich Interessengruppen, sie zu erhalten und zu schützen. Die ersten geschützten Landschaftsdenkmäler waren imposante geologische Besonderheiten, Einzelbäume und von Hirten geprägte Landschaften wie der Drachenfels am Rhein und die Lüneburger Heide. Wichtig war hierbei der Erholungswert für die städtische Bevölkerung, die Nähe zur Großstadt. Landschaften, die vormals als feindlich oder abweisend galten, wandelten sich zu einem positiven Erlebnisfeld, wobei die räumliche Enge der Städte und die soziale Eingebundenheit in kontrollierten Umgangsformen das Ausbrechen aus diesen Strukturen förderten. Für das Bürgertum entwickelte sich zu dieser Zeit die räumliche Dreiteilung der Lebenssphäre in Arbeitsstätte, Wohnbereich und Freizeitraum. Dies bildete den Anfang eines kulturellen Prozesses, der nach und nach alle sozialen Schichten erfassen sollte und in der Gegenwart in der Errichtung von „Naherholungsräumen", den stadtnahen Naturparks, Freizeitzentren oder Abenteuerspielplätzen einen vorläufigen Höhepunkt findet (Köck 1990: 31). Wildnis wird dabei gewünscht und gleichzeitig vernichtet, wird für Erholung gesucht und zugleich ausgebeutet. Natur als wildes, gefährliches, unzivilisiertes Element wird hingegen selten so gewollt und erfahren (Thomas 1983, Heiland 1992). Für angenehme Wildniserlebnisse sind wir auf die Sicherheit der Zivilisation, dem Komplementärbegriff, angewiesen. Der Reiz der Wildnis liegt dann oft auch genau in diesem Paradoxon. Die Sehnsucht nach Ursprünglichkeit ist eine der elementarsten Antriebskräfte des Tourismus. Natürliche Gesellschaften werden auf Fotos gebannt, Abenteuerurlaub boomt, die Zeitlosigkeit wird verherrlicht (Köck 1990: 110, 114). Oft aber ecken gerade an diesen Punkten die Reisenden der europäischen Länder an. Der ersatzlose Ausfall eines Zuges in Indien, die bettelarmen, ungewaschenen Kinder Äthiopiens oder Dauerregen bei einer Paddeltour im Ardechetal werden als negativ empfunden. In Europa selbst sind wir noch weiter von der einst vorhandenen, ungezähmten Natur entfremdet. Ein wenig Schnee zur Weihnachtszierde ist durchaus wünschenswert. Schneien Verkehrswege ein und steckt man deshalb im Stau, dann wird er verflucht. Der europäische Urwald und die einst ungebändigten Ströme, man denke nur an die Diskussionen zur frei fließenden Donau zwischen Vilshofen und Straubing in Bayern, werden noch lange nach dem Aufkeimen der Naturschutzbewegung weiterhin dezimiert und

Carl Blechen
Das Innere des Palmenhauses, 1832
Öl auf Papier, auf Leinwand aufgezogen
64 x 56 cm
Staatliche Museen zu Berlin, Nationalgalerie.

kanalisiert – im Namen des Fortschritts. So bleibt den meisten Bürgern tatsächlich nur, die Kraft der fast ausgerotteten, europäischen Wildnis in Bildatlanten und Filmen zu bewundern oder sich Ersatzparadiese zu schaffen: die Stadt mit ihrem reichhaltigen Kultur- und Warenangebot. Glücklicherweise wohnt aber dem Menschen die Liebe zu einem bestimmten Landschaftsbild inne, die der Hauptmotor des Natur- und Biotopschutzes wurde. Eine Liebe und Faszination für eine natürliche Landschaft in Harmonie, die vor vielen tausenden von Jahren begonnen hatte. Nicht Naturschutz um der Natur willen ist die treibende Kraft, sondern unsere Suche nach dem verlorenen Paradies.

Epilog

Wenn wir die Natur nicht nur in unseren Museen, auf Bildern oder auf Zelluloid erhalten wollen, dann müssen wir vor allem eines: die Natur wieder erlebbar werden lassen. Wir werden nur das schützen, was wir lieben. Wir lieben aber nur das, was wir kennen, und wir kennen nur wirklich dasjenige, was wir eigens gesehen, gehört, ertastet, gerochen und geschmeckt haben. Wir verstädterten Menschen müssen draußen vor Ort Biodiversität, im Sinne des Wortes, wieder erfassen lernen. Dann wird der eine oder andere erkennen, dass das Paradies unabhängig von Glaubensvorstellungen tatsächlich auf Erden und vor unserer Haustüre zu finden ist. Denn die Natur als solche ist das Paradies der Menschheit. Bewahren wir uns diese.

Literatur

Dieter Birnbacher, Mensch und Natur, in: Kurt Bayertz (Hrsg.), Praktische Philosophie – Grundorientierungen angewandter Ethik, Reinbek 1994, S. 278–321

Friedrich Arnold Brockhaus (Hrsg.), Brockhaus Enzyklopädie in zwanzig Bänden, Wiesbaden [17] 1971

Hans Magnus Enzensberger, Der Wald im Kopf, in: Hans Magnus Enzensberger (Hrsg.), Mittelmaß und Wahn – gesammelte Zerstreuungen, Frankfurt a. M. 1991, S. 187–194

Egon Friedell, Kulturgeschichte der Neuzeit, Bde. 1 u. 2, München 1986

Konrad Gessner, Vogelbuch […], Zürich 1582

Stefan Heiland, Naturverständnis – Dimensionen des menschlichen Naturbezugs, Darmstadt 1992

Christoph Köck, Sehnsucht Abenteuer – auf den Spuren der Erlebnisgesellschaft, Berlin 1990

Batty Langley, New principles of gardening […], London 1728

Erich Pertsch, Langenscheidts Großes Schulwörterbuch Lateinisch-Deutsch, Berlin u. a. 1987

Heinrich Sander, Ueber das Große und Schoene in der Natur. Zweyter Band, Leipzig 1784

Matthias Schulz, Wegweiser ins Paradies, in: Der Spiegel 23 (2006)

Karl Schulze-Hagen, Allmenden und ihr Vogelreichtum – Wandel von Landschaft, Landwirtschaft und Avifauna in den letzten 250 Jahren, Charadrius 40: 3 (2005)

Elmar Seebold, Etymologisches Wörterbuch der deutschen Sprache, Berlin [23] 1999

Keith Thomas, Man and the Natural World – A History of the Modern Sensibility, New York 1983

Henry David Thoreau, Vom Spazieren – ein Essay [Titel des Originals: ‚Walking'], Zürich 2001

Blauer Paradiesvogel
Paradisornis rudolphi
(Finsch, 1885).

Für wen das Paradies? Tiergärten einst und heute

Ulrich Burkhardt

„Die Gesandten des Kaisers der Griechen wurden durch das Vestibül des großen Tores Bab al-Amma bis zu dem Palast geführt, der Khan al-Khail genannt wird [...] *Daraufhin führte man sie zu einem Palast, in dem 100 Löwen eingesperrt waren, fünfzig rechts und fünfzig links, wobei jeder Löwe von einem Wächter an der Leine gehalten wurde, und jeder trug Ketten und Reife von Eisen um den Hals."*[1]

So oder ähnlich findet sich manche Textpassage in den Erzählungen von Tausendundeiner Nacht und deren Umkreis. Zur Darstellung von sinnbildlich gewordener orientalischer Pracht gehören unfehlbar auch weitläufige Anlagen mit fremd anmutendem Getier, ob nun freilaufend oder in Käfigen. Das Streben des Menschen, wilde Tiere zu halten und zu betrachten, reicht bis in die Zeit der frühen Hochkulturen zurück. Tiergärten zeigen bis heute Anknüpfungspunkte sowohl an den Garten Eden als auch an exotisch-orientalische Pracht, aus denen unter anderem ihre anhaltende Faszination resultiert.
War in der Ära der Jäger und Sammler das Tier entweder Feind oder Beute, so lernte der Mensch ab der Jungsteinzeit auch das lebende Mitgeschöpf als Arbeitstier und Nahrungsvorrat zu nutzen. Bevor der Mensch sesshaft wurde, bevorzugte er Tierarten, die man notfalls mit auf Wanderschaft nehmen konnte. In jedem Fall aber versuchte er, so viele Arten wie möglich lebend zu fangen, in Gehegen zu halten und zu zähmen. Bei vielen gelang das nicht, sie blieben „wilde Tiere".
Die frühesten Sammlungen wilder und exotischer Tiere sind ab 3000 v. Chr. mit dem Aufkommen der großen Stadtgesellschaften nachweisbar. In Mesopotamien, Ägypten und China finden sich Belege über Sammlungen heikler und teurer Pfleglinge, die über eine Futtervorratshaltung weit hinausgehen. Was trieb den Menschen, sich wann immer möglich mit wilden Tieren zu umgeben – Tieren, die keinen offensichtlichen praktischen Nutzen für ihn hatten? Einige seiner Motive kann man daraus ableiten, worauf er bei seinen Sammlungen besonderen Wert legte.
Tierreligiöse Motive spielten zu Beginn eine wichtige Rolle: Aus der Zeit der Jäger und Nomaden haben sich verschiedene tiergestaltige Lokalgötter bis in die Zeit der Hochkulturen erhalten. So gab es in Ägypten in mehreren großen Städten Tempel mit Tiergehegen, in denen heilige Tiere gehalten wurden, etwa die Apisstiere in Memphis oder die Krokodile des Sobek in Fajum. Sie waren Sinnbilder für Götter, die gleichzeitig mit tierischen und menschlichen Charakterzügen ausgestattet waren.
Mit Beginn der Verstädterung wurde es erstmals möglich, viel Zeit und Geld für Dinge aufzuwenden, die nicht dem bloßen Lebensunterhalt dienten. Und schon bald schufen sich die Souveräne Mesopotamiens und Ägyptens Lustgärten mit kostbaren Tieren und Pflanzen. Von Anbeginn an verstanden sie das Tier als Teil eines Ganzen und stellten es in eine an Pflanzen reiche, naturhafte Umgebung – wenngleich meist idealisiert. Pflanzengärten waren in allen gesellschaftlichen Schichten verbreitet, die Haltung wilder Tiere hingegen war sichtbares Zeichen großen Wohlstands. Vor allem Fürsten wetteiferten untereinander mit ihren Prachtgärten. Eine der ältesten überlieferten Beschreibungen eines Tiergartens

spricht von *„Affen, gewaltigen Elefanten, Wasserbüffeln und wundersamen Tieren"*[2], die um 2300 v. Chr. in der akkadischen Hauptstadt Agade der Allgemeinheit gezeigt wurden. Quellen aus Babylon und Assur belegen als Motive Handelswert, Schauwert, forschende Neugier und pures Vergnügen. Einige der Gärten waren der Bevölkerung zugänglich, die meisten jedoch Adel und Königshaus vorbehalten. Eingebettet in Prachtgärten gab es exotische Vögel in großen Volieren, Fischteiche, Jagdparks und eben wilde Tiere aus fernen Ländern. Als Motiv solcher Sammlungen stand das Prestige an erster Stelle. Kostbare Tiere gehörten zu den traditionellen Geschenken im diplomatischen Verkehr. Neben Gaben von anderen Potentaten wurde der Bestand an Tieren und Pflanzen über weitreichende Handelsbeziehungen, gezielte Sammlungsreisen und mit auserlesenen Beutestücken unterworfener Länder ergänzt. Die assyrischen Könige ließen ab 700 v. Chr. künstliche Berg- und Sumpflandschaften anlegen, um seltene Tiere und Pflanzen aus fremden Ländern zeigen zu können. Auch manches Nutztier gelangte über solche Fürstensammlungen in einen neuen Kulturkreis. Durch die Tiergärten Thutmosis' III., die Flora und Fauna des Landes präsentieren sollten, kamen um 1450 v. Chr. aus Indien als Vögel, „die täglich Eier legen", erstmals Haushühner nach Ägypten. Im von Wüsten eingeengten Niltal war das Bedürfnis nach Grün und Exotik besonders ausgeprägt. Es bestand starkes Interesse bei den Reichen des Landes, Wildtiere lebend zu fangen, zu halten und nach Möglichkeit zu domestizieren. Thutmosis IV. (um 1380 v. Chr.) besaß sogar zwei zahme Jagdlöwen. Im Neuen Reich wurden neben den schon länger bekannten großen Volieren kleinere Vogelkäfige zunehmend beliebt, die in Wassergärten aufgestellt wurden. Auch die Intentionen der großen Tiersammlungen wandelten sich: Sollte der Tierpark des Pharao Echnaton in Theben noch die Schöpfungsvielfalt Atons zur Schau stellen, so wurde der große Tierpark in Alexandria unter den Ptolemäern eine Drehscheibe für den Tierhandel für die römischen Zirkusspiele.

Syrischer Tribut:
Ölkrüge und Bären. Dieses Fragment eines bemalten Reliefs ist einer der frühesten bekannten Nachweise für Import und Haltung exotischer Tiere in Ägypten.
Wandmalerei aus dem Totentempel des Pharao Sahure bei Abusir, um 2450 v. Chr.
Ägyptisches Museum Berlin.

In China verlief die Entwicklung des Tiergartens ähnlich, nur kam er hier schneller zu modern anmutenden Formen. Der erste Tiergarten in China, der „Park der Intelligenz", wurde um 1100 v. Chr. gegründet. Die harmonische Einbettung in die Landschaft dominierte von Anfang an. Erste Wildtierreservate werden in der Zhou-Dynastie (1100–200 v. Chr.) beschrieben: eingehegte Areale, komplett mit Verwaltung, Wärtern und Tierpflegern. Ab 200 v. Chr. wurden sie zu großen königlichen Parks umgestaltet, mit Palästen, Teichanlagen und fremden Tieren, wobei die gefährlichen in Käfigen gehalten wurden. So kam 1415 n. Chr. die erste Giraffe an den kaiserlichen Hof, sichtbares Zeichen der intensiven chinesisch-afrikanischen Handelsbeziehungen.

Im Rom der späten Republik und im Kaiserreich wurden exotische Tiere hauptsächlich für Prozessionen und Kulte importiert oder um in Schaukämpfen *(venationes)* gegeneinander oder gegen Menschen anzutreten. Außer den kaiserlichen Sammlungen wird nur selten von Privatsammlungen berichtet: Plinius der Jüngere etwa beschreibt Schutzgehege *(vivaria)* zur Lebendhaltung von Schweinen und anderen Wildtieren oder die exquisiten Fischteiche der Senatoren Hortensius Hortalus und Lucullus. In jedem Fall aber trat bei den römischen Sammlungen ein möglicher Prestigegewinn hinter handfestem Nutzen zurück, denn entweder wurden die Tiere für die Gourmetküche gehalten oder um in spektakulären Prozessionen oder Tierhetzen verbraucht zu werden. Rom beschränkte sich, was den Zweck seiner Tiersammlungen angeht, gewissermaßen auf Brot und Spiele.

Die Entwicklung im östlichen Mittelmeerraum wurde von dem ägyptischen und mesopotanischen Vorbildern beeinflusst. Aus Griechenland sind nur wenige Berichte über Tiersammlungen überliefert, es gab dort hauptsächlich Haus- und Wildtiere als Tempeltiere. Erst mit den Diadochen kamen über Persien Prachtgärten und Tiersammlungen wieder ins Bewußtsein und in Mode. Allerdings waren Tiere nicht der Hauptbestandteil des *paradeisos*, wie ihn die Perser gepflegt hatten. Das waren vielmehr Pflanzen, Wasser und die Gestaltung in geometrischen Formen, wie sie anschließend auch in arabischen Gärten dominierten.

Roelant Savery
Das Paradies, 1626
Öl auf Eichenholz
80,5 x 137,6 cm
Staatliche Museen zu Berlin, Gemäldegalerie.

Die eingangs zitierte Schilderung belegt die Verwendung von Tieren zur Machtdemonstration am Hof des Kalifen, doch ist nicht bekannt, ob es einen Zoo im Palast Harun ar-Raschids gab. In jedem Fall aber hielt er sich einige wilde Tiere. Überliefert ist etwa ein Affe, den Haruns Favoritin Zubaida besaß und den 30 Männer zu behüten und überallhin zu begleiten hatten, bis schließlich einer der entnervten Wächter den Eskapaden des Tiers mit dem Krummschwert ein Ende machte.

Der Aufstieg der Reiche Europas brachte diese in Kontakt mit den persischen und arabischen Prachtgärten. Im Geist der Zeit übernahmen die Mächtigen von diesen Tiergärten vor allem die Tierhaltung zur persönlichen Unterhaltung und zur Machtdemonstration nach außen: Raubtiere, Elefanten und die ungebärdige Natur generell wurden realiter und symbolisch bezwungen. Dementsprechend waren diese Sammlungen geprägt von wenig artgerechten Haltungsbedingungen. Im Sinne einer präsentablen Sammlung dominierten kleine Gehege, in denen der Souverän Exoten aneinanderreihte, um seine Gäste zu beeindrucken. Als größere Anlagen wurden Arenen errichtet, von deren Rängen aus man inszenierten Tierkämpfen zuschauen konnte. Übernommen wurde auch die Methodik der Beschaffung: durch Fürstengeschenke, mit denen man sinnfällig die eigene Macht und Bedeutung herausstreichen konnte, und durch gezielten Tierhandel. Filigrane Gartenkunst war nicht unbedingt gefragt, wie das Beispiel Mexikos zeigt, wo im 15. Jahrhundert die Gartenkunst zu höchster Blüte gelangt war. So fanden die Spanier 1519 in Tenochtitlan zahlreiche private Gärten vor, außerdem

rechte Seite:
Hagenbecks Zoologisches Paradies: Im 19. Jahrhundert galt der Tiergarten als neues Eden, frei sowohl von den Grausamkeiten der wilden Natur als auch von den Einengungen der Zivilisation. Werbeplakat, 1898.

Jagd- und Wildparks auf den Inseln des Texcocosees. Unweit der Stadt gab es Vergnügungsparks mit Volieren, Menagerien, Pflanzen-Schausammlungen und einen Zoo zur Haltung exotischer Tiere. Doch von dieser Garten- und Zookultur, die nur durch wenige Quellen überliefert ist, ist nichts erhalten.
Ab der Renaissance kamen inszenierte Tierkämpfe und Tierhetzen außer Mode. Als feinere Form der Zerstreuung wurde das Sammeln aus wissenschaftlicher Neugier modern, die universalen Sammlungen in Wunderkammern entstanden als Ausdruck der Suche nach Weltharmonie und als Zeichen der Verachtung vulgärer Nutzanwendung. Und als Darstellung des Unterworfenseins der wilden Natur unter den Willen des Menschen, dargestellt in einem geschaffenen Mikrokosmos als Universum im Kleinen. Sammelleidenschaft, Wissensdrang und der Herrschaftsanspruch über neu entdeckte Länder führten ab dem 15. Jahrhundert zur Einrichtung von Volieren und Menagerien. Letzteres meinte ursprünglich landwirtschaftlich orientierte Tierhaltungen, wandelte sich aber bald zu Sammlungen exotischen Getiers, deren anschließende Ausdehnung hinsichtlich geografischer Herkunft und Artenspektrum abermals den Wunsch nach Unterhaltung und Prunksucht widerspiegelte. Anspielungen auf den Garten Eden spielten wohl auch eine Rolle, sichtbar etwa im Universalgarten Kaiser Rudolfs II. um 1600, dem „Paradiesgarten“ der Prager Burg. Gleichwohl dienten Menagerien hauptsächlich als sichtbarer Beleg diplomatischer und wirtschaftlicher Kontakte mit fernen Ländern und des fürstlichen Machtanspruchs. Dementsprechend war der Besuch der Tiergärten nach wie vor nur dem Souverän und ausgesuchten Gästen vorbehalten.

Das Schöne und das Biest: Wandermenagerien verkauften sehr effektbetont das Erleben des Fremden und Skurrilen.
Paul Meyerheim
In der Tierbude, 1894
Öl auf Leinwand, 88 x 129 cm
Staatliche Kunstsammlungen Dresden.

Das Wissen um die Existenz fremder Tiere beschränkte sich im Mittelalter auf Quellen wie den *Physiologus* („der Naturgelehrte“), ein Kompendium christlicher Tiersymbolik aus der Zeit um 200 n. Chr., das anhand von 55 Beschreibungen vor allem von Tieren und ihren Besonderheiten kreatürliche mit göttlichen Elementen verknüpfte. Im ganzen christlichen Orient bekannt, hielt dieser Bestseller aus dem Mittelalter die Kenntnis von exotischen Wesen wie etwa dem „Phönix aus der Asche“ lebendig. Jenseits der Horizonte seiner Kenntnis vermutete der mittelalterliche Mensch allerlei seltsames Getier, auch so ungewöhnliche Kreaturen, wie man sie etwa auf den Bildern Hieronymus Boschs sehen kann – neben vertrauten Tieren wie Giraffen und Elefanten die abenteuerlichsten Ausgeburten der Phantasie. Selbst der Naturforscher Konrad Gessner widmete in seiner mehrbändigen *Historia Animalium* mit dem „Schlangenbüch“ von 1599 den Schlangen und Ungeheuern einen eigenen Band.
Damit kam ein weiterer Aspekt der Tiergärten zu neuer Blüte, der sich seit den Anfängen im Zweistromland bis in die Neuzeit gehalten hatte, nämlich die Wandermenagerie. Sie war von Anfang an ein Medium der breiten Bevölkerung und brachte dieser gegen klingende Münze den Schauwert ihrer exotischen, im Idealfall lebenden Schaustücke als fernen Abglanz des Nicht-Alltäglichen quasi vor die Haustüre. Da sich schon damals die staunende Menge durch Schaueffekte weit eher als durch

Carl Hagenbeck's Zoologisches Paradies.
Zoologischer Garten der Zukunft.

Kultur locken ließ, wurden insbesondere solche Tiere gezeigt, die beim Betrachter einen wohligen Schauer des Ungewohnten und Abnormen hervorrufen konnten. Typischerweise präsentierten sich solche Menagerien auf Jahrmärkten, wobei die Tiere möglichst reißerisch angepriesen wurden, nötigenfalls auch mit einem satten Anteil an Skurrilität – dies um so mehr als es damals noch erheblich einfacher war, dem unkundigen Publikum manchen Bären aufzubinden. So kündigte ein Schausteller noch um 1785 der Bevölkerung von Konstanz *„noch nie gesehene fremde Thiere"* an, darunter solche zum Gruseln wie die *„Würmer, so den Indianern aus den Füßen geschnitten worden"* ebenso wie solche zum Staunen, etwa *„den Ichneymon, oder die Seemaus, die das Crocodill, wenn es am Ufer liegt und schläft, tödet, indem sie zum Rachen desselben eingehet, und sich durch den Bauch frißt"*, den *„Jokusfisch mit zwey Beinen"* oder *„ein fliegendes Blatt aus Malluba, welches zu einem Insecte wird"*.[3] Eine genaue Beschreibung wurde kaum gegeben, um die Schauobjekte nicht zu banalisieren, man kolportierte eher erprobte biblische oder antike Mythen. In diesem Fall war es der Ichneumon, dem Publikum aus dem *Physiologus* bereits als *„Feind des Drachen"*, d. h. des Krokodils, vertraut, der die Glaubwürdigkeit selbst von so offensichtlichen Wolpertingern wie dem *„Quadratfisch"* oder dem *„Nordischen Basilisken"* unterstreichen sollte. Mit der Einbeziehung solch christlich-erbaulicher Sujets konnte man den Vorwurf sinnfreier Sensationsdarstellung entkräften und obendrein den Kreis der Interessenten noch ausweiten – immerhin lebten die Betreiber solcher Wandermenagerien von ihrem Inventar.

In maurischem Stil: Begeisterung für das Exotische bestimmte noch in der Frühzeit des modernen Zoos die Architektur vieler Tierhäuser. Wilhelma, Stuttgart.

Die Spezialisierung der Kuriositäten- und Naturalienkabinette führte ab 1750 zur allmählichen Umwandlung in geordnete Sammlungen. Nun wurden die Beschaffungsreisen auch von Wissenschaftlern begleitet, um das Sammeln rationeller zu betreiben. Die letzte Hochblüte der Wandermenagerien brach an und die Fürstengärten wurden zunehmend für die Bevölkerung geöffnet. Das Bürgertum begeisterte sich für das Studium der Naturwunder, mit der Aufklärung wandelte sich die Tendenz der Grünanlagen von der unterworfenen Natur zu ästhetisch gestalteten Landschaftsgärten, in denen „gezähmte" Wildtiere gehalten wurden. Die Bildung von Gemüt und Wissen trat in den Vordergrund des Studiums der Natur. 1752 entstand die Menagerie am Schloß Schönbrunn in Wien, heute der älteste ohne Unterbrechung bestehende Zoo. Der *Jardin des Plantes* in Paris wurde 1792 zur naturkundlichen und sittlich-moralischen Belehrung, zur „Erquickung von Herz und Seele" als erster Tiergarten modernen Typs gegründet. Der Besucher sollte das Tier als Teil der göttlichen Schöpfung erkennen und erfahren, um das eigene Gemüt zum Höheren und Edlen hinzuwenden. Es war auch der Beginn der Erholungsfunktion des Zoos, die mit zunehmender Naturentfremdung um den Aspekt der Zivilisationsflucht erweitert werden sollte. Der Londoner Zoo schließlich erklärte schon bei seiner Gründung 1828 die zoologische Forschung zu einem wesentlichen Ziel. Damit begann eine Welle von Zoogründungen

Ein Erfolgsgarant der Tierschauen war die anthropomorphe Zurschaustellung des Tieres in Dressurakten.

auf allen Kontinenten, die einem breiten Publikum zur Aufklärung, Bildung und zur Erholung dienen sollten. Ein Hang zu romantischem Träumen von fernen Ländern stand Pate bei der Gestaltung vieler Zoos jener Epoche. Der Versuch der Nachahmung der freien Natur führte zur Gestaltung von Landschaftsgärten mit eingebettetem Tierbestand, die Suche nach Harmonie bei anderen Völkern zur Verwendung vor allem orientalischer und fernöstlicher Motive bei der Gestaltung der Gehege. Doch auch die alte Prestigesucht lebte noch einmal auf, als die großen Zoos darum wetteiferten, möglichst viele und exotische Tierarten zeigen zu können. Dieser Aspekt des Artenreichtums als Kriterium ist mittlerweile ad acta gelegt worden. Als die vier Hauptaufgaben des modernen Zoos nennt Heini Hediger, Direktor des Züricher Zoos, Erholungsraum für die Bevölkerung zu sein, Aufklärungsarbeit zu leisten, wissenschaftliche Forschung durchzuführen und Naturschutzaufgaben wahrzunehmen.
Als 1907 der erste gitterlose Tierpark der Welt in Hamburg-Stellingen eröffnet wurde, verschwand damit auch das alte Motiv, das wilde Tier hinter Gitterstäben gebändigt zu sehen. Das ist vielleicht der größte Umschwung, den der moderne Zoo im Verhältnis zwischen Mensch und Tier mit sich brachte. Nicht umsonst wurde dieser Tierpark als *„Zoologisches Paradies"* apostrophiert, denn seit dem 20. Jahrhundert ist die Sehnsucht nach der Natur ein wesentliches Motiv des Zoobesuchers geworden, der Zoo ein Ort meditativer Entspannung und des Amüsements. Hier kann der Mensch aus den Verstrickungen der Zivilisation hin zur idealisierten Natürlichkeit und Unschuld der Tierwelt gelangen, in der die gewordene Kluft zwischen Mensch und Tier einer umfassenden Harmonie weicht. Der moderne Tiergarten ist nach Hediger ein „Notausgang zur Natur" geworden – und mittlerweile zum Zufluchtsort auch für das Tier, zur bewahrend-rettenden Arche der Neuzeit.
Was ist nun die anhaltende Triebfeder des Menschen, das wilde Tier zu halten und zu betrachten? Das Erlebnis des Zoobesuchs rührt eine sehr alte und sinnliche Saite in uns an, eine Art von animalem Magnetismus, der das Wildsein an sich mit unserer Seele verknüpft. Das schließt auch die Sucht des Menschen ein, das Tier zu vermenschlichen und zu formen. Denn auch heute noch hat der Zoobesucher bestimmte Erwartungen und Vorlieben, die mittlerweile ebenfalls Gegenstand der Forschung wurden und die sich aus seinen bevorzugten Zielen im Zoo ableiten lassen. So sucht er zum Beispiel den Kitzel des nahen Kontakts mit der Kreatur, den ihm der Tierfilm im Fernsehen nicht vermitteln kann. Zwar unterteilt der Mensch nicht mehr in nützliche und schädliche Tiere, wohl aber noch in schöne und eklige. Er hat klare Favoriten: elegante, starke Tiere mit schönen Augen, im Idealfall im Familienverband mit Jungtieren. Die Anwesenheit von Jungtieren kann die Verweildauer vor einem Gehege verdoppeln, „Ekeltiere" wie Echsen, Schlangen oder Gliedertiere erregen weit weniger Interesse. Er wünscht den Zoo mit allen Sinnen zu erleben, bis hin zum typischen Raubtiergeruch in der Großkatzenanlage. Er erwartet „artgerechte Haltung" und bevorzugt statt Einzelgehegen „natürliche Kombinationen" mehrerer Tierarten, aber bitte ohne Zeuge der daraus normalerweise resultierenden Räuber-Beute-Interaktionen werden zu müssen. Er wünscht die Tiere in „natürlicher Umgebung" zu sehen, verliert aber andererseits das Interesse, sobald er das Tier hinter Felsen oder in dichter Vegetation nicht mehr

Mit dem Tier auf Tuchfühlung: Der intensive Kontakt mit dem Zootier hat den Menschen zu allen Zeiten fasziniert.

sehen kann. Das Tier im Zoo wiederum nutzt solche Deckungen, um sich dem Blick des Menschen zu entziehen. Die Sichtweise des Besuchers auf den Zoo ist vom Wunsch nach naturnaher Gestaltung ohne völliges Erreichen des großen Vorbilds geprägt. Immerhin sind Tiere in freier Natur vor allem damit beschäftigt, zu fressen, nicht selbst gefressen zu werden und Stresssituationen zu vermeiden, wie sie sich aus Kämpfen um Rangordnung und Fortpflanzung ergeben. Aber hiervon will der Zoobesucher bestenfalls das Fressen sehen. Die heile Natur ist eine Wunschvorstellung des Menschen, die er im Zoo verwirklicht zu sehen wünscht. Daraus erklärt sich vielleicht jene seltsame Tatsache, dass immer wieder Zoobesucher freiwillig in die Gehege selbst gefährlicher Tiere eindringen und oft genug dabei zu Tode kommen.
Diese Erkenntnisse lassen den Schluss zu, dass die anhaltende Sucht des Menschen, dem lebendigen Tier nahe zu sein, aus seiner Sehnsucht nach einem vergangenen idyllischen Zeitalter der Gleichheit mit der Kreatur herrührt. Seitdem der Mensch begonnen hat, die Erde nach seinem Bild zu formen und sich über das Tier erhoben hat, verspürt er den Verlust der Unschuld, der damit einherging. Dem wilden Tier nahezukommen stellt den Versuch dar, vorübergehend ins Paradies zurückzukehren und diese Einheit wiederherzustellen. Wohlgemerkt vorübergehend, denn jene eingezäunte Areale, jene *Pairidaeza*, mit denen alles begann, dienen ihm eben nicht nur dazu, in ihrem Inneren eine un-natürliche Welt nach eigenen Vorstellungen zu formen: Sie dienen ebenso dazu, das Paradies jederzeit verlassen zu können, sobald die alte Sehnsucht wieder einmal gestillt ist. Wohl strebt der Mensch ins Paradies, aber wohl fühlt er sich dort nur, wenn er auch jederzeit wieder heraus kann.

Anmerkungen

[1] Aus dem Bericht der byzantinischen Gesandten Johannes Rhadino und Michael Toxaras des Kaisers Konstantin Porphyrogennetos vom Hof des Kalifen al-Muqtadir im 10. Jahrhundert, in: André Clot, Harun al-Raschid. Kalif von Bagdad, München 1988, S. 51 f.

[2] Karen Polinger Foster, Gardens of Eden: Exotic Flora and Fauna in the Ancient Near East, Yale School of Forestry & Environmental Studies Bulletin Series 103 (1998), S. 320–329, hier: S. 322.

[3] Lose Beilage zu: Stadtarchiv Konstanz A I, Franz Xaver Leiner, Geschichtliche Miszellen der Stadt Konstanz, abgeschrieben und ab 1798 fortgesetzt von Ferdinand Bickel [und anderen], Kopie, Original im Stadtarchiv Freiburg Hs. 229.

Literatur

Eric Baratay/Elisabeth Hardouin-Fugier, Zoo : von der Menagerie zum Tierpark, Berlin 2000
Vicki Croke, The Modern Ark: the Story of Zoos: Past, Present, and Future, New York 1997
Josef Frewein (Hrsg.), Das Tier in der menschlichen Kultur, Zürich 1983
Penelope Hobhouse, Der Garten – eine Kulturgeschichte, Starnberg 2005
Vernon Kisling, Zoo and Aquarium History. Ancient Animal Collections to Zoological Gardens, Boca Raton 2001
Gustave Loisel, Histoire des ménageries de l'antiquité à nos jours, Paris 1912
Gaius Plinius Secundus, Naturalis historia, München 1976

Die Paradiese der Erstbeschreiber

Peter-René Becker

Seit der Mensch an Tieren und Pflanzen interessiert ist, belegt er sie mit Namen. In der Frühzeit folgten diese Benennungen häufig dem Aussehen oder Nutzwert eines Organismus; bisweilen spiegelten sie auch magische Zuschreibungen wider. Infolgedessen unterschieden sich diese Trivialnamen regional und mundartlich sehr stark, so dass beispielsweise eine Pflanzenart auf dem Gebiet des heutigen Deutschland zehn verschiedene Namen haben konnte.

Eine Vereinheitlichung der Namensvielfalt für Pflanzen und Tiere gibt es erst seit dem schwedischen Naturforscher Carl von Linné. Er führte 1753 in seinem Werk „Species plantarum" und 1758 in „Systema naturae" die so genannte „binäre Nomenklatur" für die Lebewesen ein: Alle Pflanzen und Tiere haben zwei Namen; der erste ist der Gattungsname, der zweite der Artname. Der Erstbeschreiber einer neuen Pflanzen- oder Tierart darf den Artnamen nun selbst festlegen. Ist sogar die Gattung neu, darf auch der erste Name vom Erstbeschreiber frei gewählt werden. Beide Namen müssen latinisiert sein. Ferner ist festgelegt, dass der wissenschaftliche Erstbeschreiber einer Tierart seinen Namen an den Artnamen nicht-latinisiert anfügen muss. Seit 1895 sind diese Regeln für die wissenschaftlichen Benennungen von Tieren im „International Code of Zoological Nomenclature" (ICZN) niedergelegt, die von Pflanzen, Pilzen, Blaualgen und photosynthese-aktiven Einzellern im „International Code of Botanical Nomenclature" (ICBN) seit 1867; von Zeit zu Zeit werden beide Codes auf speziellen Kongressen aktualisiert.

Löbliche Ziele dieser Nomenklaturregeln sind Eindeutigkeit, Einheitlichkeit und Beständigkeit für alle Namen von Organismen. Deswegen sind diese Namen auch nur nach ganz bestimmten Regeln zu ändern, z. B. wenn dieselbe Art aus Unkenntnis der ersten Beschreibung ein zweites Mal beschrieben wurde oder zwei ursprünglich getrennte Arten zu einer Art zusammengefasst worden sind. In allen Fällen gilt dann der ältere Name.

Die Wahl des Gattungs- oder Artnamens steht grundsätzlich dem Erstbeschreiber frei. Zwar soll gemäß eines *common sense* der Artname Bezug nehmen auf den Fundort („sibirica" = aus Sibirien) oder eine Eigenheit des Organismus („multicolor" = vielfarbig), aber es ist nicht verboten, ihn – oder den Gattungsnamen – als Widmung für eine Person zu nutzen. Auf diese Weise wurden und werden Berühmtheiten, Kollegen, Ehepartner oder Geldgeber in wissenschaftlicher Form verewigt und geehrt. Den ganzen Stolz über solch eine Benennung liest man z. B. bei Hinrich Lichtenstein heraus, der ein von ihm in Südafrika entdecktes *„schönes hochrothblühendes Schmarotzergewächs"* beschreibt und hinzufügt: *„Herr Wendland, Aufseher des botanischen Gartens zu Herrenhausen, der in dieser Pflanze eine neue Gattung erkannte, belegte sie, mein geringes Verdienst zu ehren, mit meinem Namen, unter welchem sie in seiner Sammlung ausländischer und einheimischer Pflanzen [...] abgebildet und beschrieben ist."* (Lichtenstein 1811). Adelbert von Chamisso benannte eine von ihm auf seiner Weltreise 1815–1818 entdeckte neue Pflanzengattung nach dem Finanzier der Forschungsexpedition, dem russischen Grafen von Romanzoff, *Romanzoffia*; einer zweiten neuen Gattung gab er den Namen des begleitenden Schiffsarztes und guten Freundes, Friedrich Eschscholtz, *Eschscholtzia* (Chamisso 1983). Der britische Naturforscher William Swainson schrieb 1836: *„Die größte Belohnung für einen Naturforscher ist eine Gattung, die nach ihm benannt ist."* Und er zitiert den deutschen Botaniker Carl Ludwig Willdenow mit dem Satz *„Kein Denkmal aus Marmor oder Bronze ist so dauerhaft wie der eigene Name als Gattungsname. Es ist der einzige Weg, die Erinnerung an einen großen Naturforscher oder einen, der der Wissenschaft Gutes getan hat, zu verewigen."* (Swainson 1836). Dem Schriftsteller und langjährigen Kurator für Schmetterlinge an der Harvard University, Vladimir Nabokov, bleibt es rund 100 Jahre später vorbehalten, auch den Stolz des Erstbeschreibers zu formulieren, dessen Name in der Zoologie für immer hinter dem Artnamen steht:

„Ich fing einen Schmetterling und gab ihm einen Namen,
versiert im Latein der Taxonomie,
so wurde ich Pate und Erstbeschreiber eines Insekts –
und mehr Ruhm wollte ich nie.

Mit weit geöffneten Flügeln auf seiner Nadel
(fast so, als ob er schlief')
und geschützt vor seinen krabbelnden Verwandten und Rost
in dem abgeschiedenen Bollwerk,
in dem wir Typenmaterial aufbewahren,
wird er selbst den ew'gen Staub überdauern.

Dunkle Bilder, Throne und Steine, von Pilgern geküsst,
Poeme, die 1000 Jahre nicht vergessen werden,
sie alle äffen nur die Unsterblichkeit dieses roten Etiketts nach
an diesem kleinen Schmetterling." (Nabokov 1943)

Eine Auflistung der Tier- und Pflanzenarten, die den Begriff des Paradieses im wissenschaftlichen Namen führen, zeigt eine große Vielfalt an Organismen. Bei den Pflanzen kommt der Gattungsname *Paradisea* in der Familie der Agavengewächse (Agavaceae) vor. Die Gattung hat zwei Arten, die beide im Deutschen Paradieslilie heißen: *P. liliastrum* wurde 1840 aus Italien beschrieben, *P. lusitanica* 1912 aus Portugal. Vom Erstbeschreiber der Gattung *Paradisea*, dem italienischen Botaniker Mazzucato, liegt keine Begründung der Namenswahl vor; sie ist in Form des etymologischen Nachweises auch erst in jüngerer Zeit obligatorisch.

Bei der Orchideengattung *Paradisanthus* ist der Name zusammengesetzt aus „Paradies" und „*Anthus*", dem griechischen Wort für Blume, zu deutsch also „Paradiesblume". Der aus Leipzig stammende Botaniker Heinrich Gustav Reichenbach wählte diesen Namen 1852, als er in Brasilien eine Orchidee fand, die nicht nur eine neue Art, sondern auch eine neue Gattung darstellte. Aus seiner Erstbeschreibung liest sich die Begeisterung über die Schönheit dieser Pflanze heraus: *„Ich kann mich keiner lieblicheren Orchidee besinnen. Das reine Milchweiss der Blüthen sticht wunderherrlich ab von den tief carmoisinrothen Querstreifen auf dem Grunde der Hüllblätter, der Säulengrund ist vorn und an der*

Seite ebenso gefärbt, während die Mündung des schief eingesetzten, oben offenen Elfenbeintrichters die schönsten von violett in lasurblau übergehenden Streifen und Punkte zeigt." Da Reichenbach am Ende der Beschreibung hinzufügt *„Dieser Name lässt einen Schluss auf die Tracht zu"*, ist klar, dass der Botaniker sich von der Schönheit der Pflanze hat zu dem paradiesischen Namen hinreißen lassen. Beim Artnamen ließ Reichenbach dann wieder Vernunft walten, denn er nannte die Orchidee *Paradisanthus bahiensis*, da er sie in Bahia entdeckt hatte. Von dieser Gattung sind bis heute sieben Arten aus Brasilien bekannt.

Bei der Banane spiegelt der Artname *Musa paradisiaca* im gewissen Sinne die geografische Herkunft wider; dachte man doch, sie sei *„ursprünglich im gelobten Lande, oder in den innersten Theilen von Asien und Afrika zu Hause."* (Krünitz 1805). Da sie außerdem wegen ihres hervorragenden Geschmacks und der großen Bekömmlichkeit sehr beliebt war, glaubte man eine Zeit lang, dass die Bananenstaude, und nicht der Apfel der Baum der Erkenntnis im Paradies gewesen sei. Vor allem bei Arabern, Griechen und Angehörigen des jüdischen Glaubens soll diese Vorstellung lange gültig gewesen sein. So überrascht auch nicht, dass die Banane in Deutschland zunächst unter dem Namen „Paradiesfeige" bekannt geworden ist. Heute weiß man, dass die Bananenstaude ursprünglich auf Neuguinea heimisch war, bevor sie ihren Siegeszug um die (sub)tropischen Klimazonen der Welt antrat. Botanisch-systematisch gesehen gehören die Bananen heute zu den kompliziertesten Pflanzen, weil über 50 Arten bekannt sind und manche von ihnen im Freiland zur Hybridisierung neigen. Von den drei Arten, die Linné 1753 beschrieb, ist wohl nur *M. troglodytarum* eine echte Art; *M. sapientum* wird heute als Artkomplex verstanden und *M. paradisiaca* scheint eine sehr frühe Kreuzung zwischen *M. acuminata* und *M. balbisiana* zu sein. Deshalb wird der Name korrekt *Musa* x *paradisiaca* geschrieben. Sei es wie es sei, die Banane ist heute die meistverzehrte Frucht in Deutschland.

Aus Sicht der Erstbeschreiber ist das Tierreich namentlich stärker paradiesorientiert als das Reich der Pflanzen. Auf Anhieb fallen einem die Paradiesvögel ein, die trivial wie – z. T. auch – wissenschaftlich ihren paradiesischen Namen tragen. Die 17 Gattungen und 42 Arten kommen nur in Australien, auf Neuguinea und den Molukken vor. Bereits 1758 etablierte Linné die Gattung *Paradisaea* mit der Typusart *P. apoda* wissenschaftlich. Sowohl der Gattungsname als auch der Artname sind eine Hommage Linnés an die Vorväter, die die Herkunft der Paradiesvögel in sehr fantasievolle Geschichten kleideten. So notierte Antonio Pigafetta, der Schreiber während Fernando de Magellans Weltumsegelung, 1521 bei der Abreise von der Molukkeninsel Batjan *„Unsere besondere Aufmerksamkeit erregten zwei wundervolle tote Vögel, deren Köpfe klein und mit einem langen Schnabel versehen waren. Sie besaßen buntschimmerndes Gefieder und sehr lange Federn."* Und der Kaiserliche Geheimschreiber Maximilianus Transsylvanus ergänzt 1522 in seinem Brief an den Kardinalerzbischof von Salzburg, in dem er u. a. von den Geschenken der Könige der einzelnen Molukkeninseln an den spanischen Kaiser berichtet, *„Das Kostbarste aber war zweifellos ein sehr schöner Vogel, der nach dem Glauben der Insulaner aus dem Paradies stammen*

Paradieslilie
Paradisea liliastrum.

soll. Wer diesen Vogel besitzt, ist sicher vor Verwundungen und unbesiegbar in der Schlacht. Fünf davon wurden mit nach Spanien gebracht. Ich erhielt einen, den ich Eurer Hochwürden sende, nicht damit Sie sich, wie es bei den Insulanern der Fall ist, sicher vor Verrat und Überfall fühlen, sondern damit Sie sich an seiner Eigenart und Schönheit erfreuen." (beide Zitate Magellan 1964). 60 Jahre später schreibt der Schweizer Arzt und Naturforscher Konrad Gessner: *„Die Könige der Marmin der Inselgruppe der Molukken hatten vor wenigen Jahren an die Unsterblichkeit der Seele zu glauben begonnen, und dies aus keinem anderen Grund, als dass sie von einem sehr schönen Vöglein wussten, das nie auf der Erde noch sonst wo sitzend gefunden wurde, sondern nur zu Zeiten aus der hohen Luft auf das Erdreich tot hinabfallend. Und als die Machumeten so dann dem Kaufmannsschatz willen zu jenen kamen, die diesen Vogel im Paradies, dem Ort der verstorbenen Seelen, geboren bezüchtigten, da haben die Könige den Machumetischen Glauben angenommen, weil dieselben sich viel Großes vom Paradies verhießen und zusagten. Dies Vögelein aber nennen sie Manucodia, das Vögelein Gottes, welches sie so für heilig und wert halten, dass die Könige mit diesem im Krieg sich sicher glauben, wenn sie gleich ihren Brauch und Gewohnheit im vordersten Glied stehen. Es sind noch andere Paradiesvögel genannt, nicht, dass diese aus dem Paradies kommen würden, sondern von jener vortrefflichen Schöne und Zierde waren, welche so groß an jenen ist, dass jenen es schier nicht an Farbe mangelt."* (Gessner 1582). Zu Linnés Zeit, der Zeit der Aufklärung in Europa, waren diese Vorstellungen nur noch Wissenschaftsgeschichte.

Großer Paradiesvogel
Paradisea apoda
Linné, 1758
Überseemuseum Bremen.

Auch zwei weitere wissenschaftliche Gattungsnamen der Paradiesvögel basieren nicht auf der Idee des Paradieses als geografischer Herkunft, sondern zeigen ihre systematische Nähe zur Gattung *Paradisaea*, nämlich *Loboparadisea* und *Paradisornis*. Walter Rothschild, bekannter unter dem Namen Lord Rothschild, Zweiter Baron Rothschild von Tring (GB), benannte 1896 die Gattung *Loboparadisea*, mit der Typusart *L. sericea*, als er einen bis dato unbekannten Paradiesvogel mit zwei bläulichen Karunkeln oder fleischigen Lappen auf dem Schnabel aus Neuguinea kaufte. Daher verband er das griechische Wort *lobos* für „Lappen" mit dem vertrauten Gattungsnamen *Paradisea*; auch auf deutsch heißt diese Art seitdem Lappenparadiesvogel. Der von dem Dresdner Ornithologen Adolf Bernhard Meyer 1885 gewählte Gattungsname *Paradisornis* sollte ebenfalls lediglich die systematische Nähe dieser neuen Gattung zu *Paradisaea* ausdrücken. Er ist inzwischen aber wieder aufgehoben und wird als identisch mit der Gattung *Paradisaea* angesehen. Deshalb lautet heute der valide Artname des Blauen Paradiesvogels *Paradisaea rudolphi* und nicht *Paradisornis rudolphi*, wie ihn der deutsche Ornithologe Otto Finsch 1885 in seiner Erstbeschreibung verwandte.

Auch als Artname ist das Paradiesische bei den Erstbeschreibern von Vögeln beliebt, ebenfalls, aber nicht nur, bei Paradiesvögeln. William Swainson beschrieb 1825 die am südlichsten lebende Paradiesvogelart als *Ptiloris paradiseus*. Tatsächlich kommt diese Art, auf deutsch Schildparadiesvogel, vom australischen Queensland bis nach New South Wales vor. Auch in diesem Fall schlägt der Artname wohl lediglich die Brücke zu den Paradiesvögeln, denn Swainson liefert in seiner Erstbeschreibung keine weitere etymologische Begründung.

Neben den genannten Paradiesvögeln erhielten weitere Vogelarten aus derselben Ordnung der Singvögel die wissenschaftliche Zuschreibung „paradis-". Allein Linné verlieh sie noch dreimal: 1758 beschrieb er den Paradiesschnäpper aus Asien als *Muscicapa paradisi* (heute: *Terpsiphone paradisi*) und die Schmalschwanz-Paradieswitwe aus dem östlichen und südlichen Afrika als *Emberiza paradisaea* (heute: *Vidua paradisaea*), 1766 den südostasiatischen Flaggendrongo als *Cuculus paradiseus* (heute: *Dicrurus paradiseus*). Da Linné in keinem der drei Fälle die Wahl des Artnamens begründet, kann man nur davon ausgehen, dass er – auch als aufklärender und aufgeklärter Wissenschaftler – sich bei besonders schönen Vögeln die Freiheit des Schwärmens nahm. Ähnlich verfuhr Linné bei der Vergabe anderer Artnamen und Ähnliches findet sich auch bei anderen Erstbeschreibern.

Flaggendrongo
Dicrurus paradiseus
(Linné, 1766)
Überseemuseum Bremen.

Mit der Siebenfarbentangare *Tangara chilensis paradisea* hat ein weiterer Singvogel eine paradiesische Zuschreibung erfahren, wenn auch nur als Unterart. Allerdings hatte Swainson 1837 gedacht, er habe eine neue Vogelart in Brasilien gefunden, und die Art *Aglaia paradisea* benannt. Später stellte sich dann heraus, dass es die Unterart einer schon bekannten Tangarenart war.

Nicht-Singvögel konnten den paradiesischen Artnamen ebenfalls erlangen. Die auch bei uns heimische Küstenseeschwalbe bekam ihren Namen *Sterna paradisaea* von dem dänischen Theologen und Naturforscher Erik Pontoppidan. Die Namensgebung ist in „Den Danske Atlas" 1763 publiziert; da Pontoppidan praktizierender Theologe war, lag der Artname „paradisaea" für einen Vogel wie die Küstenseeschwalbe nicht fern; kam der Vogel doch erst im Frühjahr wohlbehalten (woher?) nach (Nord-) Europa zurück und flog im Spätherbst bereits (wohin?) wieder ab.

Die letzte Vogelart führt das Paradies sowohl im Trivial- als auch im Artnamen. Der Paradieskranich wurde 1793 vom Hamburger Zoologen Anton August Heinrich Lichtenstein in seinem (Verkaufs-) Katalog seltenster Naturalia unter dem Namen *Ardea paradisea* aufgeführt und damit erstmals veröffentlicht. Er hatte den Balg des Vogels aus Südafrika erhalten und fälschlicherweise den Reihern zugeordnet; heute wird die Art zur Gattung *Grus* gezählt und heißt *G. paradisea*.

Nicht nur schöne Vögel brachten schwärmerische Erstbeschreiber dazu, Anleihen ans Paradies zu machen; auch eine Schlange, Fische und Insekten vermochten es. Lediglich Säugetieren blieb bislang der Zugang zu paradiesischen Artnamen verschlossen; fast möchte man meinen, das Paradies sei „säugerfrei".

Auf Java bekam der deutsche Zoologe Heinrich Boie 1827 eine Natter auf seinen Schreibtisch, die noch nicht beschrieben war. Er ordnete sie der Gattung *Chrysopelea* zu und gab ihr den Artnamen *paradisi*. Spürt man dieser Namensgebung nach, stößt man auf zwei Sachverhalte: Boie verwendet in seiner üblicherweise lateinisch abgefassten Beschreibung das Wort „pulcherrima", also „die schönste". Wie schon bei den Vögeln gesehen, schien im 18. und 19. Jahrhundert der Zeitgeist eine Verknüpfung von Schönheit und Paradies nahe zu legen. Außerdem war Boie zur Zeit der Bearbeitung bereits todkrank – er starb noch im selben Jahr – und es mag sein, dass ihn die Schlange auch deshalb ans Paradies erinnerte. Hinzu kommt, dass die Paradies-Schmuckbaumnatter, wie sie auf deutsch heißt,

links:
Schmalschwanz-Paradieswitwe
Vidua paradisaea
(Linné, 1758).

rechts:
Fahlbauch-Paradiesschnäpper
Terpsiphone paradisi
(Linné, 1758).

eine ganz besondere Schlange ist, denn sie kann durch Abspreizen der Rippen durch die Luft gleiten und so von einem höher gelegenen zu einem tiefer gelegenen Ast „fliegen".
Bei Fischen wurde sechsmal der Artname „paradis-" vergeben, nur drei Arten davon sind heute noch valide: Linnés Paradies-Fingerfisch *Polynemus paradiseus* von 1758 aus dem Indo-Pazifik, der indonesische Paradies-Schleimfisch *Petroskirtes paradiseus* von 1854 des holländischen Fischkundlers Pieter Bleeker und der westpazifische Paradies-Fadenflosser *Pentapodus paradiseus*, den der deutsche Theologe und Fischkundler Albert Günther 1859 beschrieb.
Bei Insekten zeigt sich noch stärker als bei Fischen, dass auch kleine Organismen die Erstbeschreiber in den Bann des Paradieses ziehen können. Dabei stehen gar nicht die Schmetterlinge in vorderster Linie, sondern bei den Käfern tragen sechs Arten einen entsprechenden Artnamen. Vier von ihnen zählen zur Familie der Prachtkäfer: *Conognatha paradisea* aus Brasilien, 1878 beschrieben von dem englischen Entomologen James Thomson; *Strigulia paradisea* aus dem Kongo, 1922 beschrieben von dem tschechischen Entomologen Jan Obenberger sowie *Pseudagrilus paradiseus* aus dem heutigen Simbabwe und *Agrilus paradiseus* aus Neuguinea, beide Arten 1924 ebenfalls von Obenberger benannt. Daneben trägt eine Art aus der Familie der Blattkäfer den Namen *Cryptocephalus paradisiacus*, den der deutsche Entomologe Julius Weise ihr 1900 gab, vermutlich weil der Fundort, das türkische Mardin, *„auf die Ebene von Mesopotamien schaut"*. Hierin einen Zusammenhang zu Paradiesischem zu sehen scheint realistischer als in dem Käfer selbst, der sechs Millimeter lang und schwarz ist. Die bislang letzte Familie, die einen „Paradieskäfer" stellt, ist die der Kurzflügelkäfer. Aus ihr gab der Schweizer Botaniker und Entomologe Oswald Heer 1834 einer kaukasischen Art den Namen *Quedius paradisianus*. Hier ergibt sich aber weder aus der Beschreibung noch aus dem Fundort eine etymologische Begründung. Dass Schmetterlinge äußerst ästhetisch aussehen können, ist allgemein bekannt. Um so mehr mag verwundern, dass von den über 150 000 Arten dieser Insektenordnung nur zwei einen paradiesischen Artnamen tragen: der Paradies-Vogelflügler *Ornithoptera paradisea* aus Neuguinea, vom deutschen Entomologen Otto Staudinger 1893 so benannt, und der Bärenspinner *Azatrephes paradisea* aus Französisch-Guyana, 1877 vom britischen Entomologen Arthur Gardiner Butler beschrieben.

Paradies-Vogelflügler
Ornithoptera paradisea
Staudinger, 1893
Überseemuseum Bremen.

Dieser kurze Ausflug in die Welt der Erstbeschreiber zeigt, dass zwischen 1753 und 1924 immer wieder einmal für Tiere und Pflanzen verschiedener Herkunft und systematischer Zugehörigkeit ein Artname gewählt wurde, der sich auf das Paradies bezieht. Grund dafür war seltener die Annahme, das betreffende Lebewesen entstamme dem Paradies, sondern in einer für Wissenschaftler typischen Weise war meist die Faszination, die vom Tier oder von der Pflanze ausging, hierfür ausschlaggebend. Insofern ist der Versuch, aus den Erstbeschreibungen wortwörtlich eine Begründung für den Paradiesbezug herauslesen zu wollen, in vielen Fällen untauglich, da zu sehr dem Detail verhaftet. Faszination geht vom Ganzen aus, sie lässt sich nur selten von der Schnabelfarbe oder der Fühlerlänge herleiten.

Literatur

Pieter Bleeker, Blennioidei, in: Natuurkundig tijdschrift voor Nederlandsch-Indie, 6 (1854), S. 495 f

Heinrich Boie, Bemerkungen über Merrem's Versuch eines Systems der Amphibien, in: Isis, 20 (1827), S. 508 ff

Arthur Gardiner Butler, On the Lepidoptera of the Amazonas, in: Transactions of the entomological Society London, 1877, S. 105 ff

Adelbert von Chamisso, Und lassen gelten, was ich beobachtet habe: naturwissenschaftliche Schriften, Berlin 1983, S. 25 und 65

Otto Finsch / Adolf Bernhard Meyer, Vögel von Neu Guinea, in: Zeitschrift für die gesammte Ornithologie 2 (1885), S. 385 ff

Carl Froebel / Oswald Heer, Geographische Verbreitung der Käfer in den Schweizer Alpen, in: Mittheilungen aus dem Gebiete der theoretischen Erdkunde 1 (1834), S. 36 ff

Konrad Gessner, Vogelbuch, Zürich 1582, S. 186

Albert Günther, Catalogue of the fishes in the British Museum, 1 (1859), S. 383 f

Johann Georg Krünitz, Ökonomisch – technologische Enzyklopädie, Bd. 98, Berlin 1805, S. 426 ff. (Elektronische Ausgabe der Universitätsbibliothek Trier http://www. kruenitz. uni-trier. de /)

Anton August Heinrich Lichtenstein, Catalogus rerum naturalium rarissimarum, Hamburg 1793, S. 28

Hinrich Lichtenstein, Reisen im südlichen Afrika in den Jahren 1803, 1804, 1805 und 1806. Neudruck des 1811 in Berlin erschienenen Werkes, Stuttgart 1967, S. 360 f

Carl von Linné, Species plantarum, Stockholm 1753

Ders., Systema naturae, Stockholm 1758

Ders., Paradisaea apoda, a. a. O., S. 110

Ders., Emberiza paradisaea, a. a. O., S. 178

Ders., Polynemus paradiseus, a. a. O., S. 317

Ders., Cuculus paradiseus, in: Systema naturae, Stockholm 1766, S. 172

Ders., Muscicapa paradisi, a. a. O., S. 324

Fernando de Magellan, Die erste Weltumseglung, Haar 1964, S. 97 und 127

Vladimir Nabokov, A discovery, in: Brian Boyd / Robert Michael Pyle (Hrsg.), Nabokov's Butterflies, London 2000, S. 273 f

Jan Obenberger, Strigulia paradisea, in: Archiv für Naturgeschichte, 88 (1922), S. 132 f

Ders., Kritische Studien über die Buprestiden (Col.), in: Archiv für Naturgeschichte, 90 (1924), S. 113 f. und 118 f

Erik Pontoppidan, Den Danske Atlas, 1, Kopenhagen 1763, S. 621 ff

Heinrich Gustav Reichenbach, Gartenorchideen V, in: Botanische Zeitung 10 (1852), S. 930

Walter Rothschild, Loboparadisea, gen. n., in: Bulletin of the British Ornithologists' Club 6, 1896 / 1897, S. 15 f

Otto Staudinger, Eine neue Ornithoptera – Art, in: Entomologische Nachrichten 19 (1893), S. 177 f

William Swainson, Mr. Swainson on new Australasian birds, in: The Zoological Journal London 1 (1825), S. 481 ff

Ders., On the natural history and classification of birds, Bd. 1, London 1836, S. 235

Ders., On the natural history and classification of birds, Bd. 2, London 1837, S. 187

James Thomson, Typi Buprestidarum Musaei Thomsoniani, Paris 1878, S. 48

Julius Weise, Beschreibungen von Chrysomeliden u. synonymische Bemerkungen, in: Archiv für Naturgeschichte, 66 (1900), S. 276 f

Geografische Utopien

Wo liegt das Paradies? Von Irrfahrten und Paradiessuchern

Andrea Müller

Der Legende nach machte sich der irische Abt Brendan mit seinen Mönchen in einem großen Boot gen Westen auf, um das Paradies zu finden und damit seinen Unglauben über Gottes Schöpfung zu überwinden. Auf seiner wundersamen Irrfahrt von Insel zu Insel erlebten Brendan und seine Gefährten phantastische Geschichten und trotzten zahlreichen Gefahren. Dem Paradies begegneten sie gleich zweimal – sowohl in irdischer als auch in himmlischer Form. Im himmlischen Jerusalem durften sie jedoch nicht bleiben, sondern sollten in ihre Heimat zurückkehren und den Menschen von ihren Erlebnissen berichten.

Solche imaginären Reisen waren im Mittelalter sehr beliebt, und die Popularität der Irrfahrt des Heiligen Brendan schlug sich seit dem 10. Jahrhundert in zahlreichen Handschriften nieder. Diese Legende war im Mittelalter so präsent, dass die nach dem Abt benannte Insel auf zahlreichen historischen Karten (z. B. Hereforder und Ebstorfer Weltkarte) verzeichnet wurde – nicht im hohen, kalten Norden, sondern in südlichen Gefilden. Brendans Suche nach dem Land der Verheißung verband die christliche Vorstellung vom Garten Eden mit dem antiken Mythos der Insel der Seligen. Beliebt war die Lokalisierung in der Nähe der Kanarischen Inseln, wo ein gleichbleibendes, mildes Klima herrschte. Noch bis zu Beginn des 17. Jahrhunderts gab es von den Kanarischen Inseln ausgehend Entdeckungsfahrten, um die Paradies-Insel des Brendan zu finden. Viele geographische und naturkundliche Details der Legende legen heute die Vermutung nahe, es handle sich nicht um eine Fiktion, sondern die *Navigatio Sancti Brendani abbatis* sei ein historischer Bericht über eine frühe Nordatlantikfahrt nach Neufundland und ein Hinweis auf die frühmittelalterliche Entdeckung Amerikas durch die Iren gewesen.

Legenden von entfernten Inseln und grünen Gärten

Ähnlich wie mit der Geschichte über die Irrfahrt des Heiligen Brendan verhält es sich mit den Paradiesorten anderer Zeitalter; auch sie führen häufig auf einen Mythos oder eine Legende zurück – und wie bei solchen Überlieferungen üblich steckt oft ein Körnchen Wahrheit darin.

Die Suche nach einem irdischen Ort, der dem Paradies gleicht, führte in verschiedene Landschaften und Regionen, die jedoch ähnliche Merkmale besaßen. Dazu zählen ein mildes Klima mit einer angenehmen Temperatur und einem lauen Lüftchen, das wohl am ehesten mit dem Begriff „ewiger Frühling" beschrieben werden kann. Weitere Kennzeichen waren eine verschwenderische und gleichzeitig harmonische Natur, deren Boden so ertragreich war, dass er die Menschen mit allem Lebensnotwendigen versorgte. Hinsichtlich der geografischen Besonderheiten erschienen bestimmte Landstriche oder Orte immer wieder in einem paradiesischen Licht. Häufig handelt es sich um einmalige, ursprüngliche Landschaften, die ihre Entdecker dazu animierten, sie als Paradies zu deklarieren.

Besonders typische Landschaften waren daher Inseln oder gebirgige Regionen, denen eine abgelegene Topographie an einem schwer zu findenden, möglichst geheimen Ort und eine beschwerliche Anreise gemeinsam ist.

Bereits bei den Sumerern verschmolzen Paradies und Inseltopos zu dem Inselparadies Dilmun, das in der Antike erneut als Insel der Seligen auftauchte. Die Gärten der Hesperiden befanden sich auf einer Insel, nur dort wuchsen die goldenen Früchte, deren Verzehr Unsterblichkeit verlieh. Gebirge oder Berggipfel sind als Sitz der Götter und Heiligen, die dem Weltgeschehen entrückt und dem Himmel nahe sind, bekannt. Der Berg Sinai, der Olymp oder Tibet als Dach der Welt sind einige Beispiele für Bergregionen, um die sich viele Mythen ranken, die diese Orte in die Nähe des Paradieses rücken. Auslegungen der biblischen Überlieferungen führten gleichfalls zu dem Schluss, dass das irdische Paradies an einem erhöhten Ort liegen müsse, um von der Sintflut verschont zu bleiben.

Der Garten Eden

„Und Gott der HERR pflanzte einen Garten in Eden gegen Osten hin und setzte den Menschen hinein, den er gemacht hatte. Und Gott der HERR ließ aufwachsen aus der Erde allerlei Bäume, verlockend anzusehen und gut zu essen, und den Baum des Lebens mitten im Garten und den Baum der Erkenntnis des Guten und des Bösen. Und es ging aus von Eden ein Strom, den Garten zu bewässern, und er teilte sich von da in vier Hauptarme. Der erste heißt Pischon, der fließt um das ganze Land Hewila, und dort findet man Gold; und das Gold des Landes ist kostbar. Auch findet man da Bedolachharz und den Edelstein Schoham. Der zweite Strom heißt Gihon, der fließt das ganze Land Kusch. Der dritte Strom heißt Tigris, der fließt östlich von Assyrien. Der vierte Strom ist der Euphrat. Und Gott, der HERR nahm den Menschen und setzte ihn in den Garten Eden, dass er ihn bebaute und bewahrte."
(1. Mose, Kapitel 2,8–15)

Die Darstellung vom Garten Eden enthält viele geografische Hinweise und führte zu bis heute andauernden Nachforschungen über die Herkunft des ersten Menschenpaares und den Ursprung der Menschheit. Die Suche nach dem Garten Eden als konkretem Ort wurde darüber hinaus durch die im ersten Buch Mose enthaltenen Hinweise auf Gold und Edelsteine, sowie auf ein fruchtbares Land mit der Aussicht auf reichhaltige Nahrung und die Hoffnung auf Überwindung der irdischen Vergänglichkeit entfacht.

Bevor die Vorstellung von der Erde als Kugel ihren wissenschaftlichen Beweis fand, fasste man sie als Scheibe auf, die von einem Ur-Ozean umgeben war. Jenseits dieses Ozeans, so glaubte der Schriftsteller und Reisende Kosmas Indikopleustes („der Indienfahrer") im 6. Jahrhundert, gäbe es eine weitere Erde und dort läge das Paradies. Problematisch erschien an dieser These lediglich, wie eine Verbindung der zwei auf der Erde bekannten Paradiesflüsse (Euphrat und Tigris) mit dem hinter dem Ozean gelegenen Paradies möglich sei. Aber auch hierfür gab es eine Antwort: Die Ströme würden unterirdisch durch den Ozean fließen und auf der Erde als Quelle wieder emporsteigen.

Im Christentum wurde das Paradies im Mittelalter als ein real existierender Ort auf der Erde gedeutet, der zwar eine andere Beschaffenheit hatte, aber trotzdem ein Bestandteil von ihr war. Das Weltverständnis dieser Zeit offenbart sich in den Weltkarten, den *Mappae mundi*, auf denen sich der bekannte und unbekannte geographische Raum mit historischen und religiösen Ereignissen mischte. Diese Karten sind weniger Navigationshilfen als vielmehr eine Darstellung historischer und biblischer Ereignisse, wobei der Schöpfungsgeschichte viel Raum gegeben wurde. Die Vorstellung des Garten Eden als einem realen geographischen Ort zog weitere Fragestellungen mit sich: Welches Klima herrschte im Urgarten, welche Tiere lebten dort und wie sah die Ehe des ersten Menschenpaares aus?

Einigkeit bestand weitgehend über die Himmelsrichtung, in der sich das Paradies befinden müsste: Wie in der Schöpfungsgeschichte berichtet, wurde es gen Osten vermutet. Meldungen von fruchtbaren und reichen Landstrichen aus dem fernen Asien unterstützten diese These, die mit der Geschichte vom Reich des Priesterkönigs Johannes abermals neue Nahrung bekam. Nach Europa gelangte die Kunde vom Königreich des Johannes 1165 durch einen Brief, der u. a. an den byzantinischen Kaiser Manuel I. Komnenos, an den römischen Kaiser Barbarossa und an Ludwig VII. von Frankreich gerichtet war. In diesem Schreiben berichtete der Priesterkönig über die Schönheit und den Reichtum in seinem riesigen Königreich, wo die Flüsse Gold, Silber und Edelsteine mit sich führten und eine Quelle ewige Jugend versprach – alles Charakteristika des Paradieses. Der Brief stellte sich bald als eine der denkwürdigsten Fälschungen der Geschichte heraus, dennoch wurde das Königreich auf zahlreichen Karten eingetragen, wobei die Platzierung zwischen China, Indien und Äthiopien wechselte.

Darstellung des Priesterkönigs Johannes in der Schedelschen Weltchronik.

Im 16. und 17. Jahrhundert war der Nahe Osten zentrale Region der Paradieszuschreibungen; galten ehemals Nil und Ganges als die Flüsse Gihon und Pischon, so identifizierte man sie nun mit den Nebenarmen des Euphrat und Tigris. Als im 18. Jahrhundert neue Interpretationen verschiedener Fossilfunde und im folgenden Jahrhundert die Evolutionstheorie von Charles Darwin die biblische Version der Menschheitsgeschichte in Frage stellten, verschwand auch der Garten Eden von den Landkarten. Doch auch nachdem die Welt bis in den letzten Winkel erforscht war, bedeutete dies nicht das Ende der Suche nach dem Paradies. Mit vereinten Kräften versuchen noch heute Historiker, Archäologen und Religionswissenschaftler, Ereignisse aus der Bibel in einen historischen Kontext zu setzen, so auch die Geschichte vom Garten Eden. Dabei geben neue archäologische Funde Hinweise auf den Ursprung der Menschheit. Der Historiker David Rohl hat in seiner Publikation „The Legend" versucht, den Garten Eden exakt zu lokalisieren und das Zentrum der neolithischen Revolution mit der Schöpfungsgeschichte zu verknüpfen. Von den beiden unbekannten Paradiesflüssen identifizierte er den Gihon mit dem Aras [1], den Pischon setzte er mit dem Qezel Uzan gleich. In der Quellregion beider Flüsse westlich der iranischen Stadt Täbris fand er eine von Bergen eingeschlossene Ebene, auf deren Umgebung die Angaben aus dem Alten Testament passen könnten. Ist der Ort des paradiesischen Urgartens endlich gefunden?

Goldene Schätze und weiße Strände

Treibende Kraft bei der Erschließung der Welt war die Aussicht auf Reichtümer in Form von Gold oder kolonialen Besitzungen. In späteren Jahrhunderten gesellten sich Forschergeist und wissenschaftliches Interesse zu den Motiven. Die Suche nach dem biblischen Garten Eden war einer eher säkularen Auffassung vom Paradies gewichen.

Im Zeitalter der Entdeckungen im 15. und 16. Jahrhundert rückten neue Landstriche in das Blickfeld, die mit dem Paradies gleichgesetzt wurden. Als Christoph Columbus auf seiner dritten Reise 1498 an die Küste Südamerikas gelangte, wo die vier Mündungsarme des Orinoko in den Atlantik fließen, identifizierte er diese mit den vier Paradiesflüssen. Gerüchte von unermesslichen Goldschätzen ließen den Vergleich mit dem biblischen Goldland Ophir aufkommen. Die nachfolgenden Konquistadoren machten sich auf die Suche nach dem Paradies, dem sie den Namen Eldorado gaben, was „der vergoldete Mann" bedeutet und auf ein Ritual der indianischen Muisca zurückgeht. Bei seiner Amtseinführung fuhr der mit Gold bestäubte neue König umgeben von seinen obersten Häuptlingen auf einem Floß in die Mitte eines Sees. Dort warf er Gold, Smaragde und andere Kostbarkeiten in den See und sprang anschließend selbst hinein.

Die Suche nach dem Schatz führte in die Berge an den runden Kratersee Guatavita, an dem das Ritual der Muisca stattgefunden hatte. Bis in das 20. Jahrhundert hinein wurden zahlreiche Versuche unternommen, an die Schätze auf dem Seegrund zu gelangen. Hernán Pérez de Quesada wollte im Jahr 1545 den See mit Eimern ausschöpfen lassen, 40 Jahre später stach Antonio de Sepúlveda einen Kanal durch die Berge, um den See auslaufen zu lassen. Doch alle Versuche scheiterten, der See gab lediglich einige wenige Goldstücke frei. 1965 erließ die kolumbianische Regierung ein Verbot, weiter nach dem vermeintlichen Schatz im See zu suchen.

Die Suche nach dem großen Goldschatz ging im 16. Jahrhundert weiter. Andere Legenden erwähnten die goldene Stadt Manoa, auch Dorado genannt, aus der bald ein ganzes Goldland wurde. Die Hoffnung, es könne hinter dem nächsten Gebirgszug oder tief in den südamerikanischen Wäldern liegen,

links:
Fragment einer flachen Menschenfigur
Tunjo (Votivgabe)
Muisca (650 n. - 1536 n. Chr.)
Überseemuseum Bremen
Inv.-Nr. C0000/144.

Mitte:
Flache, abstrahierte Figur
Tunjo (Votivgabe)
Muisca (650 n. - 1536 n. Chr.)
Überseemuseum Bremen
Inv.-Nr. C8504/76.

rechts:
Gestalt umgeben von kleineren menschlichen Figuren
Kalkspatel
Muisca (650 n. - 1536 n. Chr.)
Überseemuseum Bremen
Inv.-Nr. C8509/69.

„Das letzte Paradies", Film von Folco Quilici, Italien 1957.

war treibende Kraft zahlreicher europäischer Expeditionen. El Dorado war und bleibt eine Illusion und existierte nur in der Fantasie. Dieses Trugbild kostete jedoch zahlreiche Menschenleben. Von den insgesamt 800 Mann der Expedition von Gonzalo Jiménez de Quesada in den Jahren von 1536 bis 1539 überlebten beispielsweise lediglich 166 die dreijährige Tortur durch die Sümpfe und Urwälder. Die Goldgier der Europäer war zugleich der Beginn des Untergangs der indianischen Kultur in Südamerika.

In den Jahrhunderten nach der Entdeckung Amerikas gelangte der Pazifik in den Mittelpunkt der europäischen Interessen. Der Stille Ozean war bis in das 18. Jahrhundert weitgehend unerforscht. Dort sollte – als Gegenpol zu den übrigen Landmassen – der seit der Antike sagenumwobene Südkontinent liegen, der mit reichen Goldvorkommen ausgestattet war. Wie sich herausstellte, gab es Goldschätze hier nicht zu holen, doch die Inseln, insbesondere Tahiti, hatten alle Attribute eines Paradieses. In ihren Reiseberichten schwelgten die Teilnehmer der Expeditionen von Louis Antoine de Bougainville und James Cook von einem angenehmen, milden Klima, idyllischen Landschaften mit Palmeninseln in türkisblauem Meer und liebenswerten Bewohnern, die sorgenfrei in einem unschuldigen Naturzustand lebten. Die Vorliebe der heiteren Inselbewohner für Musik, Tanz und Festlichkeiten riefen Analogien zur Antike und zum Goldenen Zeitalter hervor, und ihre für europäische Betrachter sexuelle Freizügigkeit ließen den Vergleich mit Kythera, der mythologischen Insel der Liebe, auftauchen. Im 19. und 20. Jahrhundert leisteten Literaten und Maler einen weiteren Beitrag zur Verklärung der Südsee.
Das idyllische Bild war allerdings auf bestimmte Inselgruppen beschränkt. Die Europäer fühlten sich den hellhäutigen Polynesiern (die zudem eine hierarchisch aufgebaute Gesellschaftsstruktur aufwiesen) näher als etwa den Bewohnern der melanesischen Inselwelt, die durch ihre dunkle Hautfarbe fremdartig wirkten und „von Natur" aus als bösartig und aggressiv galten.[2] Die koloniale Wirklichkeit zu Beginn des 20. Jahrhunderts machte aus den „Edlen Wilden" unberechenbare Kannibalen. Malaria und andere Missstände trugen dazu bei, das Bild der Südsee zu polarisieren. Der ernüchternden Realität zum Trotz hat sich das Klischee vom „Südseeparadies" in Vorstellungen von kleinen Inselatollen mit weißem Sandstrand in glasklarem blauem Wasser bis heute gehalten.

Karte von Atlantis aus *Mundus Subterraneus* von Athanasius Kircher, Amsterdam 1665.

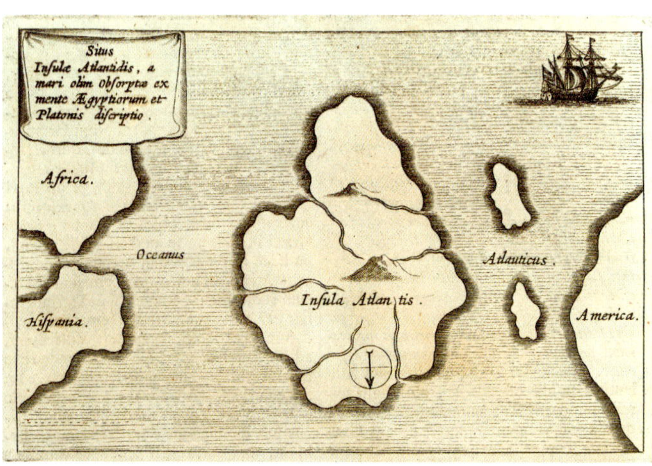

Atlantis – antikes Traumland

Der Traum von Atlantis manifestiert sich nicht an einer paradiesischen Landschaft, sondern die ideale Organisation einer Gesellschaft und der daraus resultierende märchenhafte Reichtum sowie ihre militärische Überlegenheit ließ diese Insel zu einem Synonym für das irdische Paradies werden. Die Spur der versunkenen Insel, auf der die Menschen in Harmonie lebten, führt in die Antike zurück. Der griechische Philosoph Platon berichtet in seinen Dialogen *Kritias* und *Timaios* von dem berühmten Staatsmann und Lyriker Solon, der während eines Ägyptenbesuches von einem Priester Kenntnis von Atlantis erhielt. Das Inselreich Atlantis war eine große und reiche Seemacht, deren Untergang durch eine Naturkatastrophe besiegelt wurde. Seither enden die Diskussion nicht, wie man die Geschichte von Atlantis einordnen solle: Handelt es sich um einen historischen Bericht? Platon selbst versuchte seiner Geschichte Glaubwürdigkeit zu verleihen, indem er sich auf eine mündliche Überlieferung berief. Oder aber ging es Platon mehr um die Darlegung einer politischen Idee, die sich mit den herrschenden Verhältnissen in Athen beschäftigte?

In der Renaissance gelangte Platons Bericht durch die Schrift „Utopia" von Thomas Morus und den Roman „Neu-Atlantis" von Francis Bacon wieder in das Bewusstsein und wurde in der Folgezeit Vorbild für zahllose sozialutopische Visionen. Aber nicht nur als literarische Vorlage gelangte Atlantis zu Berühmtheit; über die Jahrhunderte wurde auch versucht, die geheimnisvolle Insel als historischen Ort zu lokalisieren. Die Spuren führten in den Süden Europas. Spanien und Italien waren im Gespräch, aber der Inselcharakter von Atlantis lenkte die Nachforschungen auch auf die griechischen Inseln Kreta und Santorin, für die in der Antike ein verheerender Vulkanausbruch überliefert ist, der eine Verbindung zum Atlantis-Mythos schuf. Aber auch auf Kuba, den Osterinseln oder im Bermuda-Dreieck wurde bereits nach Atlantis gesucht. Ein Vergleich zwischen dem historischen Troja und Atlantis, wie ihn der Geo-Archäologe Eberhard Zangger zog, beruhte u. a. auf der beiden Städten gemeinsamen konzentrischen Stadtstruktur.

Die Nationalsozialisten, unter ihnen ihr „Chefideologe" Alfred Rosenberg, vereinnahmten die Atlanter als Vorfahren der Germanen und propagierten Helgoland als Hauptstadt von Atlantis. Das Erbe Platons uferte in Hunderte von Hypothesen aus, die – neben waghalsigen und ideologisch besetzen Auslegungen – bis zum heutigen Tag auch seriöse Wissenschaftler immer wieder fesselte und zu neuen Theorien herausforderte.

Wo liegt Atlantis?

Vom ursprünglichen über das jenseitige zum alltäglichen Paradies

Mit dem Sündenfall im paradiesischen Urgarten begann das menschliche Elend; Arbeit, Mühsal, Alter, Krankheit und Tod bestimmten seither das Schicksal der Menschheit. Von da an begleitete den Menschen die Sehnsucht nach einem besseren Leben, die Hoffnung auf einen Ort, an dem die Mühen des Alltags vergessen waren und die unerträgliche Perspektive auf den Tod als unabwendbares Ende keine quälende Frage mehr darstellte. Wie tröstend wirkte die Erwartung auf einen Ort der höchsten Glückseligkeit: ein irdisches Paradies. Dieses Sehnen zielte weniger auf ein abstraktes, geistiges Reich; vielmehr orientierte es sich an konkreten, geographischen Orten, die mit den Attributen bekannter Landschaften ausgestattet waren: ewiger Frühling in einem Land, wo Milch und Honig fließen. Obwohl das Paradies vertraut erschien, blieb es dennoch in unerreichbarer Ferne, entweder in räumlicher oder zeitlicher Hinsicht. Im Spannungsfeld zwischen Fiktion und Realität bewegte sich die Lokalisierung des Paradieses. Mag das Paradies als religiöse und philosophische Größe an Bedeutung verloren haben, Begriffe wie Eden, Atlantis, Shangri-La oder Eldorado besitzen noch immer eine solche Kraft, dass ihr bezaubernder Wohlklang nach wie vor dazu führt, sie zur Projektionsfläche für Wünsche ganz unterschiedlicher Art werden zu lassen. Sie sind als Namensgeber für Hotelketten, Freizeitparks und Nachtbars ebenso beliebt wie für Zigarettenmarken und Flipperautomaten, die mit der Stimmung und den Sehnsüchten werben, die sich mit diesen Begriffen verknüpfen.

Der Flipper Shangri-La von W. Williams aus dem Jahr 1967 vermischt chinesische, japanische und thailändische Elemente zu dem Tibet-Mythos.

Anmerkungen

[1] Die persische Übersetzung für Aras lautet *Gyhun.*

[2] Hans Fischer, Die Hamburger Südsee-Expedition. Über Ethnographie und Kolonialismus, Frankfurt a. M. 1981, S. 13–20.

Literatur

Klaus H. Börner, Auf der Suche nach dem irdischen Paradies, Frankfurt a. M. 1984

Jean Delumeau, History of Paradise. The Garden of Eden in Myth and Tradition, Urbana (Ill.) u. a. 2000

El Dorado – Der Traum vom Gold, hrsg. v. Kestner-Museum, Ausst.-Kat. Hannover 1979

David Rohl, The Legend. The Genesis of Civilisation, London 1998

Pierre Vidal-Naquet, Atlantis. Geschichte eines Traumes, München 2006

„Südseeparadiese" und der „Edle Wilde"

Helke Kammerer-Grothaus

Aus dem Schöpfungsbericht

Der Halbgott Maui machte das von Tangaroa, dem Herrn des Meeres, modellierte Festland zur Heimat der Menschen, das er mit einem riesigen Angelhaken aus den Tiefen des Meeres heraufholte. So erzählt es der polynesische Schöpfungsmythos. Maui kannte viele Zaubersprüche; er konnte sich selbst in einen Vogel verwandeln und erfand Werkzeuge für die Menschen. Um aber sein Werk zu vollenden, wollte er den Menschen auch das ewige Leben schenken. So zog er, begleitet von einer Vogelschar, seinen treuen Freunden und Helfern, aus, um den Tod zu besiegen. Die Herrin des Totenreiches, seine Urgroßmutter *Hine-nui-te-Po*, traf er in tiefem Schlaf an. Zum Gelingen des Planes durfte sie nicht geweckt werden. Dieser bestand darin, dem Sterben, der Bestimmung des Lebens, zu entgehen und in der entgegengesetzten Richtung den Eingang zur Gebärmutter der ersten Menschenfrau zu finden. Doch plötzlich lachte einer der kleinen Freunde Mauis, das zierliche Fächerschwänzchen, schrill auf, und *Hine-nui-te-Po* erwachte. So kam der Tod in die Welt und das Paradies der Südsee war verloren.
Interessant ist, dass der Topos vom Abstieg in die Unterwelt bei den Naturvölkern ebenso wie bei dem sumerischen Helden Gilgamesch, bei Homer und in Dantes „Inferno" eine Grundstruktur der Lebenserfahrung bedeutet.

Entdeckung und Kartografie der südpazifischen Inselwelt

Einhergehend mit den gesellschaftlichen Veränderungen seit der frühen Neuzeit entwickelte sich auch die Sehnsucht nach vermeintlich unberührten Regionen der Erde, ein Mythos, der sich bis heute auch in der global vernetzten und digital erfassten Welt hält. Diese Wunschvorstellung wurde insbesondere auf die Südsee projiziert.

Die Inseln Ozeaniens wurden von asiatischen Menschengruppen besiedelt, die hervorragende Navigatoren und Seeleute gewesen sein müssen. Für die Besiedlungsreisen und die späteren Fahrten in der Inselwelt waren gute nautische Kenntnisse lebensnotwendig. Durch hochseetüchtige Ausleger- und Doppelrumpfboote sowie mit Hilfe astronomischer Beobachtungen erfolgte etappenweise die Besiedlung der Archipele in der Südsee.

Die damaligen Seemächte Europas teilten durch die Verträge von Tordesillas (1494) und Saragossa (1529) die Welt in eine portugiesische und eine spanische Einflusssphäre, wobei der größte Teil des noch zu entdeckenden pazifischen Raumes an die Spanier fiel. 1513 erreichte Vasco Nuñez de Balboa, den Isthmus von Panama überquerend, den Pazifik und gab ihm den Namen *Mar del Sur* – Südsee. 1519–1521 durchkreuzte der Portugiese Fernão Magalhães Ozeanien. Im 17. Jahrhundert endete das „Goldene Zeitalter" Spaniens. Die Niederlande, England und Frankreich rückten als seefahrende Kolonialmächte in den Vordergrund. Damit begann auch eine eher wissenschaftlich orientierte Berichterstattung, die vor allem neue Märkte in Übersee erschließen sollte. 1606 entdeckte der Spanier Pedro Fernández de Quirós zusammen mit Louis Váez de Torres die Tuamotu-Gruppe in Polynesien und Teile von Vanuatu in Melanesien. Er hielt Tahiti für den *locus amoenus* des Altertums, ein irdisches Paradies.

Auslegerboot in der Ozeanien-Abteilung des Überseemuseums.

1642/1643 entdeckte Abel Janszoon Tasman die Südinsel von Neuseeland, die Tonga-Inseln und Fidschi und kartierte 1644 die Küste des Golfs von Carpentaria. Damit wurde die These von der Existenz eines Südkontinents *(terra australis incognita)*, der angeblich das Gleichgewicht der Landmassen auf der Erde herstellen sollte, bestätigt – eine Theorie, die bereits der griechische Geschichtsschreiber Theopompus von Chios im 4. Jahrhundert v. Chr. vertreten hatte.
Bedeutsam für die Erforschung der Südsee im 18. Jahrhundert waren die Fahrten von Samuel Wallis, Louis Antoine de Bougainville, Comte Jean François de Gaulap de La Pérouse und die drei Reisen von James Cook. Seit 1784 befuhren Walfänger aus Neuengland die Südsee. Auch die Deutschen beteiligten sich am kommerziellen Wettrennen um Ozeanien. Ab 1827 entsandte die Preußische Seehandlung Schiffe in die Südsee, nach 1837 nahmen auch Bremer und Hamburger Handelsunternehmungen am Walfang teil. 1884 erfolgte die Annexion von Nordost-Neuguinea (Kaiser-Wilhelm-Land), des Bismarck-Archipels und der nördlichen Salomonen; 1899 übernahm das Deutsche Reich die Verwaltung der Kolonie.

Tahiti – *La Nouvelle Cythère*

Fast alle europäischen Reisenden stimmten darin überein, dass das von Korallenriffen umgebene Tahiti schöner sei als alle anderen Südpazifikinseln. 1767 nahm Kapitän Wallis mit seiner Fregatte *Dolphin* Tahiti für England in Besitz; seine Mannschaft verbreitete wahrscheinlich die Syphilis auf der Insel. James Cook hingegen machte die Besatzung von Bougainvilles Schiffen dafür verantwortlich. Diese Krankheit, weitere Seuchen und die mit Feuerwaffen ausgefochtenen Kämpfe dezimierten seitdem die Bevölkerung. Bereits 1768 erschloss Bougainville mit seinen Reiseberichten die Insel in der europäischen Kunst und Literatur und trug dazu bei, sie als Phantasie des unberührten Südseeparadieses zu manifestieren. Bougainvilles Reise war eine moderne Expedition, weil von Beginn an die wissenschaftliche Dokumentation vorgesehen war. Er bezeichnete Tahiti als *La Nouvelle Cythère.* Kythera ist die Liebesinsel der Aphrodite, die Bougainville in der Südsee wiedergefunden zu haben glaubte. Seine Berichte transportierten ein stark erotisiertes Bild der Südsee nach Europa. Diese Erotisierung in mythologischem Gewande wurde zu einem bevorzugten Sujet der zeitgenössischen Kunst und bot die Möglichkeit, unterdrückte sexuelle Phantasien darzustellen.

In seinem Bordbuch vermerkte Bougainville: *„Ich glaube mich in den Garten Eden versetzt. Wir durchquerten eine weite Rasenebene mit den herrlichsten Fruchtbäumen besetzt und von kleinen Flüssen durchschnitten, welche allenthalben eine köstliche Frische verbreiteten.* [...] *Ein zahlreiches Volk erfreut sich hier der Schätze, die die Natur mit vollen Händen verteilt. Wir fanden Gruppen von Weibern und Männern im Schatten der Fruchtbäume sitzen, welche uns freundschaftlich begrüßten.* [...] *Allenthalben herrschte Gastfreiheit, Ruhe, sanfte Freude, und dem Anschein nach waren die Einwohner sehr glücklich.* [...] *Ein zahlreiches Volk* [...] *das jene Grundkenntnisse in den Künsten besitzt, die dem Menschen, der dem Naturzustand noch nahe ist, genügen; das wenig arbeitet und sich an allen Vergnügungen der Gesellschaft erfreut, am Tanz, an der Musik, an der Unterhaltung und endlich an der Liebe, die so glaube ich, die einzige Gottheit ist, der dieses Volk opfert.* [...] *In ihrem Kult gibt es keine Mysterien oder verborgene Zeremonien; man zelebriert ihn in aller Öffentlichkeit, und es lässt sich die Freude kaum beschreiben, die dieses Volk jedes Mal empfindet, wenn es den leidenschaftlichen Umarmungen eines Paares beiwohnt, dessen Seufzer die einzige Opfergabe sind, die ihrer Gottheit genehm ist. Jede Sinnenlust ist ein Fest für die Nation."* [1]
Um seinem Wunsch nach einem ursprünglichen Paradies zu folgen und um unter „Wilden" zu leben, schiffte sich Paul Gauguin 1891 nach Tahiti ein. Seine autobiographischen Erinnerungen „Noa Noa" von 1897 hielten auch in Deutschland das Interesse an der Südsee wach. Später entfachten die farbigen Aquarelle und Zeichnungen Emil Noldes, der 1913–1915 als Künstler an einer Expedition des Reichskolonialamtes in den Bismarck-Archipel teilnahm, das Interesse seiner Zeitgenossen von Neuem. 1914 glaubte auch Max Pechstein auf den Palau-Inseln die „Gefilde der Seligen" entdeckt zu haben.

Das Südseeparadies, ein Lektüremythos

Die Eintragungen in den Bordbüchern und die Publikationen nährten den Mythos vom Südseeparadies. Teilweise begleiteten Wissenschaftler und Zeichner die Reisen und illustrierten das Gesehene in idealisierten, klassizistischen Stichen und Zeichnungen. Zwei der bekanntesten Zeichner waren William Hodges und John Webber. Eine frühe Reflexion auf den Bericht Bougainvilles ist das Poem des deutschen Dichters Friedrich Wilhelm Zachariae „Tayti oder die glückliche Insel" aus dem Jahr 1777, das die europäische Eroberungssucht und ihre Folgen anprangert.

links:
Fischfang und Bananenernte, Detail der Tapete *Les Sauvages de la Mer Pacifique*
Firma J. Doufour 1804/1805.

rechts:
Heiva-Tanz der Otahiti-Mädchen, Detail der Tapete *Les Sauvages de la Mer Pacifique*
Firma J. Doufour 1804/1805.

Die Sehnsucht nach der Südsee und damit verbundene Fluchtutopien trieben auch seltsame Blüten. So gründete sich 1806 in einer Tübinger Gaststube ein studentischer Männerbund, um den Aufbruch in die Südsee vorzubereiten. Man wählte einen Schatzmeister und verfasste ein Manifest, doch die Büttel des württembergischen Königs trieben die Schwarmgeister bald auseinander.
Die anfängliche Euphorie über das vermeintliche Paradies relativierte sich allmählich, denn die Reiseberichte von Cook, Forster, Krusenstern und anderen enthielten auch Passagen, die belegten, dass in der Südsee nicht die reine Idylle herrschte. Schilderungen von Kopfjagd, Kannibalismus und einer sozialen Ordnung, die eher zum dumpfen Vegetieren animierte als zur freien Entfaltung des Menschseins, ernüchterten die Südseeromantiker.
Die Europäer verfolgten in Ozeanien neben wissenschaftlichen vor allem kommerzielle Interessen, dazu zählte die Suche nach Rohstoffen, Handelsgütern und Absatzmärkten. Cook ließ z. B. den Schwemmsand der Flüsse auf Mineralien untersuchen sowie die Verwertbarkeit der Kaurifichten

rechte Seite:
Hauptszene mit Chief Kaneena im Kreise verschiedener Südseevölker
Klassizistische Panoramatapete *Les Sauvages de la Mer Pacifique*,
Firma J. Doufour 1804/1805.

Neuseelands und der Sandsteine von Neusüdwales prüfen. Auf der Fahrt Bougainvilles notierte der Schiffsschreiber de Saint-Germain: *„Der Zweck der Mission war kein anderer, als Muskat und Zimt mitzubringen."* [2] Je stärker die Profitinteressen in den Vordergrund traten, umso mehr verwandelte sich das Bild des „Edlen" in das des „Unedlen Wilden", um die Ausbeutung der Ressourcen und die Zwangsarbeit auf den pazifischen Inseln zu rechtfertigen.

Dem Pazifik galt nicht nur die Sehnsucht des Bürgertums, sondern die Faszination ging durch alle Gesellschaftsschichten. So war Ludwig XVI. ein eifriger Leser jener Reiseberichte. Noch am Vorabend seiner Hinrichtung erkundigte er sich, ob es Nachrichten von dem im Pazifik verschollenen

französischen Seefahrer La Pérouse gäbe, für dessen Expedition er persönlich Pläne entworfen hatte.

Für zahlreiche Schlösser wurden nach literarischem Vorbild „tahitische" Kabinette entworfen, beispielsweise für Schloss Pfaueninsel bei Berlin – Zeugnisse der Natursehnsucht des späten 18. Jahrhunderts. Auch die Tapetenindustrie verbreitete die Südseebilder, die als Papiertapeten in die entferntesten Wohnzimmer gelangten, selbst bis an die Ostküste der Vereinigten Staaten. Eine der ersten, um 1804 entstandenen exotischen Panoramatapeten der französischen Firma von Joseph Dufour hieß *Les Sauvages de la Mer Pacifique* (Die Wilden des Pazifik). Der von Dufour verfasste Werbeprospekt wies auf den erzieherischen Wert für die Jugend hin.
In der Hauptszene sitzt unter einer Palme Häuptling Kaneena von der Insel St.-Christine, ein Freund Kapitän Cooks, im Kreis von Inselbewohnern. Vor der Küste liegt ein Kriegskanu, im Hintergrund raucht ein vulkanischer Berg, an dessen Gestaden die Schiffe der Europäer ankern. Darstellungen von Fischfang und Bananenernte vermitteln ein Bild des Südseefriedens.
Zeitgleich entstand auf der Weltumseglung des russischen Admirals Adam Johann Krusenstern die Zeichnung des tatauierten „Keulenträgers". Der Vornehme von Nouka Hiva posiert in der Haltung des Doryphoros, einer Idealskulptur des griechischen Bildhauers Polyklet, im klassischen Kontrapost. Die Tatauierungen sind ursprünglich Sonnenbilder, die vom europäischen Zeichner als Kreismuster missverstanden wurden. Hier wird der tiefere Sinn des exotistischen Weltgefühls deutlich: Nur der Wilde verkörperte noch das klassische Ideal; dem Exotischen und dem Klassischen wird der gleiche Ursprung unterlegt. Je mehr sie dem Typ des edlen Griechen oder Römers glichen, desto leichter konnten auch Nichteuropäer die Hänge des Olymp erklimmen.

Fijian Girl, Samoa, historische Fotografie von Burton Brothers (vor 1897).

Jenseits von Eden

Am 1. Juli 1946 fand auf dem zu den Marshallinseln gehörenden Bikini-Atoll – einer der „glücklichen Inseln" – der erste von insgesamt 23 Kernwaffenversuchen statt. Das Flugzeug mit dem biblischen Namen „Dave's Dream" warf die Bombe „Abel" ab – eine Anspielung auf den alttestamentlichen Brudermord. Inoffiziell hieß diese erste gezündete Bombe „Gilda", in Anspielung auf einen Film der Sexbombe Rita Hayworth. Dessousdesigner in Paris kreierten gleichzeitig den winzigen, paradiesisch anmutenden zweiteiligen Badeanzug – den Bikini. Der Spitzname der zweiten Bombe lautete

„Helen of Bikini". Die schöne Helena entfesselte laut Homer den trojanischen Krieg.

1959 wurde Hawaii ein Bundesstaat der USA. Die Werbung bot damals Hawaiigitarren, Hawaiihemden oder auch den „Honolulu-Strandbikini". Die Südsee kam als touristisches Ziel in Mode. In den 1970er Jahren machte man sich Gedanken über die Verwertung des „unglücklichen" Bikini-Atolls als atomaren Unterwasserpark, Atommülldeponie oder für den „Nukleartourismus". Gleichzeitig warben internationale Urlaubsanbieter für entspannende Inselaufenthalte in der Südsee – ein gefährlicher Garten Eden.

Aktuelle Konflikte auf Tonga, der einzigen Monarchie der Region, auf Hawaii, Neukaledonien und Französisch-Polynesien stören den verklärenden Blick auf die heile pazifische Welt, an dem der Tourismusindustrie so sehr gelegen ist. Das ökologische Desaster als Folge der Atombombenversuche, die Überfischung des Meeres und seine Verschmutzung stören auf unabsehbare Zeit die Vorstellung vom Südseeparadies. Hinzu kommen die Probleme der Trinkwasserversorgung und der Bewässerung für den Anbau der Nahrungspflanzen. Überlegungen, die weit weg von paradiesischen Vorstellungen führen. Im Laufe früherer Jahrhunderte hatten sich auf den Inseln der Südsee Lebensweisen entwickelt, die im Einklang mit den natürlichen Ressourcen standen und die sich heute den importierten vielfach als überlegen erweisen. Die traditionelle Lebensweise war den Gegebenheiten angepasst, während neue Bewirtschaftungsmethoden Raubbau an der Natur betreiben. Dazu meldete die britische Stiftung New Economics Foundation (NEF) im Juli 2006, der Südsee-Inselstaat Vanuatu sei mit seinen etwas mehr als 200 000 Einwohnern der Platz auf der Welt, an dem es sich am besten leben lasse.

Tatauierter Einwohner der Insel Nouka Hiva / Marquesas; anonymer Zeichner von der Weltumseglung des russischen Admirals A. J. [I. F.] von Krusenstern (1803 – 1806).

Anmerkungen

[1] Kohl 1981, S. 209–217.

[2] Lange 1990, S. 219.

Literatur

Epistel von Herrn Banks, Reisender, Monster- und Schürzenjäger an Oberea, Königin von Otaheite, London 1774 (fiktives Pamphlet gegen die erotische Freizügigkeit)

Horst Brunner, Die poetischen Inseln. Inseln und Inselvorstellungen in der deutschen Literatur, Stuttgart 1967

Richard Deekens, Rassenlehre, in: Kolonie und Heimat VI, Bde. 26 - 49, März bis August 1913 (Fortsetzungsroman aus der Südsee)

Exotische Welten. Europäische Phantasien, Ausst.-Kat. Stuttgart 1987

Hans Jürgen Greschat, Mane und Tapu. Die Religion der Maori auf Neuseeland, Berlin 1980

Dieter Heintze, Traum-Kolonie. Rückblicke auf Deutsch-Neuguinea (I), in: Tendenzen 1 (1992), S. 104 – 121

Wulf D. Hund, Bikini – die unglücklichen Inseln, in: Blätter für deutsche und internationale Politik 7 (2006), S. 870–878

Karl-Heinz Kohl, Entzauberter Blick. Das Bild vom Guten Wilden und die Erfahrung der Zivilisation, München 1981

Elisabeth Krämer-Bannow, Bei kunstsinnigen Kannibalen der Südsee, Berlin 1916

P. Werner Lange, Südseehorizonte. Eine maritime Entdeckungsgeschichte Ozeaniens, Leipzig/Jena/Berlin [3]1990

Hermann Mückler, Traum vom Paradies und Realität. Die Südsee: Auslöser und Spiegel ideengeschichtlicher Veränderungen im europäischen Denken, in: Peter Rusterholz / Rupert Moser (Hrsg.), Verlorene Paradiese. Berner Universitätsschriften 48 (2004), S. 35–52

Christel und Helmuth Pelzer (Hrsg.), Adam Johann von Krusenstern, Reise um die Welt. Erlebnisse und Bordbuchnotizen des Kommandanten der Expeditionsschiffe „Nadeshda" und „Newa" bei der ersten Weltumseglung unter russischer Flagge in den Jahren 1803–1806, Leipzig 1985

Hellmuth Petriconi, Die verlorenen Paradiese, in: Romanistisches Jahrbuch 10 (1959), S. 192–199

Klaus-Georg Popp (Hrsg.), Louis-Antoine de Bougainville, Reise um die Welt, Stuttgart 1980

Gerd Stein (Hrsg.), Die edlen Wilden. Die Verklärung von Indianern, Negern und Südseeinsulanern auf dem Hintergrund der kolonialen Greuel, Frankfurt a. M. 1984, S. 196–267

Thomas Theye (Hrsg.), Wir und die Wilden, Reinbeck 1985, S. 208–287

Thomas Theye (Hrsg.), Der geraubte Schatten. Die Photographie als ethnographisches Dokument, Ausst.-Kat. München/Berlin, München 1989

Vermessen: Kartographie der Tropen, hrsg. vom Ethnologischen Museum Berlin, Ausst.-Kat. Berlin 2006

Auf der Suche nach Shangri-La

Bruno Baumann

„Du wirst schmalen Pfaden folgen müssen, die sich nach Norden durch ein Labyrinth verräterischer Berge winden. Viele dieser Pfade enden in Tälern, in denen es kein Zurück gibt. Wenn du dem falschen Pfad folgst, wirst du dich hoffnungslos verirren. Wenn du jedoch den Mut nicht sinken lässt und deine Bemühungen dem Wohle anderer Wesen widmest, wirst du diese Gebirge überqueren."

So heißt es in einem der „Reiseführer" nach *Shambhala*, die von hohen Lamas geschrieben wurden und die die Gefahren und Hindernisse beschreiben, die den Reisenden auf den Weg ins buddhistische Wunderland erwarten. Der berühmteste dieser „Wegeführer" wurde vom dritten Panchen Lama Tibets verfasst. Alle diese Berichte ähneln sich. So beginnen die Reisen stets an irgendeinem bekannten Ort, der sich geographisch lokalisieren lässt, doch je weiter sich die Reisenden *Shambhala* nähern, desto spärlicher werden die Angaben, und die Beschreibungen nehmen die archetypischen Züge von Seelenreisen an. Da gilt es phantastische Landschaften zu durchqueren, die von mythischen Wesen bewohnt sind, und immer wieder tun sich neue Hürden auf. Dämonen verbreiten Angst und Schrecken, gefährliche Abgründe und Stürme drohen den Reisenden vom rechten Weg abzubringen. Zum Schluss baut sich noch ein schier unüberwindliches Hindernis auf, *„ein Wall von eis- und schneebedeckten Bergen, die nicht einmal ein Adler überfliegen kann."*

Die Texte ermutigen den Reisenden, dennoch nicht zu verzagen. *„Lass das klare Licht der Bewusstheit deine eigenen Täuschungen und Ängste durchscheinen"*, fordern sie ihn auf, und versprechen, dass ihm dann die Wunderkraft zuteil werde, die ihn leicht wie ein Wattebausch über die Bergketten trüge. Dann endlich wird er die Städte *Shambhalas* erblicken. *„Zwischen den Ketten der Schneeberge leuchten sie auf wie die Sterne auf den Wogen der Milchstraße. Ihr bloßer Anblick"*, so die Verheißung, *„nimmt alle Unwissenheit vom Geist und macht vollkommen glücklich."*

Auf alten tibetischen Rollbildern erscheint *Shambhala* als ein von zwei Ringgebirgen umgebenes Land. Im Zentrum befindet sich ein mit Gold und Edelsteinen besetzter glänzender Palast, in dem eine Dynastie erleuchteter Könige regiert. Der Bereich zwischen den beiden Gebirgsringen gleicht einem achtblättrigen Lotos und steht für die verschiedenen Fürstentümer, in die das Land unterteilt ist.

„Wir können die Reiseführer als Anweisungen verstehen", schrieb Edwin Bernbaum, der sich eingehend mit dem *Shambhala*-Mythos beschäftigt hat, *„die uns auf einer inneren Reise von der vertrauten Welt des Oberflächenbewußtseins durch die Wildnis des Unterbewußten zu dem verborgenen Heiligtum des Überbewußtseins führen."* Demnach ist *Shambhala* überall dort zu finden, wo das Bewusstsein seine höchste Stufe erreicht. Ein Königreich des Geistes also, das es auf Erden zu verwirklichen gilt. Oder wie Bernbaum das Wesen *Shambhalas* ausdrückt: *„Wenn wir wirklich fühlen, dass unsere Welt heilig ist, mag es uns möglich sein, das Goldene Zeitalter unzähliger Mythen und Träume Wirklichkeit werden zu lassen."*

Doch ich fragte mich: Ist diese Interpretation *Shambhalas* als rein spirituelles Land nicht relativ neu? Wo liegen die Wurzeln? Ist es möglich, dass *Shambhala* ursprünglich doch als realer Ort auf Erden existierte und erst später zu einem geistigen Bereich entrückt wurde? Falls es aber von Anfang ein Sehnsuchtsbild, also eine Projektion war, dann wäre es interessant zu wissen, wo und wann Menschen diese Vorstellung eines „Paradieses" erdacht und ausgeschmückt haben. Mit diesen Fragen begann eine faszinierende Entdeckungsreise, die mich jahrelang in Atem hielt und mich nicht nur in die entlegensten Ecken Tibets führte, sondern auch in die Archive und Bibliotheken, in denen sich die uralten schriftlichen Überlieferungen befinden.

Im buddhistischen Schrifttum ist die Überlieferung von *Shambhala* in das *Kalachakra*-Tantra eingewoben. Dieses komplexe Lehr- und Einweihungssystem gehört zu den wichtigsten kanonischen Texten, die der Buddhismus tibetischer Prägung kennt, und fand Eingang in den *Tanjur*, ein 108-bändiges Werk, in dem Buddhas Lehren in tibetischer Sprache zusammengefasst sind. Dabei gilt *Shambhala* nicht nur als der Ort, an dem das Kalachakra überliefert wurde, sondern es ist zugleich das Ziel der Einweihung. Durch die *Kalachakra*-Initiation erhofft sich der Gläubige eine Wiedergeburt in *Shambhala*. Der monastisch-tibetischen Geschichtsschreibung zufolge wurde dieses Tantra erst im 10. Jahrhundert bekannt und kanonisiert. Die späte Einführung, vor allem aber bestimmte inhaltliche Züge, deuten darauf, dass es nicht-indischen Ursprungs ist und dem buddhistischen Schrifttum untergeschoben wurde, auch wenn die fromme Legende durch eine Beziehung zum Buddha selbst dies zu verschleiern sucht. Das *Kalachakra*-Tantra weist stark synkretistische Merkmale auf, in ihm sind Einflüsse aus Zentralasien erkennbar, wie das im Schmelztiegel der Seidenstraße, wo sich verschiedene kulturelle und religiöse Einflüsse vermischten, gang und gäbe war. Die an der Seidenstraße verbreitete Lichtreligion des persischen Mani, der Manichäismus, war den Autoren des *Kalachakra* genauso bekannt wie der Prophet Mohammed und dessen islamische Religion. Letztere spielt in Bezug auf *Shambhala* eine besondere Rolle. Der gesamte *Shambhala*-Komplex innerhalb der *Kalachakra*-Lehre weist für buddhistisches Gedankengut ungewöhnlich martialische Züge auf, was ebenfalls nach Zentralasien deutet und durchaus als Widerhall historischer Ereignisse verstanden werden darf. In jener Zeit, als das *Kalachakra* bekannt wurde, erlagen die buddhistischen Königreiche an der Seidenstraße nach und nach dem Ansturm des Islam. Das für den Buddhismus befremdende Schlachtengetöse und die apokalyptische Endzeitstimmung könnten also durchaus auf realen Gegebenheiten beruhen. In der mit *Shambhala* verknüpften Prophezeiung heißt es, dass im Jahre 2327 nach dem *Kalachakra*-Kalender der 25. König von *Shambhala* – Rudra Chakrin, der Zornvolle mit dem Eisenrad – den Thron besteigen und im Jahre 2425, dem 98. Jahr seiner Regentschaft, er in einem Feldzug die Feinde des Buddhismus endgültig besiegen wird, so dass das Goldene Zeitalter anbrechen kann. Ganz abgesehen davon, dass das Motiv einer apokalyptischen Endschlacht dem zyklischen Denken Indiens entgegenläuft, könnte sich darin die Hoffnung der Buddhisten widerspiegeln, dass sich das Blatt irgendwann einmal wieder wendet – bis dahin aber musste *Shambhala* als Sehnsuchtsbild für ein „verlorenes Paradies" herhalten.

Sutley Canyon.
Im Hintergrund die fast 8000 Meter hohe Berggestalt Nanda Devi.

linke Seite:
Rollbild *(Thangka)* von *Shambhala* inmitten von Schneebergen (Ausschnitt) 148 x 95 cm.

Übrigens hat *Shambhala* sogar den Weg in den Westen gefunden. Es diente nämlich James Hilton als Vorbild für seinen berühmten Roman „Der verlorene Horizont". Er nennt den Ort Shangri-La, den er als paradiesisch anmutenden Ort irgendwo in Tibet ansiedelt. Dort behüten weise Menschen jenseits der so genannten Zivilisation, die sich anschickt, sich in (selbst-) mörderischen Kriegen zu zerfleischen, die geistigen und kulturellen Schätze der Menschheit. Hiltons Werk wurde zum Bestseller, zweimal von Hollywood-Regisseuren verfilmt, und der amerikanische Präsident Franklin D. Roosevelt hat sogar seinen Landsitz danach benannt. Es ist traurige Ironie, dass ausgerechnet dort der Befehl zum Atombombenangriff auf Japan gegeben wurde. Heute heißt der Ort Camp David.

Inzwischen ist Shangri-La zu einem sinnentleerten kommerzialisierten Begriff geworden, dessen sich vor allem die Tourismusindustrie bedient. Es gibt eine internationale Hotelkette, Restaurants, Reisebüros und sogar eine Fluggesellschaft, die diesen Namen trägt. Den vorläufigen Höhepunkt setzte ein chinesischer Provinzkader, der kürzlich einen ganzen Bezirk in Yunnan offiziell in Shangri-La umtaufte – in der Hoffnung, durch derlei Etikettenschwindel den lahmenden Fremdenverkehr anzukurbeln.
Mit der Verbindung zur Welt der Seidenstraße wähnte ich die Herkunft des *Shambhala*-Mythos geklärt, bis ich mitten in der Gebirgswüste des Transhimalaya auf eine neue Spur stieß, die in eine ganz andere Richtung wies.
Nach wochenlangen Märschen kam ich in das Gebiet von Mount Targo und dem See Dangra und fand dort eine letzte Enklave jener archaischen Religion Tibets, die vor langer Zeit existierte, bevor der Buddhismus im 8. Jahrhundert aus Indien importiert wurde. Der schamanistische *Bon*-Glaube führt heute in Tibet nur noch ein Schattendasein und hat sich weitgehend an den Buddhismus assimiliert. Doch hier lebte noch etwas davon, und im Gegensatz zu anderen Berg-See-Heiligtümern waren hier

Detail aus dem *Bon*-Paradies Olmolungring.

die alten *Bon*-Götter nicht vertrieben und durch buddhistische Gottheiten ersetzt worden. Zu Füßen des Targo-Massivs gab es ein kleines *Bon*-Kloster und dort sah ich ein Bildnis, das mich förmlich „elektrisierte". Es zeigte *Olmolungring*, das *Bon*-Paradies. Es ähnelte in seiner Konzeption dem buddhistischen *Shambhala*, trug aber deutlich erkennbare geografische Merkmale. In der Mitte von *Olmolungring* steht *Yungdrung Gutseg*, der „Neunstöckige-Swastika-Berg", ihm zu Füßen liegt der See Mapham und ringsum entspringen vier große Flüsse. Es gibt in Tibet nur eine Landschaft, auf die diese Beschreibung zutrifft: Das ist der Kailash und seine Umgebung. Wie jeder Tempel einen Teich besitzt, so ist dem Kailash der See Manasarovar vorgelagert, den die Tibeter Mapham nennen. An vier Seiten des Kailash entspringen vier der größten Flüsse Asiens – der Indus, Brahmaputra, Sutley und Karnali – und fließen wie Speichen eines Rades in die vier Himmelsrichtungen. Der Kailash steht im Brennpunkt religiöser Verehrung von gleich vier Glaubensbekenntnissen. Er ist den Buddhisten, Hindus, Jainas und Angehörigen der *Bon*-Religion gleichermaßen heilig. Die *Bonpos* nennen ihn noch heute den „Neunstöckigen-Swastika-Berg".
Ein Abt erzählte mir, dass dieses Gebiet einstmals zum *Bon*-Reich Shang Shung gehörte und wenn ich an den Ufern des heiligen Sees Dangra entlang laufen würde, den die *Bon*-Gläubigen zusammen mit dem Berg Targo als ein göttliches Paar verehren, würde ich noch viele Spuren von Shang Shung finden. Der Abt hatte keineswegs übertrieben. Auf dem Pilgerweg entlang des 100 Kilometer langen Sees, der zu den größten Tibets zählt, fand ich nicht nur Spuren einer längst verschwundenen Ackerbau treibenden Gesellschaft, sondern auch die Reste von steinernen Wehrburgen und seltsamen megalithischen Steinsetzungen, die die Tibeter „Doring" nennen. Eine dieser Ruinen heißt Khyung Dzong – die „Garuda-Burg" – und der lokalen *Bon*-Überlieferung zufolge soll dort sogar einst ein Shang-Shung-König residiert haben. Von Shang Shung wusste ich damals nicht mehr, als dass die Fachgelehrten das

Der Khyung, ein mythischer Riesenvogel des *Bon*.

vorbuddhistische Reich mangels archäologischer Befunde für pure Legende hielten. Dem Khyung – einem Wesen, halb Mensch halb Vogel – kommt in der *Bon*-Religion eine große Bedeutung zu. Er diente bereits dem *Bon*-Stifter Tenpa Sherab, der ihn gegen das Schloss seiner Feinde anfliegen ließ, und er war Schützer der Shang-Shung-Dynastie. Westlich des Kailash soll ihm ein ganzes Tal gewidmet sein, so geht aus der *Bon*-Überlieferung hervor, in dem sich Khyunglung Ngulkar Karpo, das sagenhafte Silberschloss befand. In allen *Bon*-Litaneien wird dieser Ort als das heilige Land des *Bon* beschworen und alle Spuren deuten darauf hin, dass es im Sutley-Tal liegt. Westlich des Kailash verschwindet der Sutley in einer labyrinthischen Welt von Canyons, die heute zum Teil unbegehbar sind. Um nicht gezwungen zu sein, einer Piste folgen zu müssen, die riesige Umwege macht, beschloss ich, den Canyon mit wildwassertauglichen Schlauchbooten zu erkunden. Ich musste mich auf ein Abenteuer einlassen, das streckenweise durch völlig unbekanntes Terrain führte, denn noch nie zuvor war dieser „Grand Canyon" des Himalaya mit Booten befahren worden. Zu meiner Überraschung befand sich das Garuda-Tal ganz am Eingangsbereich des Canyons. „Du bist schon angekommen", klärte mich ein alter weiser Mann auf, den ich in einer früheren *Bon*-Schamanenhöhle antraf und nach dem Weg befragte. Dann verwies er auf einen nahegelegenen Burgberg namens Khardong, wo es eine eindrucksvolle Shang-Shung-Festung gab und sogar noch die steinerne Figur eines historischen Hof-Schamanen, die bis heute dort verehrt wird. In einem Seitental boten sich meinen staunenden Augen die Relikte einer ganzen Siedlung mit megalithischen „Dorings", die dort wie Riesenzähne herausragten. Dazwischen gab es Kuppelbauten, die wie antike sibirische Gräber aussahen. Die Größe der Siedlung zeigt an, dass diese heute so verlassene Gegend einstmals ein blühendes Kulturzentrum war. Über die Bedeutung der Relikte lässt sich nur spekulieren, denn noch nie zuvor hat ein Archäologe seinen Fuß dorthin gesetzt. Wer sind die Erbauer und wann und durch welche Umstände erfolgte die Preisgabe dieser Siedlung? Waren hier womöglich auch die Gräber der Shang-Shung-Könige zu finden?

„Ngulkar Karpo – das Silberschloss liegt weiter talabwärts." Mit diesen Worten entließ mich der Einsiedler. Von da an stieg ich auf das Boot um. Nach einer engen Felsschlucht öffnete sich das Korsett der Berge abermals und gab ein kleines grünes Tal frei. Überall in den schroffen und von der Erosion zu phantastischen

oben:
Sutley Canyon.

unten:
Sinterterrassen bei Khyunglung.

Formen geschliffenen Konglomeraten gab es künstliche Höhlen. Als ich das Boot um eine Biegung steuerte, verschlug es mir den Atem, denn was ich da sah, überstieg die kühnsten Erwartungen. Am Ufer brodelte und blubberte es, heiße Quellen sprudelten hervor. Schneeweiße Sinterterrassen stiegen wie Treppen zum Reich der Götter in einen tiefblauen Himmel auf. Dann fiel mein Blick auf die andere Talseite. Die gesamte Bergflucht, die über Hunderte Meter zum Sutley hinunter abbrach, formte ein natürliches Amphitheater. Aber die Wände waren nicht glatt und regelmäßig gegliedert, sondern bildeten eine gigantische Festung aus Zinnen und Türmen. Den Mittelpunkt markierte eine Art Pfeiler, der am Flussufer ansetzte und sich nach oben hin verjüngend zu einer senkrechten Felswand hinaufschraubte. Darauf lagen, wie ausgebleichte Knochen hingestreut, Ruinen in allen Stadien des Zerfalls. Die Krönung der Anlage bildete jedoch der abschließende Felsaufbau in Form silbriger Klippen, wie ich sie sonst nirgendwo zuvor in Tibet gesehen hatte. Sie waren von Dutzenden künstlichen Höhlen förmlich durchsiebt. Auch wenn die baulichen Relikte darauf die Reste eines buddhistischen Klosters aus der Guge-Zeit waren, so hatte ich keine Zweifel, dass es sich um das gesuchte „Silberschloss" handelte. Der älteste Teil, nämlich die Ruinen einer steinernen Wehrburg auf der Spitze und die Höhlen, war aus vorbuddhistischer Zeit. Aus einer Schrift, die in der untergegangenen Shang-Shung-Sprache abgefasst ist, und die der französische Orientalist Paul Pelliot mehr als 1500 Kilometer weiter nördlich in der berühmten Höhlenbibliothek von Dunhuang fand, geht hervor, dass das Shang-Shung-Reich im 7. Jahrhundert vom zentraltibetischen König Songtsen Gampo gewaltsam erobert und dem Yarlung-Reich einverleibt wurde. Die *Bon*-Religion verlor dadurch ihren mächtigsten Beschützer, und nach Jahrhunderte währenden Auseinandersetzungen mit dem Buddhismus wurde die archaische Religion ausgelöscht bzw. assimiliert. Auf den Trümmern des Shang-Shung-Reiches entstand das buddhistische Guge-Reich mit den Zentren in Toling und Tsaparang weiter flussabwärts. Es gehört zu den archetypischen Merkmalen, wenn eine alte Religion durch eine neue abgelöst wird, dass die neue Religion die alten Kult- und Kraftplätze adaptiert und umwidmet. Dies geschah auch hier, und deshalb ist es nicht verwunderlich, dass auf dem „Silberschloss" der Könige des *Bon*-Reiches Shang Shung ein buddhistisches Kloster gesetzt wurde.

Im heutigen assimilierten *Bon* wird *Olmolungring* als ein für gewöhnliche Menschen unerreichbares Paradies in einem Land

oben:
Dorings im Garuda-Tal.

unten:
Ngulkar Karpo – Der Silberpalast der Shang-Shung-Könige.

namens *Tazig* dargestellt, wohin auch der große *Bon*-Lehrer Tenpa Sherab eingegangen ist. Aus der ältesten *Bon*-Überlieferung geht jedoch hervor, dass *Olmolungring* mit dem Kailash-Gebiet samt dem Garuda-Tal ursprünglich identisch war und Tenpa Sherab aus dieser Gegend stammte.
Was blieb den *Bonpos* da anderes übrig, als ihr heiligstes Land, aus dem sie gewaltsam vertrieben wurden und das spätestens im 11. Jahrhundert zu einer Hochburg der Buddhisten wurde, ganz woanders hin zu verlegen? Es wurde in ein fernes Land namens *Tazig* entrückt und zu einem *Bon*-Paradies stilisiert.
Die endgültigen Beweise freilich kann erst die Archäologie liefern und sie hat damit bereits begonnen. Nur wenige Monate nach meinem Besuch hat ein Team chinesischer Wissenschaftler das Garuda-Tal erreicht. Sie haben einen ersten Grabungsversuch am Khardong-Berg gegenüber der *Bon*-Höhle unternommen, in der der Eremit haust. Nach kurzer Zeit kam eine Figur zum Vorschein, die sich in Bezug auf Stil und Ausführung von allen figürlichen Darstellungen unterscheidet, die man bisher aus Tibet kennt. Bisher wurde die tibetische Kultur mehr oder weniger als transhimalayaisches Anhängsel der indischen betrachtet. Die Erforschung Shang Shungs könnte dieses Bild revidieren und die autochthonen Wurzeln der tibetischen Kultur freilegen.

Literatur

Bruno Baumann, Der Silberpalast des Garuda: Die Entdeckung von Tibets letztem Geheimnis, München 2006

Edwin Bernbaum, Der Weg nach Shambala. Auf der Suche nach dem sagenhaften Königreich im Himalaya, Freiburg i. Br. 1988

James Hilton, Der verlorene Horizont, München 2003

Ausflüge ins Paradies

Tausendundeine Nacht

Die einundsechzigste Nacht

„Ich fand darin einen Garten, so schön wie das Paradies, mit allen Sorten frischen Obstes, hohen Bäumen und reifen Früchten daran und eng verflochtenen Zweigen. Sprechende Vögel saßen darin, und Wasser schoß allerorten hervor. In dem Garten gab es Bäume und Bäche. Ich fühlte mich wohl und spazierte unter den Bäumen dahin, dabei atmete ich den Duft der Blumen und hörte den Gesprächen der Vögel zu, wie sie einander zuzwitscherten zum Lob des Einen, allmächtigen Gottes. [...]

Endlich verließ ich den Garten wieder und verschloß die Tür. Am nächsten Tag öffnete ich eine andere Tür und trat hinein. Hier fand ich einen großen Platz, auf dem Palmen standen und ein Fluß dahinströmte. Zu beiden Seiten des Flusses waren Rosenbäume und Jasmin, Reseden und Narzissen, Veilchen, Ochsenaugen, Kamillen, Levkojen und Schwertlilien gepflanzt. Ein sanfter Wind wehte über all diese wohlriechenden Pflanzen und der ganze Platz war erfüllt von ihrem Duft. [...]

Ich öffnete eine dritte Tür. Darin fand ich eine große Halle, die mit buntem Marmor ausgekleidet war. Kostbare Metalle und Edelsteine waren verwendet worden. In der Halle standen Käfige in Form von Kegeln aus Sandelholz und Aloe, darin hörte man Vögel zwitschern. Hier gab es Nachtigallen, Ringeltauben, Wild- und Felsentauben, Amseln, Turteltauben und solche, die Fachit genannt werden, ferner den Nubi-Vogel und viele andere Singvögel. Ich stand da und schaute. Mein Herz erholte sich, und mein Kummer verflog.“ (S. 188 f)

Tausendundeine Nacht, nach der ältesten arabischen Handschrift in der Ausgabe von Muhsin Mahdi erstmals ins Deutsche übertragen von Claudia Ott, München 2004

Rudolf Ernst
Geschichtenerzähler
Öl auf Holz, 62 x 93 cm
London, Najd Collection,
Courtesy Mathaf Gallery.

Der Garten Eden

Genesis

8 Und Gott der HERR pflanzte einen Garten in Eden gegen Osten hin und setzte den Menschen hinein,
den er gemacht hatte. *9* Und Gott der HERR ließ aufwachsen aus der Erde allerlei Bäume, verlockend
anzusehen und gut zu essen, und den Baum des Lebens mitten im Garten und den Baum der Erkenntnis
des Guten und des Bösen. *10* Und es ging aus von Eden ein Strom, den Garten zu bewässern, und er
teilte sich von da in vier Hauptarme. *11* Der erste heißt Pischon, der fließt um das ganze Land Hewila,
und dort findet man Gold; *12* und das Gold des Landes ist kostbar. Auch findet man da Bedolachharz
und den Edelstein Schoham. *13* Der zweite Strom heißt Gihon, der fließt das ganze Land Kusch. *14* Der
dritte Strom heißt Tigris, der fließt östlich von Assyrien. Der vierte Strom ist der Euphrat. *15* Und Gott,
der HERR nahm den Menschen und setzte ihn in den Garten Eden, dass er ihn bebaute und bewahrte.
16 Und Gott der HERR gebot dem Menschen und sprach: Du darfst essen von allen Bäumen im Garten,
17 doch vom Baum der Erkenntnis des Guten und des Bösen sollst du nicht essen; denn an dem Tage,
da du von ihm issest, musst du des Todes sterben. (Kapitel 2,8 – 2,17)

1 Aber die Schlange war listiger als alle Tiere auf dem Felde, die Gott der HERR gemacht hatte, und
sprach zu dem Weibe: Ja, sollte Gott gesagt haben: ihr sollt nicht essen von allen Bäumen im Garten?
2 Da sprach das Weib zu der Schlange: Wir essen von den Früchten der Bäume im Garten; *3* aber von
den Früchten des Baumes mitten im Garten hat Gott gesagt: Esset nicht davon, rühret sie auch nicht
an, dass ihr nicht sterbet! *4* Da sprach die Schlange zum Weibe: Ihr werdet keineswegs des Todes
sterben, *5* sondern Gott weiß: an dem Tage, da ihr davon esset, werden eure Augen aufgetan, und
ihr werdet sein wie Gott und wissen, was gut und böse ist. *6* Und das Weib sah, dass von dem Baum
gut zu essen wäre und dass er eine Lust für die Augen wäre und verlockend, weil er klug machte.
Und sie nahm von der Frucht und aß und gab ihrem Mann, der bei ihr war, auch davon, und er aß.
(Kapitel 3,1 – 3,6)

Die Merian Bibel. Das Erste Buch Mose. Nach der deutschen Übersetzung Martin Luthers

rechte Seite:
Lebensbaum mit Adam
und Eva
Kerzenständer
Mexiko, 1980er Jahre
35 x 42 x 14 cm
Überseemuseum Bremen
Inv.-Nr. C14986.

Das himmlische Jerusalem

Offenbarung des Johannes
9 Und es kam zu mir einer von den sieben Engeln, welche die sieben Schalen hatten voll der letzten sie-
ben Plagen, und redete mit mir und sprach: Komm, ich will dir das Weib zeigen, die Braut des Lammes.
10 Und er führte mich hin im Geist auf einen großen und hohen Berg und zeigte mir die heilige Stadt
Jerusalem, herniedergefahren aus dem Himmel von Gott, *11* die hatte die Herrlichkeit Gottes. Und ihr
Licht war gleich dem alleredelsten Stein, dem Jaspis, klar wie Kristall. *12* Und sie hatte eine große
und hohe Mauer und hatte zwölf Tore und auf den Toren zwölf Engel und Namen darauf geschrieben,
nämlich der zwölf Geschlechter der Kinder Israel: *13* von Morgen drei Tore, von Mitternacht drei Tore,
von Mittag drei Tore, von Abend drei Tore. *14* Und die Mauer der Stadt hatte zwölf Grundsteine und
auf ihnen die zwölf Namen der zwölf Apostel des Lammes.
15 Und der mit mir redete, hatte einen Messstab, ein goldnes Rohr, dass er die Stadt messen sollte und
ihre Tore und Mauer. *16* Und die Stadt liegt viereckig und ihre Länge ist so groß wie die Breite. Und
er maß die Stadt mit dem Rohr auf zwölftausend Feld Wegs. Die Länge und die Breite und die Höhe
der Stadt sind gleich. *17* Und er maß ihre Mauer hundertvierundvierzig Ellen nach Menschenmaß,
das der Engel gebrauchte. *18* Und ihre Mauer war aus Jaspis und die Stadt aus reinem Golde, gleich
dem reinen Glase. *19* Und die Grundsteine der Mauer um die Stadt waren geschmückt mit allerlei
Edelgestein. Der erste Grundstein war ein Jaspis, der zweite ein Saphir, der dritte ein Chalcedon, der
vierte ein Smaragd, *20* der fünfte ein Sardonyx, der sechste ein Sarder, der siebente ein Chrysolith, der
achte ein Beryll, der neunte ein Topas, der zehnte ein Chrysopras, der elfte ein Hyazinth, der zwölfte
ein Amethyst. *21* Und die zwölf Tore waren zwölf Perlen, und ein jegliches Tor war von einer einzigen
Perle, und die Gassen der Stadt waren lauteres Gold, wie durchscheinendes Glas. *22* Und ich sah
keinen Tempel darin; denn der Herr, der allmächtige Gott, ist ihr Tempel, und das Lamm. *23* Und die Stadt
bedarf keiner Sonne noch des Mondes, dass sie ihr scheinen; denn die Herrlichkeit Gottes erleuchtet
sie, und ihre Leuchte ist das Lamm. *24* Und die Völker werden wandeln in ihrem Licht; und die Könige
auf Erden werden ihre Herrlichkeit in sie bringen. *25* Und ihre Tore werden nicht verschlossen des
Tages; denn da wird keine Nacht sein. *26* Und man wird die Pracht und die Herrlichkeit der Völker in
sie bringen. *27* Und wird nicht hineingehen irgendein Unreines und nicht, der da Greuel tut und Lüge,
sondern allein, die geschrieben sind in dem Lebensbuch des Lammes. (21,9 – 21,27)

Die Merian Bibel. Offenbarung des Johannes. Nach der deutschen Übersetzung Martin Luthers

rechte Seite:
Zwei-Wege-Bild
Vermutlich USA, um 1880
Chromolithographie
Staatliche Museen zu Berlin –
Museum Europäischer Kulturen
(Sammlung Christa Pieske)
Inv-Nr. 684/1994, 2741.

I Peter 3. 12.
Rev 14 1. 5. 11-14
Hebr 12. 22-23
Rev. 21
Rev 7. 9
Matth 25. 41
2 Peter 3. 10
Deut 32. 22
Sunday Train
Jer 9. 22
Ezе 20. 12. 13
Eze 23. 47
Luke 16. 26
Phil 1. 21
John 11. 25
Ps. 103
DEACONESS INSTITUTE Matth 25. 36
Isaiah 12. 2
Rom 8. 31. 34
Jer 15. 14
Jer 17. 4
Luke 15. 18
Exod 20. 13
Luke 19. 10
Luke 15. 20
Luke 9. 48
Gal. 3. 26
Matth 25. 39
Matth 25. 36
GAMBLING HOUSE
I Tim 6. 10
Matth 22. 6. 9
LOTTERY
Eccles 5. 10
EZE 33. 11
SUNDAY SCHOOL
LOAN OFFICE
Acts 1. 18
Luke 9. 23
Mark 6. 2.
Sunday desecration
TAVERN
"WORLDLINESS"
WORLDLINESS
THEATRE
Luke 14. 20
John 3. 16
Col 1. 22 Gal. 3. 26
Matt. 25. 35
Luke 14. 16. 19
John 14. 6
2 Tim 3. 15
2 Tim 1. 5
John 5. 44
Exod 20. 15
BALL ROOM
2 Peter 2. 17
Prov 12. 10
WELCOME!
Isaiah 53. 5
I Peter 2. 24
Isaiah 5. 22
Death and Damnation
Life and Salvation
Way of Perdition
Way of Salvation
John 3. 36
Matth 11. 28
John 6. 37
James 4. 4
Matth 7. 13
Ps. 38. 4
Hebr 3. 7. 8
2 Cor. 6. 2

Das Paradies im Islam

Mohammed

„Das Gleichnis des Paradieses, das den Gottesfürchtigen versprochen wurde, ist das eines Gartens mit Wasserläufen, deren Wasser frisch ist und nie verdirbt, mit Strömen von Milch, die sich niemals im Geschmack verändert, mit Strömen von Wein, köstlich für die Trinkenden, und mit Strömen von Honig, deren Honig fein gereinigt ist. Dort haben sie Früchte aller Art und Vergebung von ihrem Herrn. Sind die Bewohner des Paradiesgartens den Bewohnern der Hölle gleich, die dort ewig bleiben werden und wo sie siedendes Höllenwasser zu trinken bekommen, das ihre Eingeweide zerreißt?" (Sure 47, 15)

„Esst und trinkt behaglich! So werden euch eure guten Taten vergolten."
Sie sitzen behaglich angelehnt auf geordneten Lagern. Wir haben sie mit Huris, mit schönen großen Augen, vermählt.
Die Gläubigen, deren Nachkommen ihnen im Glauben gefolgt waren, doch die ihren Rang nicht erreichten, vereinigen Wir mit diesen Nachkommen, ohne ihren Lohn für ihre Werke im geringsten zu schmälern. Jeder verantwortet nur seine eigenen Taten.
Wir werden sie reichlich mit köstlichen Früchten und Fleisch versorgen, wie sie wünschen.
Sie werden im Paradies einander einen Becher reichen, der weder zu sinnlosem Gerede noch zur Sünde führt.
Jünglinge wie wohlbehütete Perlen, die sie bedienen, werden unter ihnen die Runde machen.
Sie werden im Paradies aufeinander zugehen und einander fragen." (Sure 52, 19–25)

Koran (Ausgabe Al-Azhar-Universität, Kairo)

Wandbehang mit symbolischer Paradiesvorstellung
Baumwolle und Batik, Maschinengewebe, handbedruckt, 349 x 165 cm
Tropenmuseum, Amsterdam
Inv.-Nr. 2866-1.

Das Paradies des Reinen Landes

Aus dem kleinen Sukhavati-Vyuha-Sutra
In dieser Welt Sukhavati, o Shariputra, gibt es für lebende Wesen weder körperliche noch geistige Schmerzen. Es gibt dort unzählige Quellen der Glückseligkeit. Aus diesem Grund wird diese Welt Sukhavati (die Glückliche) genannt.

Und diese Welt, o Shariputra, ist außerdem mit sieben Terrassen mit sieben Reihen von Palmbäumen und Glockenbändern geschmückt. Sie ist von allen Seiten mit den vier Edelsteinen, nämlich Gold, Silber, Beryll und Kristall, auf schöne, prächtige Weise eingefasst. Mit solchen Anordnungen von Vorzüglichkeiten, die einem Buddha-Land eigentümlich sind, ist dieses Buddha-Land geschmückt.
Und es gibt, o Shariputra, ferner in dieser Welt Sukhavati Lotus-Seen, die mit den sieben Edelsteinen geschmückt sind, nämlich mit Gold, Silber, Beryll, Kristall, roten Perlen, Diamanten und als siebentem mit Korallen. Sie sind voll Wassers, das die acht guten Qualitäten besitzt; deren Wasser reicht so hoch, wie die Furten und Bade-Plätze, so dass selbst Krähen dort trinken könnten; sie sind mit goldenem Sand bestreut. Und in diesen Lotus-Seen gibt es überall an den vier Seiten vier schöne und prächtige Treppen, die mit den vier Edelsteinen, nämlich Gold, Silber, Beryll, Kristall, versehen sind. Und auf jeder Seite dieser Lotus-Seen wachsen schöne und prächtige Edelstein-Bäume mit den sieben Edelsteinen, nämlich Gold, Silber, Beryll, Kristall, roten Perlen, Diamanten und als siebentem Korallen. Und in jenen Lotus-Seen wachsen Lotus-Blumen: blaue, blaugefärbte, von blauem Glanz, als blaue wahrzunehmende; gelbe, gelb gefärbte, von gelbem Glanz, als gelbe wahrzunehmende; rote, rot gefärbte, von rotem Glanz, als rote wahrzunehmende; weiße, weiß gefärbte, von weißem Glanz, als weiße wahrzunehmende; schöne, schön gefärbte, von schönem Glanz, als schöne wahrzunehmende; an Umfang sind sie so groß wie das Rad eines Wagens.
Und es gibt dort ferner, o Shariputra, in diesem Buddha-Land himmlische Musikinstrumente, die fortwährend gespielt werden und die Erde ist lieblich und von goldener Farbe. Und in diesem Buddha-Land strömt dreimal jeden Tag und dreimal jede Nacht ein Blumen-Regen von himmlischen Mandarava-Blüten herab. (Kapitel 1,8 – 2,10)

Die Heiligen Schriften des Amitabha-Buddhismus. Das große Sukhavati-vyuha-Sutra. Das kleine Sukhavati-vyuha-Sutra. Das Meditationssutra. Übersetzt und herausgegeben von Hischam A. Hapatsch, Berlin 2003

rechte Seite:
Amida-butsu
(Buddha Amitabha)
im halben Lotussitz
Japan, frühes 19. Jahrhundert
Holz mit Gold- und
Lackfassung
Überseemuseum Bremen
Inv.-Nr. A17113-2.

Das Reich des Regengottes

Tlalocan

„Der andere Ort, an den die Seelen der Verstorbenen gehen, ist das Paradies der Erde, Tlalocan. Dort ist man sehr glücklich, die Speisen sind reichlich, niemals leidet man Not. Niemals fehlen die grünen Maiskolben, die Kürbisse, Zweiglein von Amaranth, die grünen Pfefferschoten, die Tomaten, die grünen Bohnenschoten, die Tagetesblüten.

Und dort wohnen Götter, die Tlaloque heißen, die den Priestern der Götter gleichen und langes Haar tragen.

Und dorthin gehen die vom Blitz Erschlagenen, die Ertrunkenen, die im Wasser starben, und die Aussätzigen, die Geschlechtskranken, und die an Hautkrankheiten und an nicht heilenden Vereiterungen leiden, und die Gichtkranken und die, die Aufschwellungen des Leibes dahinraffen, die an ansteckenden Krankheiten sterben.

Diese Toten werden nicht verbrannt, sondern in der Erde begraben, und man legt ihnen Samen von Amaranth auf die Kiefer und auf das Gesicht; außerdem färbt man ihre Stirn mit blauer Farbe, und legt Papierstreifen darauf, und auf den Hinterkopf weitere Papierstückchen, und man bedeckt sie mit Papier, in der Hand einen Binsenstab.

Und im Paradies auf der Erde, in Tlalocan, sagt man, ist es immer grün, immer sprosst es, immer ist es Sommer." (Band 1, Buch 1, Kapitel II)

Tlaloc

„Dieser Gott mit Namen Tlaloc Tlamacazqui ist der Gott des Regens. Er lässt es regnen, um die Erde zu gießen, und durch den Regen wachsen alle Pflanzen, Bäume, Früchte und Nahrungspflanzen. Er schickt auch den Hagel und die Blitze und die Unwetter, und ihm unterstehen die Gefahren der Flüsse und des Meeres.

Dieser sogenannte Tlaloc Tlamacazqui ist der Gott, der im irdischen Paradiese lebt, und der den Menschen die notwendige Nahrung für das körperliche Leben gibt." (Band 1, Buch 1, Kapitel IV)

Bernardino de Sahagún, Historia general de las cosas de Nueva España, hrsg. von A. M. Garibay Kintana, Mexiko 1956

rechte Seite:
Tlaloc
Coxcatlán, Mexiko
vor 1521
(toltekisch oder aztekisch)
Überseemuseum Bremen
Inv.-Nr. C03692.

Das Goldene Zeitalter

Ovid – Metamorphosen. Erstes Buch. Die Weltalter

Also war nun die Erde verwandelt: soeben noch formlos
Roh, ward sie jetzo geschmückt mit den Menschengestalten, den neuen.
Und es entstand die erste, die goldene Zeit: ohne Rächer,
Ohne Gesetz, von selber bewahrte man Treue und Anstand.
Strafe und Angst waren fern; kein Text von drohenden Worten
Stand an der Wand auf Tafeln von Erz; es fürchtete keine
Flehende Schar ihren Richter: man war ohne Rächer gesichert.
Fichten fällte man nicht, um die Stämme hernieder von ihren
Höhn in die Meere zu rollen, nach fremden Ländern zu fahren;
Außer den ihrigen kannten die Sterblichen keine Gestade.
Keinerlei steil abschüssige Gräben umzogen die Städte;
Keine geraden Posaunen, nicht eherne Hörner, gekrümmte,
Gab es, nicht Helme noch Schwert, des Soldaten bedurften die Völker
Nicht: sie lebten dahin sorglos in behaglicher Ruhe.
Selbst die Erde, vom Dienste befreit, nicht berührt von der Hacke,
Unverwundet vom Pflug, so gewährte sie jegliche Gabe,
Und die Menschen, zufrieden mit zwanglos gewachsenen Speisen,
sammelten Früchte des Erdbeerbaums, Erdbeeren der Berge,
Kornelkirschen, in stachligen Brombeersträuchern die Früchte
Und die Eicheln, die Jupiters Baum, der breite, gespendet.
Ewiger Frühling herrschte, mit lauem und freundlichem Wehen
Fächelten Zephyrlüfte die Blumen, die niemand gesäet.
Ja, bald brachte die Erde, von niemand bepflügt, das Getreide:
Ungewendet erglänzte das Feld von gewichtigen Ähren.
Hier gab´s Ströme von Milch, dort ergossen sich Ströme von Nektar,
Und es troff von der grünenden Eiche der gelbliche Honig.

Publius Ovidius Naso, Metamorphosen. Epos in 15 Büchern, hrsg. und übersetzt von Hermann Breitenbach, Zürich 1958

rechte Seite:
Johan Theodore de Bry
Das Goldene Zeitalter, 1608
Kupferstich, 16,6 x 17,3 cm
Kunsthalle Bremen.

L'aage premier d'vne innocence saincte
A ces viuans aporta ce bon heur,
Que franchement sans loy, force, ou contrainte
On maintenoit la foy, le droit, l'honneur.
L'amour n'estoit sujet au blasonneur,
Ains pouuoit on de s'amie estre aymé,
Hanté, baisé, sans craindre deshonneur:
Dont à bon droit l'aage d'Or fut nommé.
Aº 1608
Aurea Saturno Rutilabant secula Rege
Nectaris et passim flumina lactis erant
Sponte decus Florum tellus inculta ferebat
Bacchiq; et Cereris sponte ferebat opes.
Abram Blommaert Inuentor
Johan Theodore de Bry excudebat

Hirtenidyll

Vergil – Eklogen, Siebente Ekloge
Meliboeus
Unter dem rauschenden Laub einer Eiche lagerte Daphnis.
Corydon hatten und Thyrsis die Herden zusammengetrieben,
Corydon Ziegen, von Milch geschwellt, und Thyrsis die Schafe,
Beide im ersten Glanz der Jugend, Arkader beide,
Beide im Singen geübt und bereit zu Wechselgesängen.

Hierher hatte sich mir, während ich gegen Kälte die Myrten
Deckte, mein Bock verirrt, der Mann meiner Herde. Da sah ich
Daphnis. Auch jener gewahrte mich. „Rascher", so rief er,
„Komm hier heran. Dein Bock ist gesund so wie deine Ziegen.
Hast du ein wenig Zeit, so ruhe dich aus hier im Schatten.
Hierher kommen zum Trunk von ihrer Wiese die Rinder.
Hier hat der Mincius mit zartem Röhricht die grünen
Ufer umwebt, und die Biene summt in der heiligen Eiche."

Was da sollte ich tun? Nicht Alcippe hatt´ ich, nicht Phyllis,
Welche die Lämmer daheim, die der Milch entwöhnten, bewahrte.
Und es war schon ein großer Kampf: Corydon gegen Thyrsis.
Also stellt´ ich zurück vor ihrem Spiel meine Arbeit.
Beide begannen nun in Wechselgesängen zu streiten,
Beiden standen im Wechselgesang die Musen zur Seite.
Corydon sang zu Beginn, ihm entgegnete Thyrsis im Wechsel.

Corydon
Nymphen, die ich stets verehrt, ihr vom Helicon, schenket ein Lied mir,
Wie ihr es neulich geschenkt meinem Codrus: Fast wie Apollo
Dichtet er – oder, wenn wir nicht alle alles vermögen,
Häng´ ich die Flöte, die helle, hier auf an der heiligen Fichte.

Thyrsis
Hirten, krönet mit dem Efeukranz den werdenden Dichter,
Arkader, dass vor Neid sein Gegner Codrus zerplatze!
Wenn er zu hoch sich vermaß, umwindet mit Narden die Stirn ihm,
Daß die Zunge, die arge, nicht schade dem künftigen Sänger.

Heinrich Naumann (Hrsg.), Vergil. Hirtengedichte, München 1968

rechte Seite:
Unbekannter Künstler
Landschaft mit zwei
Schäferpaaren, Detail
Ölmalerei
165,5 x 87,3 cm
Mannheim, Reiss-Engelhorn-
Museen.

Schlaraffenland

Hans Sachs: Der Meistersang vom Schlaraffenland
Eine Gegend heißt Schlaraffenland,
den faulen Leuten ist sie gut bekannt.
Sie liegt drei Meilen hinter Weihnachten.
Und wer dahin gelangen möchte,
der muß sich große Dinge zutrauen:
er muß sich durch einen Berg aus Hirsebrei essen,
der ist gut drei Meilen breit.
Danach ist er im Augenblick
in eben jenem Schlaraffenland,
wo es jeden Reichtum gibt.
Hier sind sie Häuser mit Fladen bedeckt,
aus Lebkuchen sind Haustür und Läden,
aus Speckkuchen Dielen und Wände,
die Riegel bestehen aus Schweinebraten.
Rings um jedes Haus geht ein Zaun,
geflochten aus braunen Bratwürsten.
Die Brunnen sprudeln Malvasier,
rinnen einem von selbst ins Maul.
Auf den Tannen wachsen Krapfen
wie hierzulande die Tannenzapfen.
[...]
Auf Weidenkuppen stehen Wecken,
darunter fließen Bäche von Milch.
Jene Wecken fallen in den Bach hinab,
damit jeder zu essen finde.
Außerdem schwimmen Fische in den Teichen,
gesotten, gebraten, gesülzt oder gebacken;
sie gehen ganz nahe ans Ufer,
lassen sich fangen von Hand.
Auch fliegen umher – ihr könnt es mir glauben –
gebratene Hühner, Gänse und Tauben.
Wer sie nicht einfängt, zu faul dazu ist,
dem fliegen sie selbst ins Maul.
Die Schweine gedeihen jedes Jahr gut,
laufen im Land herum, sind schon gebraten.
Und jedes trägt ein Messer auf dem Rücken,
damit sich alle ein Stück abschneiden.
[...]
Auch gibt es im Land einen Jungbrunnen,
worin alle Alten sich verjüngen.
Viel Kurzweil ist in jenem Land zu finden.
So schießen die Bewohner dort auf ein Ziel:
wer am weitesten trifft vom Zentrum,
gewinnt den ersten Preis.
[...]
Doch muß sich hier jedermann in acht nehmen,
damit er von jeglicher Vernunft absehe.
Wer Einsicht und Verstand gebrauchen wollte,
dem wäre kein Mensch im Lande wohlgesinnt.
Und wer gerne arbeitet mit seiner Hand,
dem verbietet man stracks das Schlaraffenland.
Wer Zucht und Ehrbarkeit liebt,
den vertreibt man gar aus dem Land.
Wer ein Nichtsnutz ist, nichts lernen will,
der kommt im Land zu großen Ehren;
denn wird einer als der trägste erkannt,
so wird er König des Reiches.

Hans Sachs, Der Meistersang vom Schlaraffenland, in: Martin Müller, Das Schlaraffen Land. Der Traum von Faulheit und Müßiggang, Wien 1984

Peter Halm,
nach Pieter Breughel
Schlaffenland
Radierung, 30 x 38 cm
Staatliche Museen zu Berlin –
Kupferstichkabinett.

Gartenparadies

Dies Jahr erscheint der Lenz mit frischem Angesicht!
Im letzten Jahr – ach nein! – war das ganz anders noch:
Da kam vom Wege er als armer Bankrotteur,
ganz ohne Farbe, Glanz; nein, er besaß schier nichts!
Dies Jahr jedoch, eh' er zehn Meter kaum gereist,
schenkt' Steppe er und Berge ein kostbares Gewand,
band an der Weide Hand ein Armband aus Türkis,
hängt' in der Rose Ohr den Ohrring aus Rubin!
Von Berg zu Berg gibt's jetzt rings Veilchen und auch Farn;
von Hang zu Hang gibt's nun Jasmin und Tulpenflor.
Sind's Ketten von Achat und Lapislazuli
aus Tulpen, Veilchen wohl im weiten Wiesengrund?
Wie tausend liebliche Idole: Rosen rings,
und Reiterscharen hier: der Tulpen Tausendschaft.
Der Rosenbusch hüllt sich in Seide wie Rubin,
in Steppen breitet sich aus der Lenz der Blüten Saum.
Dies alles tut der Lenz dies Jahr – nicht wie zuvor!
Warum hat er sich wohl so prächtiglich geschmückt?
Nun, ein Geheimnis ist das zwischen ihm und mir;
doch will ich es dir jetzt erklären ohne Scheu:
Wenn immer er von fern hierher kam, fand der Lenz
nicht einen Platz, wo er sich niederlassen konnt';
nur Stein und Wüste! – So blieb er voll Gram und Scham
im kahlen Dornenhag, inmitten hartem Fels.
Man dächte wohl, dass er erniedrigt sei beim Volk
und dass der Teure drum ganz schwach und mutlos war!
Doch dies Jahr schrieb der Wind ihm einen Brief und sprach:
„Hier, Freudenbotschaft! Denn der Herr gab, was du wünschst,
schuf einen Garten dir, ganz neu, ein Paradies...!" (S. 65)

Frühlingsbeschreibung von Farruchi, 11. Jahrhundert, zit. nach Annemarie Schimmel, Kleine Paradiese. Blumen und Gärten im Islam, Freiburg 2001

Papageientulpen
Tulipa gesneriana f.
„psittacea".

Das Reich des Priesterkönigs Johannes

Aus dem Brief des Priesterkönigs

„Wenn Du aber die Größe und Erhabenheit Unserer Hoheit wissen willst und in welchen Ländern Unsere Majestät gebietet, dann erkenne und glaube ohne Zweifel, daß ich, der Priester Johannes, Herr bin über die Herrschenden und hervorrage in allen Reichtümern, die unter dem Himmel sind, an Tugend und Macht über alle Könige dieser Erde." (S. 180)

„In Unserem Land werden geboren und leben Elefanten, Dromedare, Kamele, Flußpferde, Krokodile, [...] Panther, Wildesel, weiße und rote Löwen, weiße Bären, weiße Amseln, stumme Baumgrillen, Greifen, Tiger, Vampire, Hyänen, wilde Rinder, Bogenschützen, wilde Menschen, gehörnte Menschen, Faune, Satyrn und Frauen dergleichen Art, Pygmäen, Hundsköpfige, Giganten, deren Höhe 40 Ellen beträgt, Einäugige, Kyklopen und der Vogel, den man Phönix nennt, und Tiere von fast jeder Art, die es unter dem Himmel gibt." (S. 180 f.)

"Unser Land fließt über von Honig und Milch. [...] Giftige Tiere können an diesem Ort nicht wohnen und nicht jemanden verletzen.
Bei den Heiden fließt durch eine Unserer Provinzen ein Fluß mit Namen Ydonus. Dieser Fluß kommt aus dem Paradies hervor und breitet seinen Lauf durch jene ganze Provinz in diversen Krümmungen aus. Dort findet man Edelsteine: Saphire, Karfunkel, Topase, Chrysolithe, Onyxe, Berylle, Amethyste, Sardione und viele wertvolle Steine. Ebendort wächst ein Kraut, das „Assidios" heißt, wenn einer dessen Wurzel über sich trägt, entflieht er dem unreinen Geist und zwingt ihn, zu sagen, wer er sei und woher und wie sein Name. Daher wagen es die unreinen Geister nicht, in jenem Land jemanden anzufallen." (S. 181)

„Das Gehölz liegt am Fuß des Berges Olymp, von wo eine durchsichtige Quelle entspringt, die den Wohlgeruch aller Spezereien in sich birgt. Es wechselt aber der Wohlgeruch in den einzelnen Stunden des Tages und der Nacht; und die Quelle entspringt nicht mehr als drei Tagesreisen vom Paradies, aus dem Adam vertrieben wurde. Wenn jemand von der Quelle dreimal durstig gekostet, spürt er von jenem Tag an keine Schwäche, und er fühlt sich immer wie im Alter von 32 Jahren, solange er lebt. Dort gibt es auch Edelsteine, die „midriosi" genannt werden, die oft zu Unseren Ländern von Adlern gebracht werden, durch die sie wieder jung werden und das Augenlicht wiedererlangen.
Wenn jemand einen von ihnen am Finger trägt, wird sein Augenlicht nicht geschwächt, und wenn es bereits geschwächt ist, wird es wiederhergestellt und, wenn man mehr hineinsieht, dann wird es schärfer. Wenn einer mit dem vorgesehenen Spruch geweiht ist, macht es den Menschen unsichtbar, verjagt den Haß, schafft Eintracht, vertreibt den Neid." (S. 182)

Der Brief des Presbyters Johannes, zit. nach Ulrich Knefelkamp, Die Suche nach dem Reich des Priesterkönigs Johannes, Gelsenkirchen 1986

Priesterkönig Johannes auf
seinem Thron in Äthiopien
Diego Homem
Queen Mary Atlas, 1558
London, British Library
Add. 5415 A.

Südsee – Paradies

Die Entdeckung des Garten Eden

„Von den Bergen rieseln eine Menge kleiner Bäche herab, die dem Lande die größte Fruchtbarkeit mitteilen und sowohl zur Bequemlichkeit als zur Zierde der Landschaft dienen. Das flache Land vom Ufer bis an die Berge ist ganz mit Fruchtbäumen besetzt, unter welche die Häuser der Insulaner ohne jede Ordnung gebaut sind und also niemals ein Dorf bilden. Man glaubt, in die elysäischen Felder versetzt zu sein. [...] Die vornehmlichsten Produkte der Insel sind Kokosnüsse, Bananen, die sogenannte Brotfrucht, die Jamswurzel, Curassol, der Kürbis und verschiedene andere Wurzeln und Früchte, die diesem Lande eigen sind: Viel Zuckerrohr, das aber nicht angebaut wird, eine Art von wildem Indigo und eine sehr schöne rote und gelbe Farbe, von der ich aber nicht sagen kann, wo man sie hernimmt." (Bougainville, S. 199)

„Diese Insel schien mir so beschaffen, dass ich ihr schon den Namen Utopia beigelegt, den Thomas Morus seiner idealen Republik gegeben. Ich wusste noch nicht, dass Herr de Bougainville sie Neu Kythera genannt, und erst später hat ein Prinz dieser Nation [...] uns erklärt, dass sie bei ihren Bewohnern Tahiti heiße. Der Name, den ich ihr bestimmte, kam einem Lande zu, vielleicht dem einzigen auf der Erde, wo Menschen ohne Laster, ohne Vorurteile, ohne Mangel, ohne inneren Zwist leben. Geboren unter dem schönsten Himmelsstrich, genährt von den Früchten eines Landes, das fruchtbar ist, ohne bebaut zu werden, regiert eher von Familienvätern als von Königen, kennen sie keinen anderen Gott als die Liebe; jeder Tag ist ihr geweiht, die ganze Insel ist ihr Tempel, alle Frauen sind ihre Priesterinnen, alle Männer ihre Anbeter." (Philibert Commerson, zit. nach Stein, S. 198)

Louis Antoine de Bougainville, Reise um die Welt welche mit der Fregatte La Boudeuse und dem Fleutschiff L´Etoile in den Jahren 1766, 1767, 1768 und 1769 gemacht worden, Stuttgart 1980
Gerd Stein (Hrsg.), Die edlen Wilden, Frankfurt a. M. 1984

Ansicht des Inneren eines Hauses auf der Insel Ulieta, mit der Darstellung eines Tanzes zur Musik des Landes Stich von F. Bartolozzi nach G. B. Cipriani, 1773.

Shangri La

Der verlorene Horizont
„Vor ihnen, in geringer Entfernung, lag die Lamaserei Schangri-La. Conway, der sie zuerst sah, hätte sie für eine Vision halten können, erstanden aus dem eintönigen Rhythmus, mit dem der Mangel an Sauerstoff alle seine Sinne umfangen hielt. Es war wahrhaftig ein seltsamer, fast unglaublicher Anblick. Eine Gruppe bunt bemalter Pavillons klammerte sich an den Berghang, nicht grimmig entschlossen wie eine Burg am Rhein, sondern eher wie Blumenblätter, die sich an einem Felszacken verfangen hatten. Herrlich und unvergleichlich." (S. 59)

„Kaum weniger reizvoll war der Anblick nach unten, denn die Bergwand stürzte weiter fast senkrecht ab in eine Schlucht, die nur das Ergebnis einer längstvergangenen Katastrophe sein konnte. Der ferne, dunstige Talboden grüßte das Auge mit üppigem Grün. Vor Winden geschützt und von der Lamaserei mehr überblickt als beherrscht, erschien es Conway als ein köstlich begünstigter Ort." (S. 60)

„Er blickte über den Rand in die blauschwarze Leere. Der Absturz war phantastisch; vielleicht tiefer als zwölfhundert Meter. Ob man ihm wohl gestatten werde, hinabzusteigen, um das Tal und das Leben seiner Bewohner zu besichtigen, von dem die Rede gewesen war? Diese seltsame Kulturinsel, versteckt zwischen unerforschten Bergketten und beherrscht von einer unbestimmten Theokratie, fesselte ihn [...]" (S. 89)

„Denn das Tal war nichts Geringeres als ein eingeschlossenes Paradies von erstaunlicher Fruchtbarkeit, dessen Höhenunterschied von mehreren hundert Metern den ganzen Abstand von der gemäßigten zur tropischen Zone umspannte. Ernten von ungewöhnlicher Mannigfaltigkeit wuchsen hier in üppiger Fülle und unmittelbarer Nachbarschaft heran, und dazwischen war kaum ein Zoll ungenutzten Bodens. [...] Hätte der Zufall nicht irgendeine Schranke aufgerichtet, wäre das ganze Tal offenbar ein See gewesen, beständig gespeist von den vergletscherten Höhen ringsum. Statt dessen rieselten nur ein paar Bächlein herab, füllten Wasserspeicher und bewässerten Felder und Pflanzungen mit einer gewissenhaften Ordnung. [...] Das gewaltige umschließende Gebirge bot einen völligen Gegensatz zu den winzigen Rasenflächen und unkrautfreien Gärten, den bemalten Teehäusern am Bach und den gradezu leichtfertig aussehenden, spielzeuggleichen Häuschen." (S. 93)

„Bei näherer Prüfung ergab sich eine ziemlich lockere und dehnbare Autokratie, die von der Lamaserei mit einem fast nachlässigen Wohlwollen ausgeübt wurde. Tatsächlich hatte sie sich als sehr erfolgreich erwiesen, wie jeder neue Abstieg in dieses fruchtbare Paradies immer deutlicher zeigte." (S. 99)

James Hilton, Der verlorene Horizont, Frankfurt a. M. 1991

Buchumschlag
Shangri-La: The Return to the World of Lost Horizon von Eleanor Cooney und Daniel Alteri
Illustration von Leland Klanderman.

Abbildungsnachweise

Archiv Hagenbeck (Hamburg): 145, 146 (unten; Peter Nissen), 147. – Bruno Baumann: 174, 175, 176, 177, 178 (2), 179 (2). – Bayerische Staatsbibliothek (München): 19. – Bayerisches Landesamt für Denkmalpflege (München), Jörg Fassbinder: 45. – Silja Behnken: 98. – Bildarchiv Preußischer Kulturbesitz (Berlin)/RMN/Daniel Arnaudet: 131 (oben). – British Library (London): 15, 201. – British Museum (London): 49. – Buckminster Fuller Institute/The Estate of R. Buckminster Fuller: 103.– Heinrich Fellmann (Nachlass): 90. – Germanisches Nationalmuseum (Nürnberg): 67. – Gräser-Archiv (Freudenstein): 78. – Andreas Gursky/VG Bild-Gursky; Courtesy: Monika Sprüth/Philomene Magers: 110. – Bobak Ha'Eri: 74. – Herzog August Bibliothek Wolfenbüttel: 70, 162 – John Hawkesworth, An Account of the Voyages undertaken by the Order of His Present Majesty for making Discoveries in the South Hemisphere, 3 Bde. London 1773. II, Tafel 7: 205. – Dieter Klein: 87 (2), 88, 89, 91. – Kloster Ebstorf: 39, 53, 130 (Jutta Brüdern). – Kulturstiftung DessauWörlitz/Bildarchiv: 131 (unten). – Kunsthalle Bremen: 125 (Lars Lohrisch), 195 (Karen Blindow). – The Library Company of Philadelphia: 71. – Linden-Museum (Stuttgart): 97 (Anatol Dreyer). – T. Marestani: 17. – The Metropolitan Museum of Art (New York)/Bequest of Margaret E. Dows, 1909: 137. – Mitteilungen aus den deutschen Schutzgebieten 1908: 86. – Musée du Louvre (Paris): 29, 30, 64. – Najd Collection, Courtesy Mathaf Gallery (London): 31, 32, 34, 183. – Renate Niemann: 208. – Österreichisches Museum für Angewandte Kunst/Gegenwartskunst (Wien): 127 (Georg Mayer). – Verena Paulus: 122. – PLAKATY. RU/Vitaly Sitnitzky: 72. – Reiss-Engelhorn-Museen (Mannheim): 197 (Jean Christen). – Sammlung Milautzcki: 79, 80, 81, 82, 83. – Sopraintendenza Speciale per il Polo Museale Veneziano: 59. – Staatliche Kunstsammlungen Dresden/Galerie Neue Meister: 144. – Staatliche Museen zu Berlin/Gemäldegalerie: 120. – Staatliche Museen zu Berlin/Kupferstichkabinett: 40 (Philipp Allard), 199 (Jörg P. Anders). – Staatliche Museen zu Berlin/Museum Europäischer Kulturen, Ute Franz-Scarciglia/ Sandra Steiß: 186. – Staatliche Museen zu Berlin/Museum für Indische Kunst: 128 (Jürgen Liepe). – Staatliche Museen zu Berlin/Museum für Islamische Kunst: 12 (Reinhard Friedrich), 13 (G. Niedermeiser). – Staatliche Museen zu Berlin/Ägyptisches Museum, Jürgen Liepe: 142. – Staatliche Museen zu Berlin/Nationalgalerie, Jörg P. Anders: 138, 143. – Staatliche Museen zu Berlin/Vorderasiatisches Museum: 46, 48 (Olaf M. Teßmer), 51 (Olaf M. Teßmer). – Städelsches Kunstinstitut (Frankfurt a. M.): 129. – Frank D. Steinheimer: 135. – Tropenmuseum (Amsterdam): 189. – Überseemuseum (Bremen), Gabriele Warnke: 43, 50, 140, 151, 152, 153, 154 (2), 155, 160 (3), 166, 185, 191, 193. – Überseemuseum (Bremen), Historisches Bildarchiv: 170. – Universitätsbibliothek Tübingen: 16, 22. – VG Bild-Kunst (Bonn) 2006: 119. – Völkerkundemuseum der Universität Zürich: 164. – Christian Waldvogel © 2006: 106. – Christian Waldvogel & smarch © 2001: 107. – Elly Waterman: 73. – Wilhelma, Zoologisch-Botanischer Garten (Stuttgart): 146 (oben; Christiane Burkhardt). – Inge Wulfken-Jung: 181, 163 (Bearbeitung nach Vorlage Stuttgarter Zeitung).

Wir danken allen Rechteinhabern für die freundliche Genehmigung zum Nachdruck. Trotz nachdrücklicher Bemühungen ist es uns nicht gelungen, alle Rechteinhaber zu ermitteln. Wir bitten diese daher um Verständnis, wenn wir gegebenenfalls erst nachträglich eine Abdruckhonorierung vornehmen können.

Biografien der Autoren

Dr. Ilka Backmeister-Collacott (geb. 1968). Kunst- und Architekturhistorikerin, mehrjährige wissenschaftliche Mitarbeit am Architekturmuseum München. Wissenschaftliche Assistentin am Überseemuseum Bremen (Abteilung Völkerkunde).

Bruno Baumann (geb. 1955). Schriftsteller und Filmemacher; er durchquerte und erforschte mehrfach die Wüste Gobi und die Takla Makan. Seit 2004 mehrere Expeditionen in den Himalaya auf den Spuren des Shangri-La-Mythos.

Dr. Peter-René Becker (geb. 1949). Leiter der Abteilung Naturkunde am Überseemuseum Bremen. Forschungsschwerpunkt: Werkzeuggebrauch im Tierreich.

Silja Behnken M.A. (geb. 1968). Studium der Indologie und Ethnologie in Hamburg und Delhi. Feldforschungen in Zentralindien. Forschungsschwerpunkte: Hinduistische Alltagsreligiosität, Hindu-Nationalismus.

PD Dr. Nils Büttner (geb. 1967). Lehrt Kunstgeschichte an der Universität Dortmund. Forschungsschwerpunkte: Deutsche und niederländische Kunst- und Kulturgeschichte der Frühen Neuzeit sowie die Geschichte von Grafik und Buchillustration.

Dr. Ulrich Burkhardt (geb. 1970). Biologe, wissenschaftlicher Assistent am Überseemuseum Bremen (Abteilung Naturkunde). Forschungsschwerpunkte: Systematik und Biodiversität.

Eva Determann (geb. 1967). Historikerin, wissenschaftliche Mitarbeit beim Verein Walerjan Wróbel e.V. und am Staatsarchiv Bremen. Wissenschaftliche Assistentin am Überseemuseum Bremen (Abteilung Handelskunde). Forschungen und Veröffentlichungen zu regionalen wirtschafts- und sozialgeschichtlichen Themen, insbesondere zur Geschichte der NS-Zwangsarbeit.

Dr. Helke Kammerer-Grothaus. Klassische Archäologin und Kunstwissenschaftlerin. Forschungsschwerpunkte: Stadtrömische Architektur und Topographie, Nachleben der Antike und außereuropäische Kunst.

Dieter Klein (geb. 1943). Mehrjährige Tätigkeit als Kaufmann; anschließend Studium der Kunstgeschichte, Pädagogik und Geografie, seit 1980 Lehrer in Düsseldorf. Beschäftigt sich seit 15 Jahren mit der deutschen Kolonialgeschichte in der Südsee und unternahm hierzu wiederholt Reisen nach Papua-Neuguinea.

Andrea Müller M. A. (geb. 1965). Studium der Kulturwissenschaft, Kunst und Geschichte. Wissenschaftliche Mitarbeiterin am Überseemuseum Bremen (Abteilung Handelskunde). Mitarbeit an verschiedenen Ausstellungen im Überseemuseum, Publikationen zur Sammlungsgeschichte des Museums.

Renate Niemann M. A. (geb. 1961). Studium der Kulturwissenschaft und Romanistik an der Universität Bremen. Freiberufliche Tätigkeit als Kulturwissenschaftlerin, mit den Schwerpunkten Museumsarbeit und Ausstellungswesen.

Dr. Claudia Ott (geb. 1968). Studium der Orientalistik. Promotion über arabische Epik. Wissenschaftliche Assistentin an der Universität Erlangen-Nürnberg, Autorin zahlreicher Rundfunkbeiträge und literarisch-musikalischer Programme. Freie Übersetzerin, u. a. Neuübersetzung von „Tausendundeine Nacht" nach den ältesten arabischen Quellen (2004).

Verena Paulus (geb. 1980). Studium der Kunst- und Kulturwissenschaft (Universität Bremen), Politik und Organisation (Fernuniversität Hagen). Freie Mitarbeit im Künstlerhaus Bremen.

Dr. Detlev Quintern (geb.1960). Wissenschaftliche und freie Mitarbeit am Überseemuseum Bremen. Lehrtätigkeit im Studiengang Kulturwissenschaft an der Universität Bremen. Forschungsschwerpunkt: Museen als transkultureller und interreligiöser Lernort, Islam im dialogischen Wissensraum.

Dr. Hartmut Roder (geb. 1951). Leiter der Abteilung Handelskunde am Überseemuseum Bremen. Forschungsschwerpunkte: Internationale und Bremer Handelsgeschichte.

Prof. Dr. Dr. Bernd U. Schipper (geb. 1968). Professor für Religionswissenschaft an der Universität Bremen. Forschungsschwerpunkte: Antike und altorientalische Religionen, Europäische Religionsgeschichte.

Dr. Frank D. Steinheimer (geb. 1971). Scientific Associate am Museum für Naturkunde der Humboldt-Universität zu Berlin und dem Natural History Museum, London. Seit 2004 freischaffender Ornithologe für verschiedene Museen und internationale Organisationen.

Prof. Dr. Wiebke Walther. Fachgebiet Orientalistik und Islamkunde an der Universität Tübingen. Arbeitsgebiete: Moderne und klassische arabische Literatur, Tausendundeine Nacht, Frauen in den islamischen Ländern des Vorderen Orients in Vergangenheit und Gegenwart. Publikationen auf deutsch, englisch und arabisch, u. a. Kleine Geschichte der arabischen Literatur (2004).